新时代新理念职业教育教材·铁道机车车辆类

职业教育校企合作开发双元教材

机车乘务作业

主　编　司全龙　潘京涛　徐　博
副主编　邵　和　赵　威

北京交通大学出版社

·北京·

内 容 简 介

本书充分考虑到高职学生的文化背景、学习知识能力，以及高职教师的教学特点，以简单、实用、好用、知识面覆盖全面、真实反映生产过程中典型工作任务为目的编写而成。

本书综合分析了"岗课赛证"的要求，课程按照机车的发展顺序、类型，围绕模拟驾驶、标准作业为载体重构为四层递进式模块：模块 1 SS$_4$ 改型电力机车驾驶，模块 2 HXD$_{3C}$ 型电力机车驾驶，模块 3 HXD$_{3D}$ 型电力机车驾驶，模块 4 机车乘务员一次乘务作业。模块内容中知识、技能、素养相互衔接，螺旋递进。

本书结合国家铁路机务最新的技术管理规程、机车一次乘务作业标准等相关规定，将铁路"四新"（新技术、新工艺、新材料、新装备）纳入课程，提升了学生的可持续发展能力，缩短了上岗的距离；同时本书为新形态多媒体教材，配有精品课程及视频动画资源，学生学习后可深刻理解机车操纵的核心要领与注意事项，可更好地提高人才培养质量。

图书在版编目（CIP）数据

机车乘务作业 / 司全龙，潘京涛，徐博主编. -- 北京 ： 北京交通大学出版社，2025.1. -- ISBN 978-7-5121-5437-7

Ⅰ．F530.9

中国国家版本馆 CIP 数据核字第 2024QE3398 号

机车乘务作业
JICHE CHENGWU ZUOYE

策划编辑：张 亮　　责任编辑：陈可亮
出版发行：北京交通大学出版社　　　　电话：010-51686414　　　　http://www.bjtup.com.cn
地　　址：北京市海淀区高粱桥斜街 44 号　　邮编：100044
印 刷 者：北京虎彩文化传播有限公司
经　　销：全国新华书店
开　　本：185 mm×260 mm　　印张：15.75　　字数：394 千字
版 印 次：2025 年 1 月第 1 版　　2025 年 1 月第 1 次印刷
印　　数：1—1 500 册　　定　　价：69.00 元

本书如有质量问题，请向北京交通大学出版社质监组反映。对您的意见和批评，我们表示欢迎和感谢。
投诉电话：010-51686043，51686008；传真：010-62225406；E-mail：press@bjtu.edu.cn。

前　言

　　本书坚持落实立德树人根本任务，严格落实教育部教学标准、机车乘务员一次乘务作业等行业、企业标准，并结合电力机车司机岗位需求，对接《国家铁路机车车辆驾驶证》考核点及"一带一路金砖国家技能发展与技术创新大赛（铁道机车运用与维护赛项）"技能点，融入新型和谐机车操纵技术、新型机车车载行车安全装备、机车乘务员一次乘务作业新标准，实现"岗课赛证"有机融合。

　　本书紧扣专业人才培养能力目标，深度对接行业、企业标准，将实际解决方案、岗位能力要求、标准等内容有机融入教材内容，反映最新生产技术、工艺、规范和未来技术发展，体现教学改革要求及高素质技术技能人才培养特色。学生通过学操纵、练标准、提素养，实现知识、技能、素养相互衔接，能力螺旋递进，培养重安全、懂操纵、熟标准、守规章的高素质铁路机车司机。

　　本书是校企合作教材，由湖南高速铁路职业技术学院司全龙、黑龙江交通职业技术学院潘京涛、齐齐哈尔技师学院（中国一重技师学院）徐博任主编，中国铁路哈尔滨局集团有限公司三棵树机务段教务科工程师邵和、黑龙江交通职业技术学院赵威担任副主编，具体编写分工如下：邵和编写模块1，潘京涛编写模块 2，司全龙和徐博编写模块3，赵威编写模块 4。

　　由于编者水平有限，书中难免存在错误和不妥之处，恳请广大读者批评指正。

编　者

2024 年 10 月

本书数字资源索引

（扫码可观看相应学习视频）

序号	名　　称	二维码	页码位置
1	SS$_4$改型电力机车简介		1
2	SS$_4$改型电力机车特性及主要设备介绍		4
3	SS$_4$改型电力机车操纵台认知		7
4	SS$_4$改型电力机车驾驶之机车操作		10
5	SS$_4$改型电力机车驾驶之列车操纵		15
6	SS$_4$改型电力机车应急故障处理		20
7	HXD$_{3C}$型电力机车简介		39
8	HXD$_{3C}$型电力机车特性及主要设备介绍		41
9	HXD$_{3C}$型电力机车操纵台认知		48
10	HXD$_{3C}$型电力机车驾驶之机车操作		52

目 录

模块 1
SS₄改型电力机车驾驶

简介

  SS$_4$ 改型电力机车，是在 SS$_4$、SS$_5$ 和 SS$_6$ 型电力机车的基础上，吸收了 8K 型电力机车一些先进技术设计的。机车由各自独立又互相联系的两节车组成，每一节车均为一完整的系统。

  主电路采用三段不等分半控调压整流电路。采用转向架独立供电方式，且每台转向架有相应独立的相控式主整流器，可提高黏着利用。电制动采用加馈制动，每节车四台牵引电机主极绕组串联，由一台励磁半桥式整流器供电。

  机车设有防空转防滑装置。每节车有两个 B_0—B_0 转向架，采用推挽式牵引方式，固定轴距较短，电机悬挂为抱轴式半悬挂，一系采用螺旋圆弹簧，二系采用橡胶叠层簧。牵引力由牵引梁下部的斜杆直接传递到车体。

  空气制动机采用 DK-1 型制动机，机车持续功率 6 400 kW，最大速度 100 km/h，车长 2×15 200 mm，轴式 2（B_0—B_0），电流制为单相工频交流。

SS$_4$改型电力机车简介

任务 1.1　SS₄改型电力机车特性及主要设备

SS_4 改型电力机车是八轴重载货运机车，每节车有两个 B_0—B_0 转向架。SS_4 改型电力机车由两节完全相同的四轴机车用车钩与连挂风挡连接组成，其间设有电气系统高压连接器和重联控制电缆，以及空气系统重联控制风管，可在其中任一节车的司机室对全车进行统一控制。

另外，在机车两端还设有重联装置，可与一台或数台 SS_4 改型电力机车连接，进行重联运行。机车采用国际标准电流制，即单相工频制，电压为 25 kV。机车由各自独立又互相联系的两节车组成，每一节车均为一完整的系统。主电路采用三段不等分半控调压整流电路，采用转向架独立供电方式，且每台转向架有相应独立的相控式主整流器，可提高黏着利用。电制动采用加馈制动，每节车四台牵引电机主极绕组串联，由一台励磁半桥式整流器供电。空气制动机采用 DK–1 型制动机。机车持续功率 6 400 kW，最大速度 100 km/h，车长 $2×15$ 200 mm，轴式 2（B_0—B_0），电流制为单相工频交流，采用传统的交—直传动形式。机车具有四台两轴转向架，采用转向架独立供电方式，具有相应的四台独立的相控式主整流装置。主整流装置采用三段不等分半控调压整流电路。机车电气制动系统采用加馈电阻制动，使机车低速制动力得以提高。机车辅助系统采用传统的旋转式劈相机单、三相交流系统。

遵循新规范　　发扬新精神	

安全优质、兴路强国是我们的使命	"毛泽东号"司机长宣讲兴路强国的铁路精神

学习寄语

　　铁路工作事关人民群众生命财产安全和生活质量，也关系到国家的发展战略，这就要求我们不仅要掌握扎实的专业知识，还要有强烈的安全意识、责任意识、奉献精神。我们要秉承"人民铁路为人民"的服务宗旨，发扬"安全、优质、兴路、强国"的新时代铁路精神，遵循铁路机务新规范、新技术，结合课程的基本要求，将"安全意识、服务意识、责任意识、敬业精神、担当精神、工匠精神、劳动品质"等精神文化不断发扬光大。

SS₄改型电力机车特性及主要设备介绍

布置任务

（1）了解 SS₄ 改型电力机车的主要技术特点。

（2）认识 SS₄ 改型电力机车设备布置的特点。

（3）认识 SS₄ 改型电力机车设备布置原则。

填写学习任务单，如表 1-1 所示。

表 1-1　学习任务单

任务 1.1	SS₄改型电力机车特性及主要设备		
学习小组		姓名	
● 学习任务（1）SS₄改型电力机车的主要技术特点			
● 学习任务（2）SS₄改型电力机车设备布置的特点			
● 学习任务（3）SS₄改型电力机车设备布置原则			

相关资料

1.1.1　SS₄改型电力机车的主要技术特点

（1）机车持续功率 6 400 kW，两节重联结构，2（B₀—B₀）轴式，并可两台机车（4 节）重联运用。

（2）采用不等分三段半控桥晶闸管相控调压。

（3）采用加馈电阻制动（具有机车持续速度以下保持最大恒制动力的最良好的低速制动性能）。

（4）采用 L-C 功率因数补偿和三次谐波滤波装置，提高了功率因数，降低了谐波分量。

（5）具有空转（滑行）保护装置和轴重转移补偿装置，大大提高了机车黏着牵引力的发挥。

（6）采用包含牵引控制、电制动控制、功率因数补偿控制、轴重补偿控制、空转（滑行）保护控制、空电联合制动控制等多功能的电子控制装置。

（7）机车牵引、制动特性采用恒流准恒速控制，无级调速特性，三级磁场削弱控制。

（8）采用转向架牵引电机并联的独立供电调压整流电路，按独立电路装设过流、过压、接地保护装置。

（9）DK-1型空气制动机的改进具有空电联合制动功能。

（10）B_0转向架采用单元基础制动器，推挽式低位斜杆牵引装置。

在大秦铁路全长 653 km 的线路上，平均不到 15 min，就有一列运煤列车呼啸而过。这些列车很长，以至于不选择一个合适的地点，从车头都看不见车尾，如图1-1所示。

这些忙忙碌碌、来去匆匆的"车影"，构成了大秦铁路特有的风景，也正是这些"主角"，成就了大秦铁路世界煤炭运量最大、运输效率最高的美誉。

随着我国国民经济的发展，煤炭运输需求持续增长，大秦铁路的运输任务也越来越重。大秦铁路股份有限公司经济吸引区内已探明煤炭储量近 6 000 亿 t，约占全国煤炭总储量的

图1-1　大秦铁路上的 SS₄改型电力机车

60%，承担着全国四大电网、十大钢铁公司和 6 000 多家工矿企业生产用煤和出口煤炭的运输任务，煤炭运量占全国铁路总煤炭运量的近 1/7。在大秦铁路一步一个台阶的运量增长过程中，两万吨重载列车的开行，发挥了重大作用。

两万吨重载列车于 2004 年 12 月 12 日进行了首次试验。当时，试验列车由 4 台 SS₄改型电力机车分部牵引、204 辆 C₈₀型煤运专用敞车组成，全长 2 658 m，总重 20 000 余 t。

此次列车试验由湖东电力机务段承办，列车从山西朔州里八庄站出发，经过 9 h 40 min 的运行，安全抵达位于渤海之滨的柳村南站，试验取得了圆满成功。2006 年 3 月 28 日，两万吨重载列车正式开行。

1.1.2　SS₄改型电力机车设备布置的特点

（1）除牵引电机外，所有的电气设备都布置在车体上，其中绝大部分在车体内，安全可靠，便于检查。

（2）机车为单节单端司机室，两节完全相同，单节机车分为五个室：司机室、Ⅰ端电器室、变压器室、Ⅱ端电器室、辅助室。

（3）采用双边纵走廊，设备屏柜化、成套化。

（4）除轴流式通风机组外，其他设备为平面单层布置，设备拆装互不影响。

（5）噪声较大的劈相机、主压缩机安装在Ⅱ端辅助室，使噪声大大低于 SS₁型电力机车。

设备布置采用双边纵走廊和设备斜对称布置，根据作用不同可分为六个区域：司机室、Ⅰ端电器室、变压器室、Ⅱ端电器室、辅助室和车顶设备。SS₄改型电力机车设备布置总图如图1-2所示。

1. Ⅰ端电器室设备布置

Ⅰ端电器室与司机室相邻，安装的主要设备有Ⅰ号端子柜、Ⅰ号硅机组和 PFC 电容柜、Ⅰ号高压电器柜、复轨器、Ⅰ号牵引通风机组、Ⅰ号低压电器柜、Ⅰ号制动电阻柜。

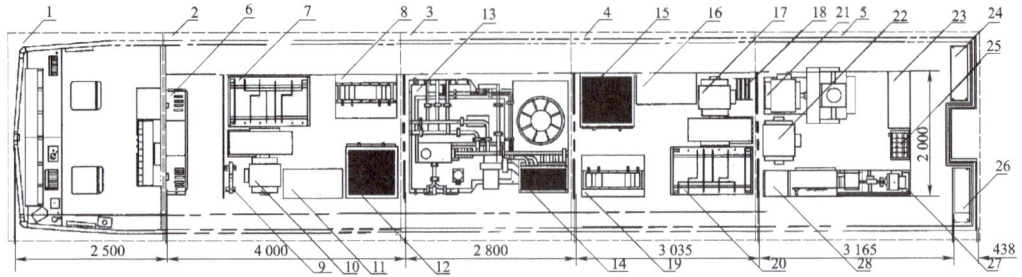

1—司机室；2—Ⅰ端电器室；3—变压器室；4—Ⅱ端电器室；5—辅助室；6—Ⅰ号端子柜；7—Ⅰ号硅机组（上）和PFC电容柜（下）；
8—Ⅰ号高压电器柜；9—复轨器；10—Ⅰ号牵引通风机组；11—Ⅰ号低压电器柜；12—Ⅰ号制动电阻柜；13—主变压器；
14—PFC开关柜；15—Ⅱ号制动电阻柜；16—Ⅱ号低压电器柜；17—Ⅱ号牵引通风机组；18—上车顶梯；
19—Ⅱ号高压电器柜；20—二号硅机组（上）和PFC电容柜（下）；21—空气压缩机组；22—劈相机；
23—空气干燥器；24—综合柜；25—起动电容柜；26—Ⅱ端端子柜；27—制动屏柜；28—电源电子柜

图 1-2　SS₄改型电力机车设备布置总图

2. Ⅱ端电器室设备布置

Ⅱ端电器室安装的主要设备有Ⅱ号制动电阻柜、Ⅱ号低压电器柜、Ⅱ号牵引通风机组、上车顶梯、Ⅱ号高压电器柜、Ⅱ号硅机组和PFC电容柜。与Ⅰ端电器室设备分室斜对称布置。

3. 变压器室设备布置

变压器室安装的主要设备有机车主变压器和PFC开关柜，以及机车保护、测量和控制用的三种交流电流互感器等电气设备。

4. 辅助室设备布置

辅助室布置的主要设备有电源电子柜、空气制动柜、劈相机、压缩机组、空气干燥器、起动电容柜、Ⅱ号端子柜和综合柜，柜顶安装有轮缘润滑控制器和电阻制动记录仪。

5. 车顶设备

车顶安装的主要设备有单臂受电弓、空气断路器、金属氧化物避雷器、高压电流互感器、高压电压互感器、高压连接器和车顶高压母线与绝缘子。

车顶的入口设置在Ⅱ端电器室的车顶顶盖上。当顶盖打开时，顶盖将与车顶高压母线的接地装置相连接，使车顶上的高压设备全部接地，以保护司乘人员人身安全。

1.1.3　SS₄改型电力机车设备布置原则

为了保证运行中设备的可靠和安全，利用有限的车体空间，既要便于设备的检查、维修和拆装，又要使重量保持均衡，使设备布置合理，一般应有以下原则：

（1）必须保证重量分配均匀。

（2）要充分满足设备的安装、拆卸、检查和维修的方便。

（3）注意节约导线、电缆和压缩空气、冷却空气管路。

（4）采用双边纵走廊，分室斜对称布置。设备屏柜化、成套化，便于车下组装、车上吊装，结构紧凑，维修方便。

（5）除轴流式通风机组外，其他设备为平面单层布置。

（6）根据单端司机室的特点，将噪声较大的劈相机、主压缩机等辅助机组安装在远离司机室的Ⅱ端辅助室内。

（7）在布线和布管结构设计上，首次采用控制电路的预布线和机车管路的预布管结构新工艺。

（8）平波电抗器采用油冷方式，且与主变压器共用油箱和油散热器风冷系统。

任务 1.2 SS₄改型电力机车操纵台认知

知差距而后勇
 双机万吨 HXD$_{3C}$型机车投入运行    中国大功率机车成功研制下线位居世界第一

学习寄语

　　新中国建立伊始，大批爱国科学家毅然放弃国外优渥的生活和学术条件，回国投入到百废待兴的祖国建设中，逐步完善了我国交通运输领域建设工作，为改革开放后的腾飞打下了坚实的基础。老一代科学家的奉献精神和献身精神，永远激励着我们不断前进，我们也要有为中华民族伟大复兴贡献自己力量的远大理想。

　　在中国共产党的领导下，人民生活水平已经得到了极大的提高，机车制造业也得到了长足的发展，正从机车制造业大国向机车制造业强国迈进，但是我们也必须看到和发达国家的差距，这正需要我们青年学生不断努力学习，为祖国的腾飞作出自己的贡献。

SS₄改型电力机车操纵台认知

布置任务

（1）了解 SS₄改型电力机车司机室构成。

（2）认识 SS₄改型电力机车换向手柄和调速手柄。

（3）认识 SS₄改型电力机车辅助司机控制器。

7

填写学习任务单，如表 1-2 所示。

表 1-2　学习任务单

任务 1.2	SS₄改型电力机车操纵台认知		
学习小组		姓名	

● 学习任务（1）SS₄改型电力机车司机室构成

● 学习任务（2）SS₄改型电力机车换向手柄和调速手柄

● 学习任务（3）SS₄改型电力机车辅助司机控制器

相关资料

1.2.1　SS₄改型电力机车司机室构成

SS₄改型电力机车司机室操纵台主要分为正司机操纵台和副司机操纵台。

正司机操纵台包括：电空制动控制器、空气制动阀、速度表、一个电钥匙开关和 11 个按键开关等。

副司机操纵台包括：副按键开关和汽笛、副台电表、显示屏及开关。

11 个按键开关包括主断路器（断、合）、受电弓（前、后）、劈相机、压缩机、牵引通风机、制动通风机、强泵风、前照灯及副前照灯。

1.2.2　SS₄改型电力机车换向手柄和调速手柄

换向手柄有七个位置，除了较为熟悉的"0"位、"前"位和"后"位，还有"制"位及Ⅰ、Ⅱ、Ⅲ级磁场削弱位。调速手柄牵引区有十个级位，制动区有十个级位。牵引区 1.5 级以上可以实现牵引风机的自动起动，牵引区 6 级以上可以实现磁场削弱调速。如图 1-3 所示。

1.2.3　SS₄改型电力机车辅助司机控制器

机车的辅助司机控制器也叫调车控制器，如图 1-4 所示，安装在司机左侧窗下面，司机可以站在车门外侧实现对辅助司机控制器的控制，但车速一般不会太高。

图 1-3　换向手柄和调速手柄

图 1-4　辅助司机控制器

1.2.4　空气制动阀

空气制动阀（俗称小闸，如图 1-5 所示）是电力机车制动机操纵部件，电空位操作时，用来单独控制机车的制动与缓解，与列车的制动缓解无关。通过其上的电-空转换拨杆转换后，可以操纵全列车的制动与缓解。另外，手把下压可单独缓解机车的制动压力。其作用位置有"缓解"位、"运转"位、"中立"位、"制动"位。

1.2.5　电空制动控制器

电空制动控制器（俗称大闸，如图 1-6 所示）是 DK-1 型制动机的操纵部件，用来控制全列车的制动与缓解。其作用位置有"过充"位、"运转"位、"中立"位、"制动"位、"重联"位、"紧急"位。

图 1-5　空气制动阀

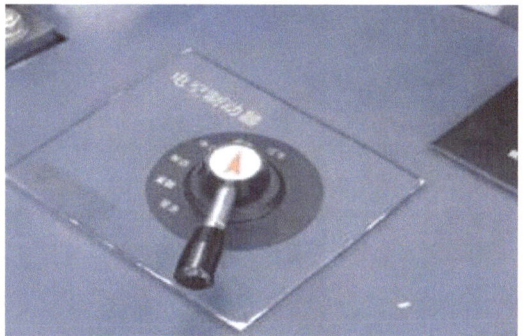

图 1-6　电空制动控制器

任务 1.3 SS₄改型电力机车驾驶之机车操作

不畏艰辛、勇于探索

明确新操作规范

明晰新设备的使用要求

学习寄语

新型机车设备更加先进，结构更加复杂，掌握扎实的理论知识尤为重要，要不断追求卓越、不畏艰辛、刻苦钻研、勇于探索。

在机车起动前、操作中，都要有明确的操作规范和设备的试验规范，要养成良好的习惯和责任意识，不断提高自身的职业素养。

SS₄改型电力机车驾驶之机车操作

布置任务

（1）了解SS₄改型电力机车蓄电池闸刀操作。

（2）认识升受电弓操作。

（3）认识合主断路器操作。

填写学习任务单，如表1-3所示。

表 1-3 学习任务单

任务 1.3	SS₄改型电力机车驾驶之机车操作		
学习小组		姓名	

● 学习任务（1）SS₄改型电力机车蓄电池闸刀操作

● 学习任务（2）升受电弓操作

● 学习任务（3）合主断路器操作

相关资料 〉

1.3.1 闭合蓄电池闸刀

（1）闭合蓄电池闸刀时（如图 1-7 所示），应断开电源钥匙开关 570QS，以免迂回电损坏电子插件。

图 1-7 蓄电池闸刀

（2）闭合蓄电池闸刀时，如发现控制电源电流表显示过高（正常＜5 A），应立即拉下蓄电池闸刀，查明原因，排除故障后再闭合。

（3）退乘时，拉下两节车蓄电池闸刀 666QS、整流输出闸刀 667QS 及蓄电池自动开关 601QA、电空制动自动开关 615QA，以防亏电。

1.3.2 闭合电源钥匙开关

（1）闭合电源钥匙开关 570QS（如图 1-8 所示）前，应确认车顶门及高压室门锁闭到位，主断路器在断开位，司机控制器在零位。

（2）闭合电源钥匙开关 570QS 后，"零位"灯亮。若不亮则应查明原因，排除故障。

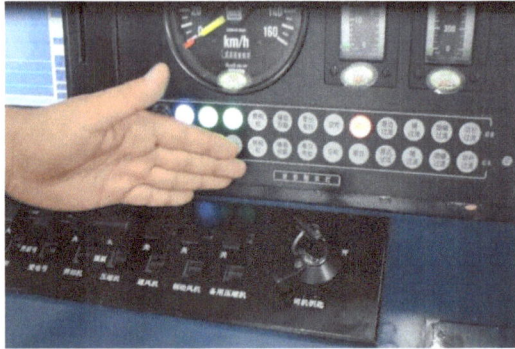

图 1-8　闭合电源钥匙开关 570QS

1.3.3 升受电弓操作

（1）升弓前，应确认总风压力达到 500 kPa，主断路器在断开位，升、降弓必须鸣笛呼唤，确认升、降到位。如图 1-9 所示。

（2）使用辅助压缩机升弓、合闸时，在总风压力达到 400 kPa 以上时，方可停止辅助压缩机打风，以防风压不足引起自动降弓，造成拉弧、烧网。

（3）发现升、降弓超过规定时间、冲网或砸车顶等异常现象，必须提前处理。

（4）正常运行，应使用后弓，其好处是：防止弓网粉末污染车顶；防止刮弓打坏车顶其他设备；遇临时降弓时，时间充足，减少刮弓的可能。

（5）段内走行，进行调车作业时，升双弓，以防过分段绝缘时失压，烧损辅助电机。但过分相绝缘时禁止升双弓。

（6）运行途中，发现接触网故障，或遇降弓信号及信号标志时，应及时降弓。

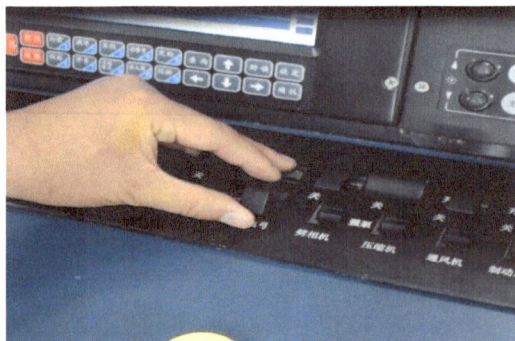

图 1-9　升受电弓

1.3.4 合主断路器操作

（1）闭合主断路器前（如图 1-10 所示），应确认全车司机控制器在零位，"零位"灯亮。按扳键时间不少于 2 s，断、合闸间隔时间不少于 3 s。

（2）合闸后，如发现辅助电压表显示低于 301 V，应断电、降弓。断、合几次主断路器，再升弓、合闸，防止因主断路器闭合不到位，烧损主触头，引起瓷瓶爆炸。

（3）合闸后，应注意听主变压器交流声是否正常，看故障显示屏显示有无异常。发现异常应立即断电、降弓，妥善处理。

1.3.5 起动劈相机操作

（1）起动劈相机（如图 1-11 所示），应在辅助电压稳定后进行。起动时应手按、耳听、眼看，即：一手按劈相机扳键，一手扶主断扳键；耳听起动声音是否正常；眼看辅助电压波动不超过 60 V，灯显示正常。发现异常，立即断电。

（2）断电后，立即关闭劈相机扳键，此时，辅助电压表应迅速降零。如下降缓慢，很可能是劈相机接触器故障，应检查确认接触器无焊接故障后，方可重新合闸起动。

（3）零压保护装置故障切除后，应注意观察网压，发现失压，及时断电。

（4）自起劈相机时，按合闸扳键的时间适当延长，以免二次操作。

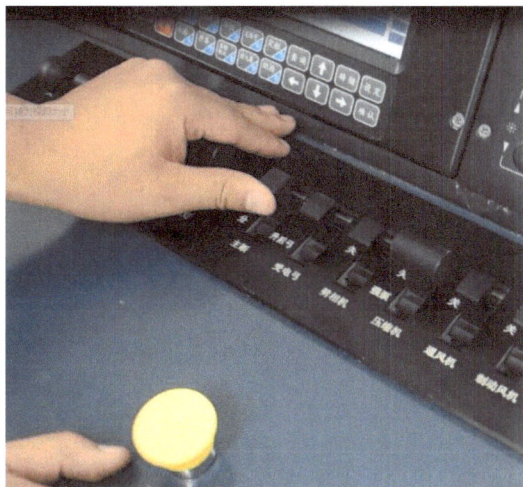

图 1-10 合主断路器

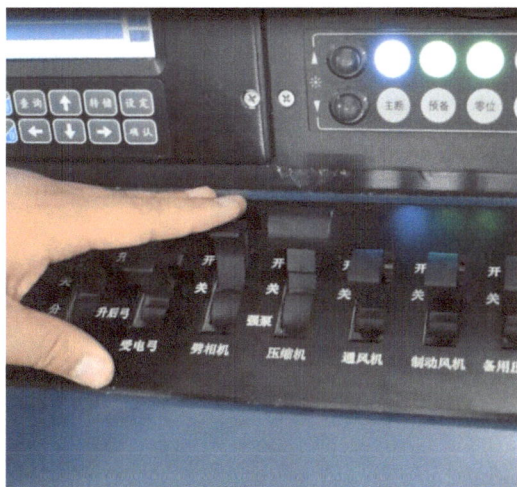

图 1-11 起动劈相机

1.3.6 起动各辅机操作

（1）辅助电机应逐个起动，不可一次按下两个及以上扳键。通风机未全部起动（如图 1-12 所示），不得按制动风机扳键；辅助电机正常起动过程中，不得随意关闭。

（2）起动辅助电机应手按、耳听及眼看，发现异常，立即断电。

（3）起动压缩机时（如图 1-13 所示），副司机应确认两节车压缩机油压表压力在 250 kPa 以上（螺杆式压缩机除外）。

（4）接新造车或修程车，应注意观察各辅机转向是否正确。

图 1-12　通风机扳键

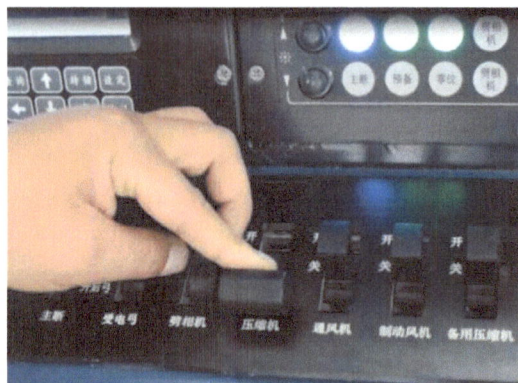

图 1-13　起动压缩机

1.3.7　换向手柄控制操作

（1）换向手柄（如图 1-14 所示）及两位置开关的位置，任何情况下都应与运行方向、工况一致。

（2）进行方向转换时，必须停车。

（3）进行牵引、制动转换时，必须确认调速手柄回零，牵引电流或制动电流、励磁电流降零。

1.3.8　调速手柄操作

（1）动调速手柄（如图 1-15 所示），必须有防窜车意识。动车前，先给流，待电流稳定后，再缓解机车制动，发现电流非正常上窜，应立即施行紧急制动并断电。

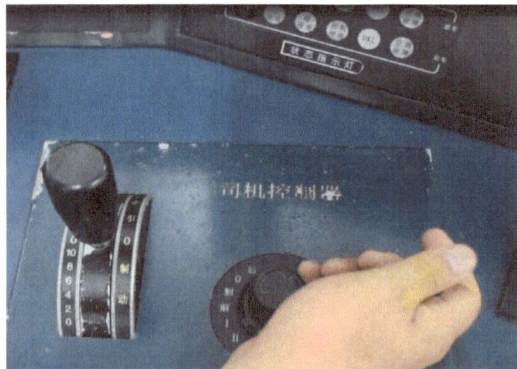

图 1-14　换向手柄

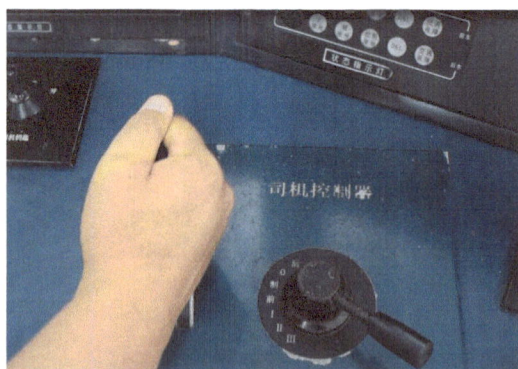

图 1-15　调速手柄

（2）电阻制动试验时，制动缸压力须保持 100 kPa，以防加馈电流引起机车后溜。B 组试验风速继电器作用时，励磁电流不宜过大，200 A 左右即可。

（3）辅台操纵，应注意调速区行程短；电流变化大时，移动手柄要缓慢。手柄回零后，必须确认双槽口对正，"预备"、"零位"灯亮。

任务 1.4　SS₄改型电力机车驾驶之列车操纵

<table>
<tr><td colspan="2" align="center">团结互助、通力合作，诚实守信、准确记录</td></tr>
<tr>
<td align="center">
团结互助、通力合作</td>
<td align="center">
诚实守信、准确记录</td>
</tr>
<tr><td colspan="2" align="center">学习寄语</td></tr>
<tr><td colspan="2">　　列车操纵需要班组成员协作完成，副司机记录试验中设备仪表显示数据，司机负责操作演练。只有大家通力合作，才能安全准确地完成列车操纵。这一过程，大家要团结互助、通力合作。如果由于粗心或者意外造成操纵失误，故障显示屏会有故障提示，仪表显示数值会不符合客观规律。大家要勇于担当，不得有半点马虎，每一步操作都要准确、可靠、规范。</td></tr>
</table>

SS₄改型电力机车驾驶之列车操纵

布置任务

（1）了解 SS₄改型电力机车起动说明。

（2）认识 SS₄改型电力机车起车时的要求。

（3）认识 SS₄改型电力机车的制动特性。

填写学习任务单，如表 1-4 所示。

表1-4 学习任务单

任务 1.4		SS₄改型电力机车驾驶之列车操纵	
学习小组		姓名	
● 学习任务（1）SS₄改型电力机车起动说明			
● 学习任务（2）SS₄改型电力机车起车时的要求			
● 学习任务（3）SS₄改型电力机车的制动特性			

相关资料 》

SS₄改型电力机车具有牵引力大、有可靠的加馈电阻制动、无级调速及恒流、限压、准恒速运行等特点。在牵引列车时，与其他机车的操纵有所不同，下面分别对各种坡道的起车及电阻制动等情况下的操纵要点作一简要叙述。

1.4.1 SS₄改型电力机车起动说明

在完成机车整备作业，确认各个设备都处于正常工作状态，监控装置参数正确，信号开放后，即可起动机车。在起动机车前，有以下几个注意事项。

（1）单机调车作业时，在1.5级以下牵引可不开通风机行车。

（2）牵引1.5级以上，牵引风机、变压器风机与油泵自行起动并自锁，调速手柄回零风机不停，通风机按键至"断开"位风机停。

1.4.2 SS₄改型电力机车起车时的要求

（1）起车做到：起车稳，加速快；充满风，再动车；伸开钩，再加速。

（2）牵引货物列车：起动时应压缩车钩（保证足够的牵引力）及适量撒砂（保证黏着力），压缩车钩的辆数一般不超过牵引车辆数的2/3，要避免全列压缩。起车过程中，要做到牵引电机电流幅值变化小，这样不仅出力均匀、起动平缓，而且因牵引力没有突变，不会造成空转。但是，也要根据实际情况进行适量的撒砂，防止发生空转。

（3）牵引旅客列车：特别强调起停平稳，充分利用低级位平稳起动的特点，等到列车起动后再慢慢增大牵引电机的电流，以增加牵引力；继续向前推调速手柄时，应以牵引电机的电流不发生波动为要求，保持稳定上升。

（4）根据不同的实际情况，起动机车时应将手柄打至不同级位，起动电流一般与级位成正比，级位置2、4、6、7级时，起动电流相应为300 A、600 A、900 A、1 050 A。

（5）机车起动后要随时注意机车仪表及指示灯的显示。

不同线路的起车操纵具体如下。

1）平道

一般站场起动操作，手柄由2→4→6级徐徐起动列车，如图1-16所示。

起车前压好车钩，提柄给流，确认牵引电流后，方可缓解列车制动，待列车缓解后，调速手柄逐渐升至3～4级，全列车起动后再将手柄移至理想的位置。

2）下坡道

尽量避免在坡道上停车，如不得已停车时，尽可能使全列车大部分处于下坡道。

起动时进级一定要缓慢，尽量借助下坡道的自然下滑力平稳起车，待全列车处于下坡道后再加速（防止断钩），如图1-17所示。

图1-16　平道起动操作

图1-17　下坡道起动操作

3）上坡道

如全部列车大部分停在上坡道时，停车时为起车做好准备，增大机车减压量，使车钩适当压缩，为再次起车做好准备。

起车前打满风，起动时先缓解机车制动，然后将大闸推向过充位，在前部车辆已缓解、后部车辆正在缓解的过程中，迅速提手柄并适当撒砂；机车移动后，如果未发生空转和过载，继续将调速手柄上推，迅速增大牵引电机的电流，增加机车牵引力，使列车逐辆平稳起动。

起动时，避免手柄提得过慢或者级位过低，只拉紧车钩而不能克服起动阻力，造成起动失败。但同时也要避免不顾一切盲目进级，造成空转、过载或者断钩事故。

如起动不了，手柄在级位上停留时间不应超过10 s，应迅速回零，保持列车制动。绝对禁止在列车不动甚至后溜的情况下，强迫进级，逆电操作（伤害电机）。

4）坡停重载

列车制动，机车缓解，手柄徐徐推进至6级，同时缓解列车，列车徐徐起动或稍动后又停，手柄追加至7→8→9→10级，列车徐徐再起动成功。若第一次起动失败，则重复上述过程直至起动成功。起动成功后列车加速至约50 km/h时，手柄退至适当级位。

5）鱼背型线路

尽量避免列车停在此线路，如不得已停车时，尽可能使大部分车辆处于下坡道上。起车时，进级要缓慢。

1.4.3　SS₄改型电力机车的制动特性

首先了解一下"电空"位操作注意事项。

（1）连挂车辆后，大闸须减压后置"中立"位，先开放机车塞门，再徐徐开放列车车辆塞门，以防引起紧急制动，造成浪费风源。

（2）初充气，再充气时大闸可置"过充"位，加快充风速度。

（3）大闸减压时，须待列车管充满风再进行，以免引起非常制动。

（4）发现列车管压力急剧下降时，应将大闸置"中立"位，调速手柄回零，机车保持制动，停车进行处理。

（5）无论何种原因引起紧急制动后，大闸手柄置"制动"位，待列车停稳后，必须再将大闸手柄置"重联"位停留 15 s 以上，待紧急放风阀排风口关闭后方可回"运转"位（或"过充"位）缓解充风。

（6）因为 466QS、465QS 置"切除"位后，使用动力制动后，再实施空气制动，制动缸压力不能自动解除，所以要求机车乘务员使用动力制动后，在实施空气制动前应单独缓解机车制动缸压力，再实施空气制动。

（7）如果非操纵节机车电空转换扳键在"空气"位或制动机无电源时，应将非操纵节机车中继阀座下方的中继阀制动管塞门 115 号关闭。

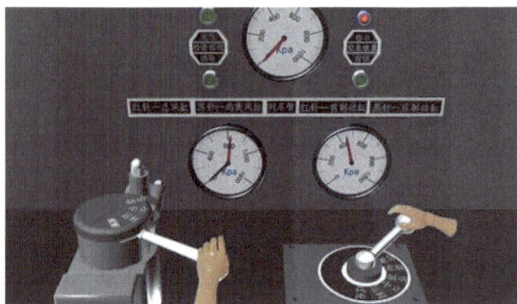

图 1-18　"电空"位转到"空气"位

必要时要将"电空"位转到"空气"位实现机车的特性，转换方法是：

（1）将操纵节空气制动阀手柄移至"缓解"位。

（2）将操纵节空气制动阀上的电空转换扳键置"空气"位。

（3）调整 53 号调压阀压力至列车管定压。

（4）将操纵节空气制动柜转换阀 153 号由"电空"位转到"空气"位，如图 1-18 所示。

1.4.4　转换的操作注意事项

（1）必须停车后进行转换。

（2）转换后若 153 号阀发生泄漏而排风不止时，应关闭 157 号塞门。

（3）换端时，须关闭故障节中继阀的 115 号塞门。

（4）列车管不充风时，断开电空制动自动开关 615QA。

1.4.5　"空气"位操作注意事项

（1）当机车制动机"电空"位故障改用"空气"位操作后，必须进行制动机试验，确认制动缓解作用良好。

（2）使用"空气"位操作仅能维持运行到前方站停车后请求救援（万吨列车可维持至前方万吨越行站停车）。

（3）操作小闸可操纵全列车的制动与缓解。"运转"位与"中立"位作用相同，皆为保压。须缓解机车制动时，应下压空气制动阀手柄。

（4）进行电空制动机"电空"位改用"空气"位的操作后，空气制动阀无紧急制动功能。需紧急制动时，可按下紧急制动按钮 594 SB 或迅速打开手动放风阀 121 号塞门，并将空气制动阀手柄移至"制动"位。

（5）"空气"位操作时，制动管若发生泄漏会得到补风，制动时要密切注意速度变化，及时追加减压，以免车辆自然缓解影响列车运行安全。

（6）尽可能使用电阻制动，少用空气制动。

（7）"空气"位操作是一种补救措施，操作时须格外谨慎。尤其是"空气"位无小闸单缓作用，既要保持机车制动，平稳操纵，又要防止机车抱闸时间过长，造成动轮驰缓。

1.4.6　机车常用制动操纵方法

施行常用制动时，应考虑列车速度、线路坡道、牵引辆数和吨数、车辆种类及闸瓦压力等条件，保持列车均匀减速，防止列车冲动。进入停车线停车时，提前确认 LKJ 显示距离与地面信号位置是否一致，准确掌握制动时机、制动距离和减压量，应做到一次停妥。牵引列车时，不应使用单阀制动停车，并遵守以下规定：

（1）初次减压量，不得少于 50 kPa。长大下坡道应适当增加初次减压量，具体减压量由各铁路局集团公司制定。

（2）追加减压一般不应超过两次；一次追加减压量，不得超过初次减压量。

（3）累计减压量，不应超过最大有效减压量。

（4）单阀缓解量，每次不得超过 30 kPa（CCBⅡ、法维莱型制动机除外）。

（5）减压时，自阀排风未止不应追加、停车或缓解列车制动。

（6）货物列车运行中，自阀减压排风未止，不得缓解列车制动。

（7）禁止在制动保压后，将自阀手柄由"中立"位推向"缓解"、"运转"、"保持"位后，又移回"中立"位。

（8）货物列车速度在 15 km/h 以下时，不应缓解列车制动。长大下坡道区段因受制动周期等因素限制，最低缓解速度不应低于 10 km/h。重载货物列车速度在 30 km/h 以下时，不应缓解列车制动。

（9）少量减压停车后，应追加减压至 100 kPa 及以上。

（10）站停超过 20 min 时，开车前应进行列车制动机简略试验。

1.4.7　加馈电阻制动运行操作

（1）人工起动制动风机（牵引风机、变压器风机及油泵可在主手柄 1.5 级以上自行起动）。

（2）一般运行速度操作——准恒速运行，与牵引工况相似。"准恒速"的意义：一是某级位上的速度差约 10～13 km/h；二是制动电流变化范围较大，低速限为 50 A，高速限约为 771 A。级位数乘以 10 约等于该级位的最高速限，如置第六级时，低速限为 50 km/h，高速限为 63 km/h；又如置第十级时，低速限为 90 km/h，高速限为 100 km/h。

（3）列车运行中需要调速时，必须使用电阻制动，初次给流时不超过 150 A，稍作停留（5 s），再逐步给流。解除电阻制动时，必须逐级回流，电流回到 150 A 时，稍作停留（1～2 s），再回零。电制动转牵引时，间隔 10 s 以上再给流，防止列车冲动。

（4）长大下坡道运行应以电阻制动为主，停车时必须使用空气制动。

（5）牵引重载列车在长大下坡道上运行，当电制动不足时，以加馈电阻制动为主，须补以列车空气制动，或使用人工减压制动或缓解。

任务 1.5 SS₄改型电力机车应急故障处理

安全是机车驾驶的第一要务	

高速铁路电气机车事故	高速铁路电气机车在行驶试验中
学习寄语	
安全是机车驾驶的第一要务，一起起刻骨铭心的事故案例，为我们敲响了长鸣警钟！ 　大家一定要树立安全意识，严格按照标准要求进行机车电气试验，确保行车安全，时刻绷紧"安全第一"这根弦，一刻也不能放松！	

SS₄改型电力机车应急故障处理

布置任务

（1）掌握 SS₄改型电力机车蓄电池回路故障。

（2）掌握 SS₄改型电力机车受电弓升不起的处理办法。

（3）掌握 SS₄改型电力机车主断合不住的处理办法。

填写学习任务单，如表1-5所示。

表 1-5　学习任务单

任务 1.5	SS₄改型电力机车应急故障处理		
学习小组		姓名	

● 学习任务（1）SS₄改型电力机车蓄电池回路故障

● 学习任务（2）SS₄改型电力机车受电弓升不起的处理办法

● 学习任务（3）SS₄改型电力机车主断合不住的处理办法

相关资料

1.5.1　蓄电池回路故障

1. 无输出电压或接地

（1）确认电源柜蓄电池自动开关闭合（第二排第一个），如图 1-19 所示。

（2）断开电源柜蓄电池闸刀（左上）及负载闸刀（右上），重联闸刀置"重联"位（右下），如图 1-20 所示。

图 1-19　各自动开关

图 1-20　闸刀

（3）确认电源柜重联自动开关闭合（第二排第五个），如图 1-19 所示。

2. 电源屏不充电

（1）确认电源柜交流电源自动开关闭合（第二排最后一个），如图 1-19 所示。

（2）转换电源柜 110 V 电源 A、B 组开关，如图 1-21 所示。

（3）电源柜重联闸刀置"重联"位，确认重联自动开关闭合，如图 1-19 所示。

3. 控制电压过高或不稳

（1）转换电源柜 110 V 电源 A、B 组开关，如图 1-21 所示。

图 1-21　电源柜 110 V 电源 A、B 组开关

（2）断开蓄电池闸刀（左上）及负载闸刀（右上），重联闸刀置"重联"位（右下），如图 1-20 所示。重联自动开关闭合，如图 1-19 所示。

1.5.2　受电弓升不起

（1）升另一节弓。

（2）关好两节车各室门，检查 4 个走廊门联锁是否出来，如图 1-22 所示。

（3）确认控制风路风压达 500 kPa（查看制动柜控制风缸风表红表针），如图 1-23 所示。确认制动柜 140 塞门开放，如图 1-24 所示。

（4）检查两节车制动柜门联锁电空阀 287 YV，如图 1-25 所示，不吸合则人为固定在"吸合"位（在制动柜左侧）。

图 1-22　走廊门联锁

图 1-23　制动柜上部控制风缸风表

图 1-24　制动柜 140 塞门

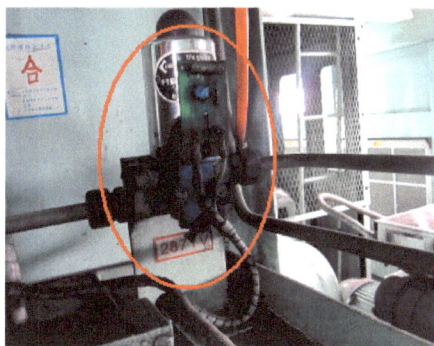

图 1-25　门联锁电空阀 287YV

1.5.3　主断合不住

1. 自动过分相后主断合不住

（1）自动过分相后主断合不住，则手动闭合主断路器扳键（图 1-26），按手动过分相办法操作。

（2）确认调速手柄回零，"零位"灯亮，确认网压、风压、蓄电池电压正常，劈相机扳键在"断开"位。

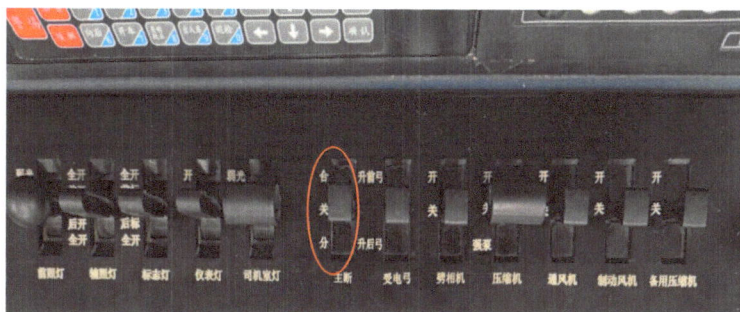

图 1-26　主断路器扳键

2. 主断无显示跳闸，一合就跳

（1）转换 LCU1 和 LCU2 的 A、B 组，如图 1-27 所示。

图 1-27　LCU 转换扳钮

注意：转换过程中，在中间"0"位停顿几秒，转换完之后，整车 A、B 组最好保持一致。

（2）转换电子柜 A、B 组，如图 1-28 所示。

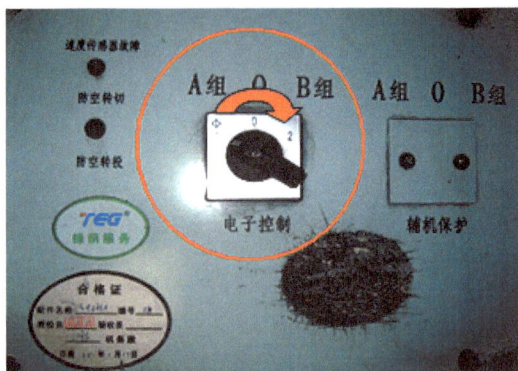

图 1-28 电子柜转换扳钮

（3）分别将零压保护隔离开关、辅助电路接地隔离开关置"故障"位，如图 1-29 所示。确认主接地故障闸刀 95QS（副司机侧 1 号高压柜侧）、96QS（司机侧 2 号高压柜右侧）置向下"故障"位，如图 1-30 所示。

图 1-29 零压保护隔离开关（左）和
辅助电路接地隔离开关（右）

图 1-30 高压柜主接地故障闸刀 95QS、96QS

1.5.4 劈相机不起动

1. 检查如劈相机灯不亮

（1）确认电源柜辅机控制自动开关 605QA 闭合，如图 1-31 所示。

（2）转换操纵节劈相机自起开关 591QS 置另一位置，如图 1-32 所示。

图 1-31 辅机控制自动开关（第一排第四个）

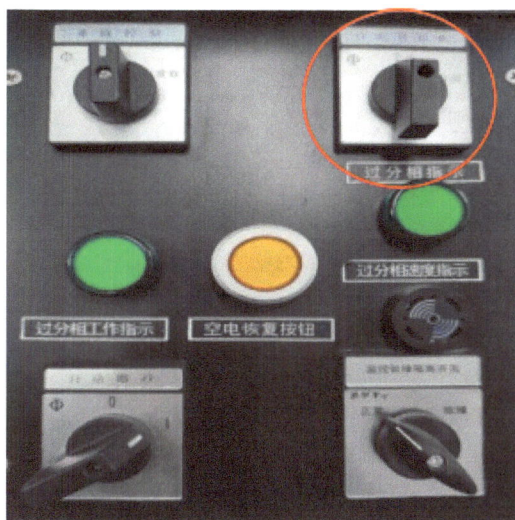

图 1-32 劈相机自起开关 591QS

（3）转换 LCU1 和 LCU2 的 A、B 组，如图 1-33 所示。

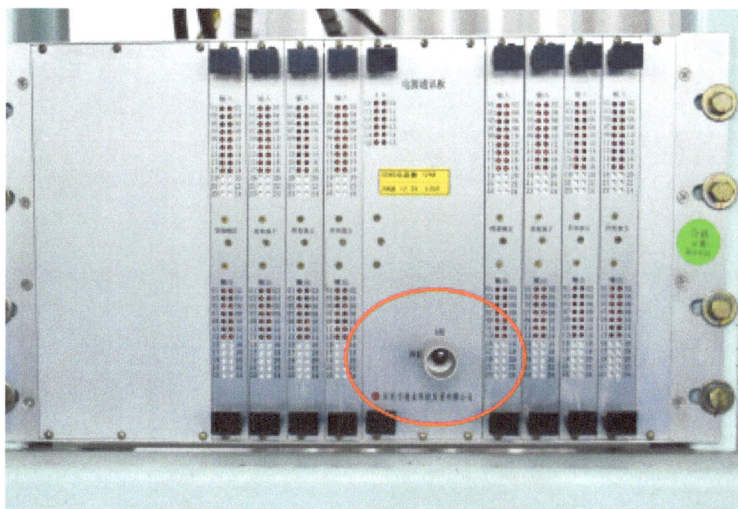

图 1-33 LCU 转换扳钮

2. 检查如劈相机灯不灭

（1）转换 LCU1 和 LCU2 的 A、B 组，如图 1-33 所示。

（2）劈相机电磁噪声大，起劈相机 3 s 后，人为按下 1 号低压柜 283 AK 手动按钮，如图 1-34 所示。

（3）如劈相机无声音，检查劈相机三相开关 215QA（2 号低压柜第一个），恢复后重新起动，如图 1-35 所示。

图 1-34　低压柜 283AK 手动按钮

图 1-35　劈相机三相开关 215QA

1.5.5　通风机 1 代替劈相机

（1）劈相机故障隔离开关置右侧"1 FD"位，如图 1-36 所示。

注意：严禁放置在中间"试验"位。

（2）起动电阻转换闸刀 296QS（2 号低压柜左下方）置向下"电容"位，用牵引通风机 1 代替，如图 1-37 所示。

注意：网压高于 23 kV 时，方可用通风机 1 代替，代替后仍用劈相机扳钮控制。劈相机灯常亮为正常，辅助回路灯先亮后灭为正常。

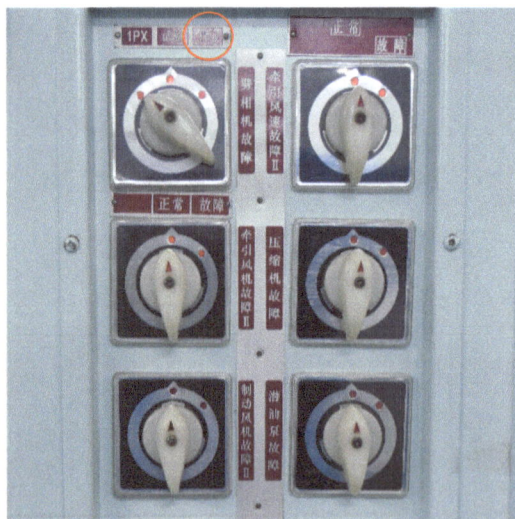

图 1-36　劈相机故障隔离开关

图 1-37　起动电阻转换闸刀 296QS

1.5.6　压缩机系统故障

1. 压缩机不起动

（1）使用"强泵"扳键起动（扳键箱）。

（2）检查确认压缩机电机三相开关 217QA（2 号低压柜第二个）闭合，如图 1-38 所示。

（3）转换故障节 LCU1 和 LCU2 的 A、B 组，如图 1-39 所示。

图 1-38　压缩机电机三相开关 217QA

图 1-39　LCU 转换扳钮

（4）切除故障压缩机，将压缩机故障开关 579QS（2 号低压柜）置"故障"位，单台压缩机维持运行，如图 1-40 所示。

2. 压缩机打不起风

（1）如干燥器漏风：打开旁通塞门 110（在干燥器正前方），关闭 G1 塞门（在滤清筒下部）、T1、T2 塞门（在干燥塔 1、干燥塔 2 的下部），如图 1-41、图 1-42 所示。

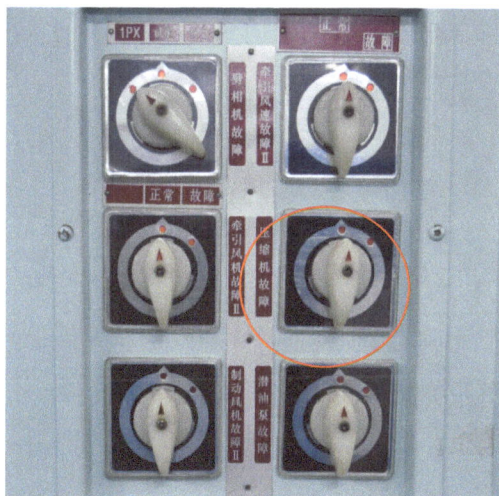

图 1-40　压缩机故障开关 579QS

图 1-41　干燥器正前方旁通塞门 110

（2）可抽出螺杆压缩机空气滤清器滤芯或用木棒轻敲进气阀（安装在空压机上部与空气滤清器连接的阀），如图 1-43 所示。

3. 打风后排风不止

（1）如干燥器排气阀、排污阀排风不止，打开旁通塞门 110（在干燥器正前方），关闭 G1 塞门（在滤清筒下部）、T1、T2 塞门（在干燥塔 1、干燥塔 2 的下部），维持运行。

（2）如发现管路接头螺母漏泄，则紧固漏泄处所。

图 1-42　G1 塞门、T1 塞门、T2 塞门

图 1-43　压缩机空气滤清器

1.5.7　辅助回路灯亮，预备灯不灭

1. 牵引工况下

（1）确认牵引风机是否起动，如果起动，则切除对应牵引风速隔离开关，如图 1-44 右上所示。

图 1-44　牵引风速故障Ⅱ、牵引风机故障Ⅱ开关

（2）如果牵引风机不起动，检查确认对应的牵引风机三相开关是否处于"闭合"位，如图 1-45、图 1-46 所示。

图 1-45　低压柜牵引风机 1 三相开关 219QA

图 1-46　低压柜牵引风机 2 三相开关 220QA

（3）转换 LCU1 和 LCU2 的 A、B 组，如图 1-47 所示。

图 1-47　LCU 转换扳钮

（4）将相应牵引风机隔离开关置"故障"位，如图 1-44 左上所示。

（5）电制动时，断电、降弓，将相应牵引电机故障闸刀置"故障"位。

注意：切除牵引风机后，调速手柄必须回到零位，确认"零位"灯亮，再给流。

2. 电制动工况下

（1）确认制动风机是否起动，如果起动，切除对应制动风速隔离开关。如遇停车机会，检查机车下部制动风机风网是否有异物堵塞风道，如图 1-48 所示。

（2）如果制动风机不起动，检查确认对应的制动风机三相开关是否处于"闭合"位，如图 1-49 所示。

（3）转换 LCU1 和 LCU2 的 A、B 组，如图 1-47 所示。

（4）将相应制动风机隔离开关置"故障"位，如图 1-50 所示。

图 1-48　机车下部制动风机风网

图 1-49　制动风机 1 三相开关、制动风机 2 三相开关

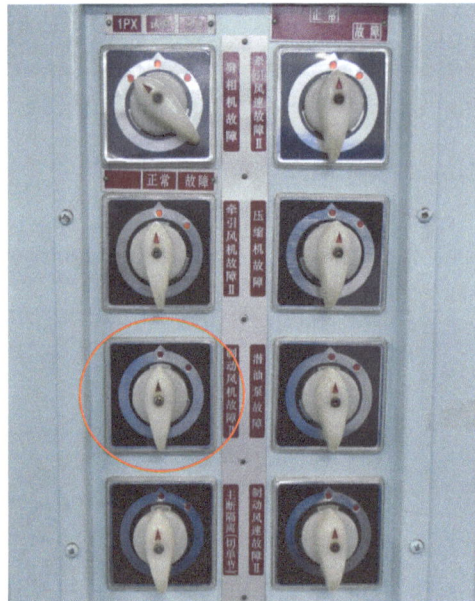

图 1-50　制动风机故障 Ⅱ 开关

1.5.8　辅助回路灯亮，预备灯灭，变压器油泵或风机不起动

（1）检查确认变压器风机三相开关 227QA 或油泵三相开关 228QA 是否处于"闭合"位，如图 1-51、图 1-52 所示。

图 1-51　1 号低压柜变压器风机三相开关 227QA

图 1-52　2 号低压柜变压器油泵三相开关 228QA

（2）转换 LCU1 和 LCU2 的 A、B 组，如图 1-53 所示。

（3）油泵故障，则将油泵故障隔离开关置"故障"位，如图 1-54 所示。

图 1-53　LCU 转换扳钮

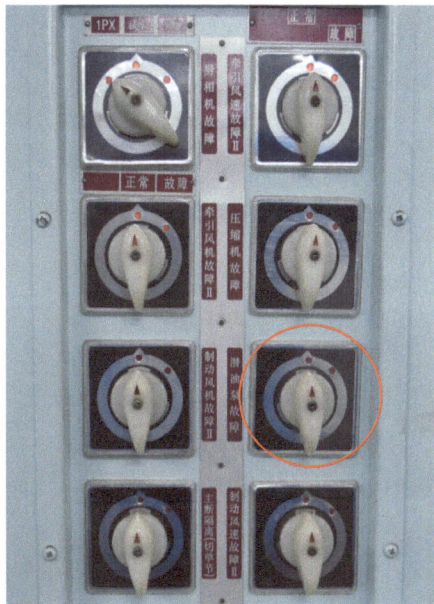

图 1-54　潜油泵故障开关

（4）变压器风机故障，则将主变风机节能装置（2 号低压柜右上部，如图 1-55 所示）电源开关关闭。如仍不起动，则将变压器风机隔离开关置"故障"位。

（5）变压器油温（副司机侧变压器室下部）接近 75 ℃时，到站停车降温，如图 1-56 所示。

图 1-55　主变风机节能装置

图 1-56　变压器油温表

1.5.9　牵引无流

（1）换向手柄置"前"或"后"位，预备灯不灭，按预备灯不灭处理。

（2）调速手柄离开"零位"后，"零位"灯不灭，转换 LCU1 和 LCU2 的 A、B 组，如图 1-53 所示。

（3）确认控制电压在 110 V$^{+25}_{-30}$%（77～130 V）范围，断、合电源柜电子控制自动开关。

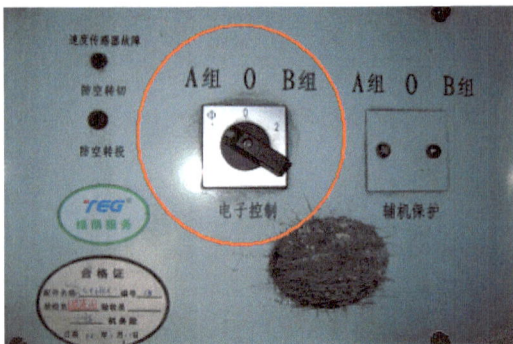

图 1-57 转换电子柜 A、B 组

（4）转换电子柜 A、B 组，如图 1-57 所示。

（5）转换 LCU1 和 LCU2 的 A、B 组，如图 1-53 所示。

（6）确认非操纵节电源钥匙开关断开到位。

（7）切除故障节，维持运行。

1.5.10　"原边过流"灯亮跳主断

（1）转换电子柜 A、B 组，如图 1-57 所示。

（2）转换 LCU1 和 LCU2 的 A、B 组，如图 1-53 所示。

（3）手柄离开"零位"或电压上升至 500 V 左右，"原边过流"灯亮，则拔下整流柜 75 号或 76 号（分别在 1、2 号整流柜上部）插头，如图 1-58 所示。

（4）合闸就跳，"原边过流"灯亮，确认无异状，重合闸还跳，则切除一节车。禁止重复合闸，防止故障扩大。

（5）"原边过流"灯亮，"牵引电机"灯亮，则将相应电机闸刀置"中间"位，如图 1-59 所示。

（6）切除故障节，维持运行。

图 1-58　1 号整流柜 75 号插头

图 1-59　高压柜电机闸刀置"中间"位

1.5.11　"主接地"灯亮跳主断

（1）重合还跳，则拉主接地故障闸刀 95QS 或 96QS，如图 1-60 所示。

图 1-60　高压柜主接地故障闸刀 95QS/96QS

（2）电阻制动接地，不用电阻制动。

（3）降弓，逐台闭合牵引电机闸刀，找出接地电机，将相应电机闸刀置"中间"位，如图 1-61 所示。

图 1-61　高压柜电机闸刀置"中间"位

（4）切除故障节，维持运行。

1.5.12　副台"辅接地"，主台"辅助回路"灯亮

（1）切除热饭电炉、窗加热、各取暖装置、空调。

（2）重合还跳，则将辅助电路接地隔离开关 237QS 置"故障"位，如图 1-62 所示。

1.5.13　牵引电机灯亮，主断跳

（1）转换电子柜 A、B 组，如图 1-63 所示。

（2）转换 LCU1 和 LCU2 的 A、B 组，如图 1-64 所示。

（3）拔下高压柜左上部 45 号或 46 号插头，切除相应的牵引电机闸刀，如图 1-65 所示。

（4）切除故障节，维持运行，如图 1-66 所示。

图 1-62　1 号低压柜辅助电路接地隔离开关

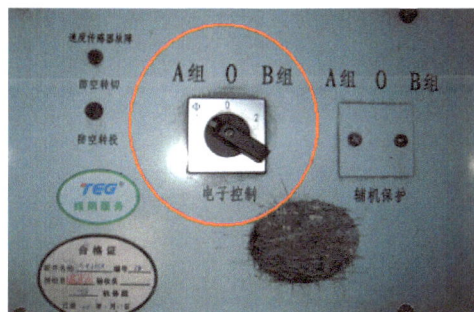

图 1-63　转换电子柜 A、B 组

图 1-64　转换 LCU1 和 LCU2 的 A、B 组

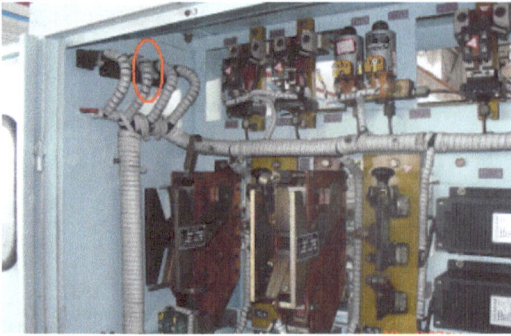

图 1-65　高压柜左上部 45 号/46 号插头内部

图 1-66　高压柜电机闸刀置"中间"位

1.5.14　空转灯亮、自动撒砂及减载

（1）电流较大，黏着不良，快退手柄，人工补砂。

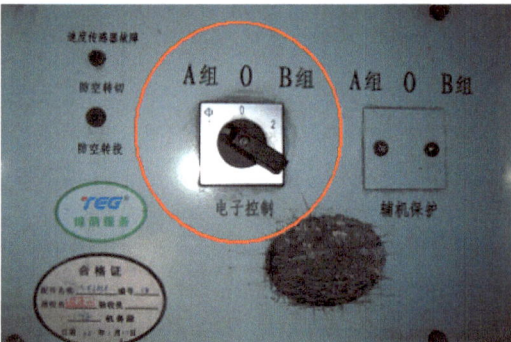

图 1-67　转换电子柜 A、B 组

（2）转换电子柜 A、B 组，如图 1-67 所示。

（3）空转保护误动作，则将电子柜左上部空转保护钮子开关置"切除"位，防止空转擦伤踏面。

1.5.15　甩车

（1）转换电子柜 A、B 组，如图 1-67 所示。

（2）转换 LCU1 和 LCU2 的 A、B 组，如图 1-68 所示。

（3）无效甩单节。

图 1-68　转换 LCU1 和 LCU2 的 A、B 组

1.5.16　切除故障节方法

（1）整台机车低压电器柜各故障隔离开关全部置"正常"位，司机室劈相机自起开关 591QS 置"手动"位，如图 1-69 所示。

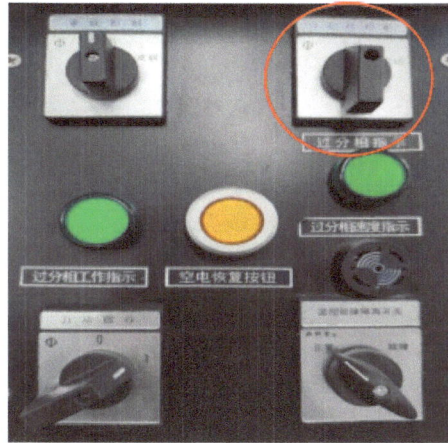

图 1-69　劈相机自起开关 591QS

（2）将故障节 2 号低压电器柜主断路器隔离开关 586QS 置"故障"位，如图 1-70 所示。

（3）将故障节电源柜重联闸刀 668QS 置"重联"位，如图 1-71 所示。同时检查电源柜重联开关 617QA 是否闭合到位。

图 1-70　主断路器隔离开关 586QS

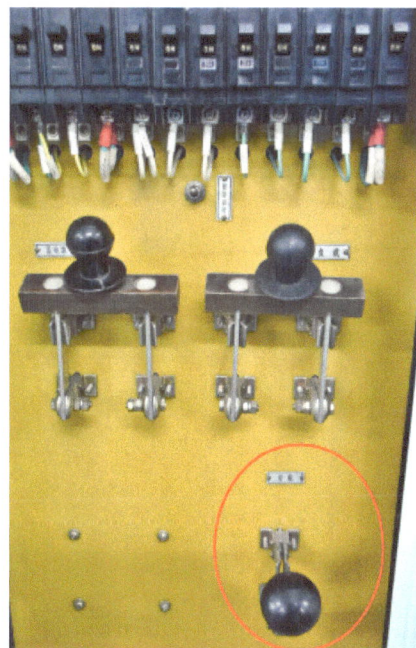

图 1-71　电源柜重联闸刀 668QS

1.5.17　手动过分相操作方法

1. 主控机车

（1）在分相区前，闭合手动过分相区开关（扳键箱最右边），制动显示屏信息提示"过分相操作激活，从控保持级位控制"。

（2）人为操作完成退流、关辅机、断主断、关劈相机等过程。

（3）通过分相后，闭合主断，完成辅机起动并将机车设置到适当的级位。

（4）断开手动过分相区开关。

注意：在降低机车级位并断开主断前，司机必须闭合分相区开关，否则会导致从控跟随主控动作。在断开手动过分相开关前，司机必须闭合主断并将机车设置到适当的级位，否则会导致从控跟随主控动作。

2. 从控机车

（1）在分相区前，闭合手动过分相区开关。LOCOTROL 系统自动完成退流、断辅机、断主断、断劈相机等控制。

图 1-72　蓄电池电源闸刀

（2）通过分相后，断开分相区开关。LOCOTROL 系统自动完成合主断、起动辅机、恢复牵引电制动级位等控制。

1.5.18　CCBⅡ型制动机无动力、有动力回送设置

1. 制动机无动力回送设置步骤

（1）断开两节机车蓄电池电源闸刀，如图 1-72 所示。

（2）将 A、B 节牵引电机闸刀置"中间"位，如图 1-73 所示。

（3）两节车大、小闸均置"运转"位。

（4）将总风缸风压排至 150～200 kPa（通过司机室总风缸压力表确认），关闭机车的总风缸 112 号塞门（上部为 50 止阀），如图 1-74 所示。

图 1-73　高压柜牵引电机闸刀置"中间"位

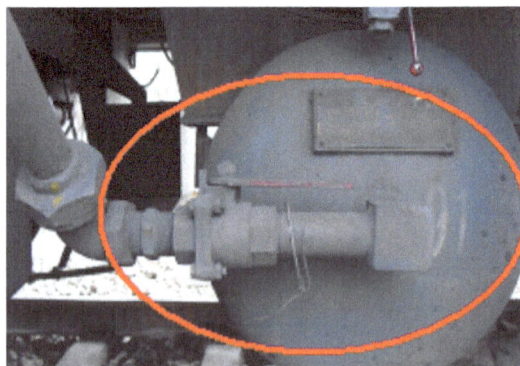

图 1-74　总风缸 112 号塞门

（5）将两节车制动柜 EPCU 上的无火旋塞置"无火"位，如图 1-75 所示。

（6）开放机车两端的平均管塞门，如图 1-76 所示。

（7）挂车后，试验确认无火机车制动缸压力制动缓解正常。

2. 制动机有动力回送设置步骤

操纵端：

（1）显示器设定为"单机"位，确认流量表上"单机"灯亮。

（2）大闸置"运转"位，小闸置"运转"位。

（3）注意监视制动缸压力，防止带闸运行动轮过热。

图 1-75　制动柜下部 EPCU 无火旋塞

图 1-76　机车平均管塞门

非操纵端：

（1）大闸置"运转"位，小闸置"全制动"位，确认制动缸压力在 280 kPa 以上。

（2）显示器设定为"补机"。

（3）确认流量表上"补机"灯亮。

课 后 记

操作安全"十二忌"

一忌有章不循，违章蛮干。二忌盲目操作，毛手毛脚。

三忌侥幸耍滑，简化操作。四忌各自为政，互不照应。

五忌着急心乱，忙中出错。六忌逞能斗气，野蛮操作。

七忌精力不济，疲劳操作。八忌程序不清，缓急无序。

九忌一心二用，心不在焉。十忌马虎操作，麻痹大意。

十一忌不懂装懂，乱说乱动。十二忌遇事手软，犹豫不决。

"两停一挂"制度

1. 两停

1）第一次停车（适用于货车挂车，客车不需停）

（1）距挂车线脱轨器 10 m 外一度停车，确认脱轨器状态。脱轨器撤除后，学习司机下车确认，并站在脱轨器处安全位置，引导机车越过脱轨器。引导过程中，学习司机须密切注意脱轨器状态，防止脱轨器爬轨。

（2）挂车线无脱轨器时，须在挂车线反方向出站信号机处一度停车，确认防护信号和车列位置。

2）第二次停车

距被挂车列 10 m 前一度停车，确认防护信号撤除后，学习司机下车检查车辆车钩状态，引导司机挂车。

2. 一挂

学习司机检查车辆车钩状态后，显示连挂信号；司机根据学习司机显示的连挂信号，以不超过 5 km/h 的速度连挂车辆。

连挂完毕后进行试拉，试拉完毕后，学习司机须确认连挂状态良好，司机须下车复检连挂状态。

模块 2
HXD₃C 型电力机车驾驶

简介

　　HXD₃C 型电力机车是在 HXD₃ 型和 HXD₃B 型电力机车基础上研制的交流传动六轴 7 200 kW 干线货运电力机车，该机车通过更换增加供电绕组的主变压器，增加列车供电柜、供电插座、客货转换开关、双管供风装置等，使机车具有牵引旅客列车的功能，并可以向旅客列车提供风源及稳定的 DC 600 V 电源。

　　机车在采用 PWM 矢量控制技术等最新技术的同时，尽量考虑对环境的保护，减少维修工作量。另外，以能够在中国全境范围内运行为前提，满足环境温度在 -40～+40 ℃、海拔在 2 500 m 以下条件的同时，最大考虑 3 组机车重联控制运行。

HXD₃C 型电力机车简介

任务 2.1 HXD₃C 型电力机车特性及主要设备

敢于拼搏、敢为人先、敢于超越	

发挥科技创新主力军的作用	传承"毛泽东号"机车精神
学习寄语	
HXD₃C 型电力机车功能更加强大，设备更加先进，但在国际机车制造领域依然面临竞争形势。我们既要保持世界视野，又要不断发扬创新精神，要有敢于拼搏、敢为人先、敢于超越的竞争意识，保持提振攻坚克难的斗志与勇气，不断传承"毛泽东号"机车精神。	

HXD₃C 型电力机车特性及主要设备介绍

布置任务 》

（1）了解机车特性。

（2）分析机车主要设备的功能。

（3）认识机车主要设备参数。

填写学习任务单，如表 2-1 所示。

表 2-1　学习任务单

任务 2.1	HXD$_{3C}$ 型电力机车特性及主要设备			
学习小组		姓名		

- 学习任务（1）机车特性

- 学习任务（2）机车主要设备的功能

- 学习任务（3）机车主要设备参数

相关资料

2.1.1　机车特性

机车牵引特性控制采用了恒力矩准恒速特性控制方式，机车的司机控制器调速手柄在牵引模式下级位设定为 13 级，在电制动模式下级位设定为 12 级，级间能够进行平滑调节，每级速度变化 ΔV=10 km/h。

1. 机车牵引特性

23 t 轴重时，当机车速度小于等于 10 km/h 时，机车最大扭矩值限制为 520 kN；当货运机车速度大于 10 km/h、小于等于 70 km/h（客运机车为 62 km/h）时，货运机车最大牵引力按曲线 F=544.8-2.48V（客运机车按 F=544.8-2.85V）进行限制（V 为机车速度），机车进入加速区；当货运机车速度大于 70 km/h（客运机车为 62 km/h）时，货运机车最大牵引力按曲线 F=25 920/V（客运机车按曲线 F=23 040/V）进行限制，直到机车进行 120 km/h 速度限制为止，此区段为机车功率限制区。

25 t 轴重时，当机车速度小于等于 10 km/h 时，机车最大牵引力限制为 570 kN；当机车速度大于 10 km/h、小于等于 50 km/h 时，机车最大牵引力按曲线 F=600.9-3.09V 进行限制，机车进入加速区；当机车速度大于 65 km/h 时，机车最大牵引力按曲线 F=25 920/V 进行限制，当机车速度达到 120 km/h 时，进行速度限制，此区段为机车功率限制区。

2. 机车制动特性

23 t 轴重时，机车最大电制动力限制为 370 kN；机车速度从 15～5 km/h 按限制线性下降至 0；当货运机车速度大于 70 km/h（客运机车为 62 km/h）时，货运机车最大制动力按曲线 F=25 920/V（客运机车按曲线 F=23 040/V）进行限制，此区段为机车功率限制区。

25 t 轴重时，机车最大电制动力限制为 400 kN；机车速度从 15～5 km/h 按限制线性下降至 0；当机车速度大于 65 km/h 时，机车最大电制动力按曲线 F=25 920/V 进行限制，此区段为机车功率限制区。

2.1.2　机车主要设备

1. 受电弓

受电弓是电力机车从接触网获得电能的重要电气部件，通过支持绝缘子安装在机车车顶上。受电弓弓头升起后使碳滑板与接触网导线接触，从接触网上获取电流，并将电流通过车顶母线传送到车内供机车使用。

HXD₃C型电力机车采用 DSA200 型单臂受电弓，在机车一、二端车顶盖上各安装一台。该型号受电弓采用气囊驱动方式升弓，主要用于干线电力机车，并配备有阻尼器和 ADD 自动降弓装置。

受电弓主要由底架、铰链机构、弓头部分、升弓装置及气路组装等几大部分构成，外形如图 2-1 所示。

2. 真空主断路器和接地开关

HXD₃C型电力机车安装有真空主断路器（22CBDP1）和接地开关（35KSDP1）组件。整个组件安装在车内的高压电器柜中。

真空主断路器和接地开关组件的外形，如图 2-2 所示。

HXD₃C型电力机车目前采用 22CBDP1 型真空主断路器，外形如图 2-3 所示。

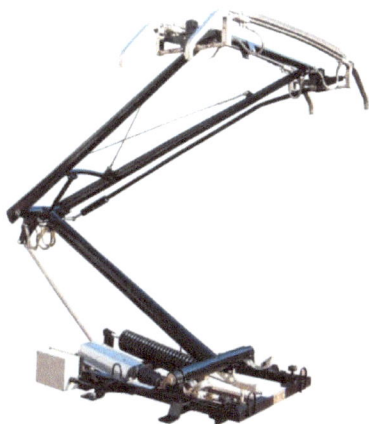

图 2-1　受电弓外形

图 2-2　真空主断路器和接地开关组件外形

图 2-3　22CBDP1 型真空主断路器外形

22CBDP1 型真空主断路器是电力机车的一个重要电气部件，是整车与接触网之间电气连通、分断的总开关，是机车上最重要的保护设备。当机车发生各种严重故障时，能迅速、可靠、安全地切断机车总电源，从而保护机车设备。该断路器与 35KSDP1 型接地开关直接装配，安装在车内高压电器柜中。

3. 高压电压互感器、高压电流互感器

1）高压电压互感器

JDZX18-25（C）型产品为户内全封闭式电压互感器，与HXD₃C型电力机车配套使用。本产品采用户外环氧树脂（CW5837）浇注绝缘支柱式结构，适用于户内交流 50～60 Hz，在额定电压为 25 kV 的电力机车电网中做电压测量或继电保护使用，具有耐机械冲击能力强、

重量轻、便于安装、不易损坏、维护周期长的特点。

2）高压电流互感器

LMZB-25C型电流互感器为电力机车高压侧专用电流互感器。本产品采用支柱穿心母线环氧树脂浇注绝缘式结构，适用于交流50 Hz、额定电压25 kV的HXD$_{3C}$型电力机车内高压侧做继电保护使用。

4. 避雷器

1）避雷器的作用

HXD$_{3C}$型电力机车共有三个避雷器，即F1、F2、F3。避雷器F1和F2装配在车顶，属于车顶避雷器，分别并联于受电弓和高压隔离开关之间，可以抑制机车外部的雷击过电压和电网过电压，保护车顶和车内的高压电器。避雷器F3装配在车内高压柜中，属于车内避雷器，如图2-4所示。避雷器F3并联于主断路器和主变压器原边绕组之间，主要抑制主断路器开闭时产生的操作过电压，避免对机车内部的控制电器产生过电压侵害。车顶避雷器F1、F2的持续额定工作电压低于车内避雷器F3的持续额定工作电压，从而确保机车外部的雷击过电压和电网过电压在车顶上就被抑制，避免进入车内造成危害。

图2-4　车内避雷器

2）避雷器的结构特点

避雷器主要由硅橡胶复合外套、芯体、高压接线端、连接底板等部分组成。硅橡胶复合外套具有优良的绝缘性能和耐污秽能力，芯体由非线性优良的金属氧化物电阻片组成，在内部紧固成一体。避雷器整体结构紧凑，具有良好的冲击振动性能。高压接线端和连接底板等采用不锈钢材料，保证表面的耐蚀性和美观。

5. 高压隔离开关

HXD$_{3C}$型电力机车采用两台电空控制方式的高压隔离开关。当高压隔离开关处于"隔离"位时，动触头端自动接地，确保故障端受电弓可靠接地，同时保证高压柜内部安全可靠。可通过控制电器柜上的转换开关SA96，将其打至对应"隔离"位；通过TCMS发出指令来控制相应的电空阀，实现高压隔离开关的开闭操作，以切除故障的受电弓，同时使用另一架受电弓维持机车正常运行，降低机破率，提高机车运用可靠性。

受电弓升弓气路发生故障时，将该受电弓降下，并将侧墙升弓气路板上的阀门关闭，切断该受电弓的气路。

一组受电弓损坏或存在接地故障的情况下，在断主断降弓模式下将控制电器柜上的转换开关SA96打至相应"隔离"位（受电弓Ⅰ隔离/受电弓Ⅱ隔离），高压电器柜内相应受电弓的高压隔离开关QS1或QS2将断开，故障受电弓被隔离并接地。机车需要升起另一组受电弓，继续维持运行，回段后再做处理。

2PIS型高压隔离开关属于保护装置，如图2-5所示，作用有以下几方面：

图2-5　2PIS型高压隔离开关

（1）机车或重联运行时，机车的高压隔离开关都闭合，接通机车的车顶高压线路，从而可用机车一端的受电弓、主断路器控制机车或重联机车的受流。

（2）如果某一端机车的车顶高压部分发生故障，可以通过断开故障侧的高压隔离开关，切断故障机车，维持运行。

6. 主变压器

机车采用轴向分裂、心式卧放、下悬式安装的一体化多绕组变压器，具有高阻抗、重量轻等特点；采用真空注油、强迫风冷、氮气密封等特殊的工艺措施，可大幅延长变压器的绝缘寿命。

主变压器的6个1 450 V牵引绕组分别用于两套主变流器的供电，2个399 V辅助绕组分别用于辅助变流器的供电，2个860 V供电绕组分别用于DC 600 V列车供电柜的供电（仅客运方案）。

主变压器内还设有温度继电器、压力释放阀、油流继电器等，完成对主变压器的温度、过压等保护。

7. 高压接地开关

高压接地开关QS3与主断路器集成在一起，具有高压电路接地保护功能，并集成于机车高压安全联锁系统中，只能在降弓并且切断受电弓气源之后才能操作。

高压接地开关与机车钥匙箱联锁控制，可以实现机车的高压安全互锁。高压接地开关上配有一个蓝色锁芯、一个黄色锁芯和一个黄色钥匙。当升弓气路阀关闭时，蓝色钥匙（位于空气管路柜内）才能拔出，待其插入到高压接地开关后，高压接地开关才可打至"接地"位，此时主断路器的两端及高压隔离开关通过高压接地开关与车体地相连；高压接地开关上的黄色钥匙只有当接地开关打至"接地"位时才能拔出，并插入到机车钥匙箱，使钥匙箱上的其他钥匙解除联锁，从而确保只有在网侧回路完全接地的情况下才可打开机车的其他电器柜门，实现高压安全互锁。反之亦然，只有当所有柜门关闭上锁，钥匙全部插入机车钥匙箱后，黄色钥匙才可拔出，插入到高压接地开关上，高压接地开关才可打至正常运行位，此时蓝色钥匙才可拔出，插入升弓气路阀，开启升弓气路。

8. 复合冷却器通风机组

本部件是为冷却HXD₃C型电力机车主变压器和主变流器而被安装在机械室内的。工作原理为：冷却风从顶盖的通风窗处进入，再送入通风机中，然后由通风机通过通风道送出冷却风对复合冷却器进行冷却，最后排到大气中。

此通风机组由RPF-67 B型通风机和TIKK-FCKW8型电机组成，如图2-6、图2-7所示。

图2-6　RPF-67B型通风机　　　　图2-7　TIKK-FCKW8型电机

9. 牵引电机

牵引电机外形如图 2-8 所示。

图 2-8　牵引电机外形

10. 控制电器柜

1）设备布置

如图 2-9、图 2-10 所示。

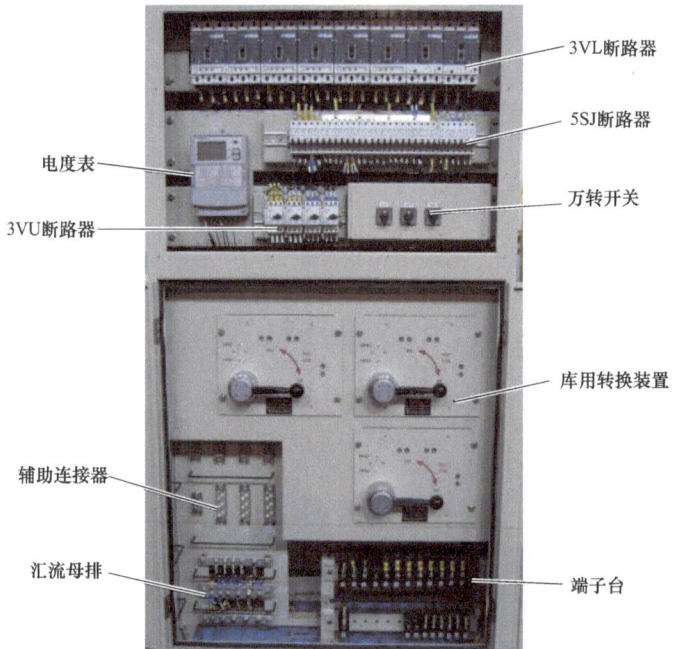

图 2-9　控制电器柜背面图

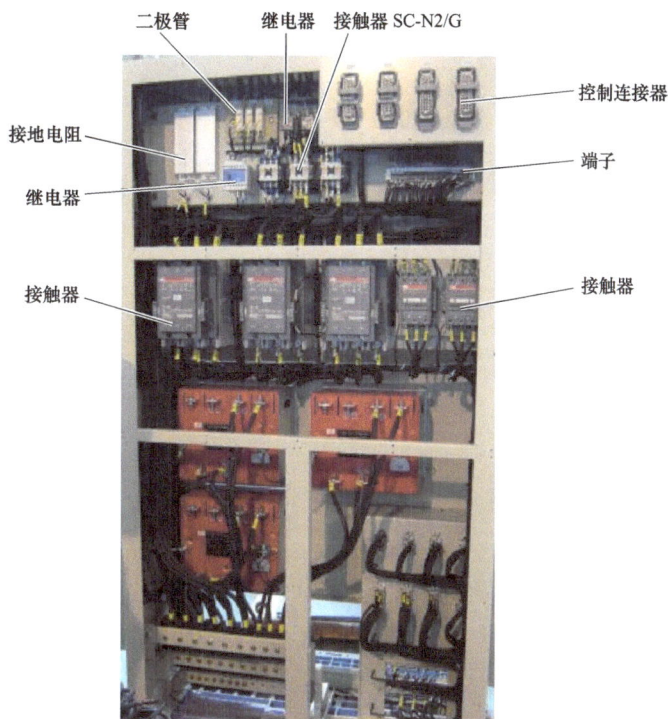

图 2-10　控制电器柜正面图（开柜门）

2）控制电器柜功能

机车控制电器柜将低压电路控制和保护用器件集成在内，主要实现对三相负载电路、单相负载电路中的部件进行故障保护和相应的逻辑控制，另外还具有入库动作、库内试验时的转换、原边过流反馈及电能损耗计量等功能。

3）控制电器柜结构

该控制电器柜正面分上、下两部分。上部集中放置断路器、万能转换开关、电度表，外部采用整体外罩，留有开关操作部分、电度表可视窗。下部是双开门结构，其中设置了 8 个对外连接用的辅助连接器，用于车上辅机和辅助加热设备的电气连接。由于柜内下部放置了主辅电路库用转换装置，为了安全起见，设有联锁装置和开启用的连杆锁。

任务 2.2   HXD₃c 型电力机车操纵台认知

自主科技创新推动民族复兴

| 自主科技创新推动民族复兴 | 科技是第一生产力 |

学习寄语

　　HXD₃c 型电力机车的四大要素——精准、完善、安全装备和设备复杂度，每一项都是"高精尖"科技实力的体现过程。科技是第一生产力，而核心技术更是国之重器，是国家实力的关键。作为新时代大学生的我们要肩负着民族复兴和国家富强的历史重担。针对近年来发生的"中兴事件""华为事件"，无论是华为的从容应对还是中兴的濒临破产，两家中国企业在美国的"封杀令"下有着截然不同的命运，这背后印证的除了中国整体科技创新实力不容小觑的事实外，还敲响了中国制造业对于创新技术自主可控的警钟，鞭策着我们要在自主科技创新领域中不断前行。

HXD₃c 型电力机车操纵台认知

布置任务

（1）了解机车司机室布置。

（2）分析机车司机室司机控制器功能。

（3）了解机车主断路器扳键开关。

填写学习任务单，如表 2-2 所示。

表 2-2　学习任务单

任务 2.2	HXD₃C 型电力机车操纵台认知	
学习小组	姓名	

● 学习任务（1）机车司机室布置

● 学习任务（2）机车司机室司机控制器功能

● 学习任务（3）机车主断路器扳键开关

相关资料

　　HXD₃C 型电力机车在机车的两端各设有一个司机室，两个司机室的中间是机械室，如图 2-11 所示。

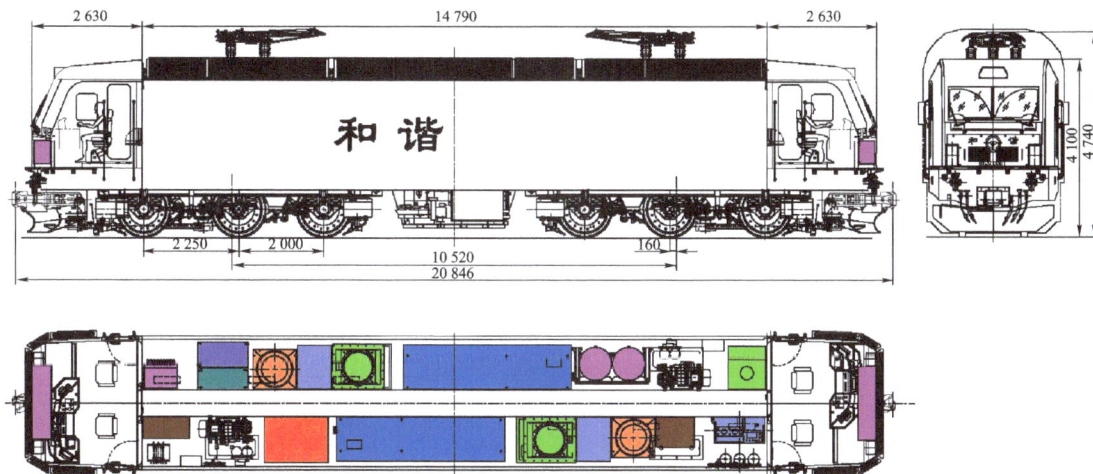

图 2-11　HXD₃c型电力机车整体

2.2.1　司机室布置

　　司机室内设有操纵台、八灯显示器、司机座椅、紧急放风阀、灭火器等设备。司机室操纵台前部设有空调装置，司机室顶部设有风扇、头灯、司机室照明等设备。司机室前窗采用电加热玻璃，窗外设有电动刮雨器，窗内设有电动遮阳帘，侧窗外设有机车后视镜。操纵台上设有微机显示屏、监控显示屏、压力组合模块、司机控制器、制动控制器、扳键开关组、制动显示屏、冰箱、暖风机、脚炉和膝炉。司机室设备布置如图 2-12 所示。

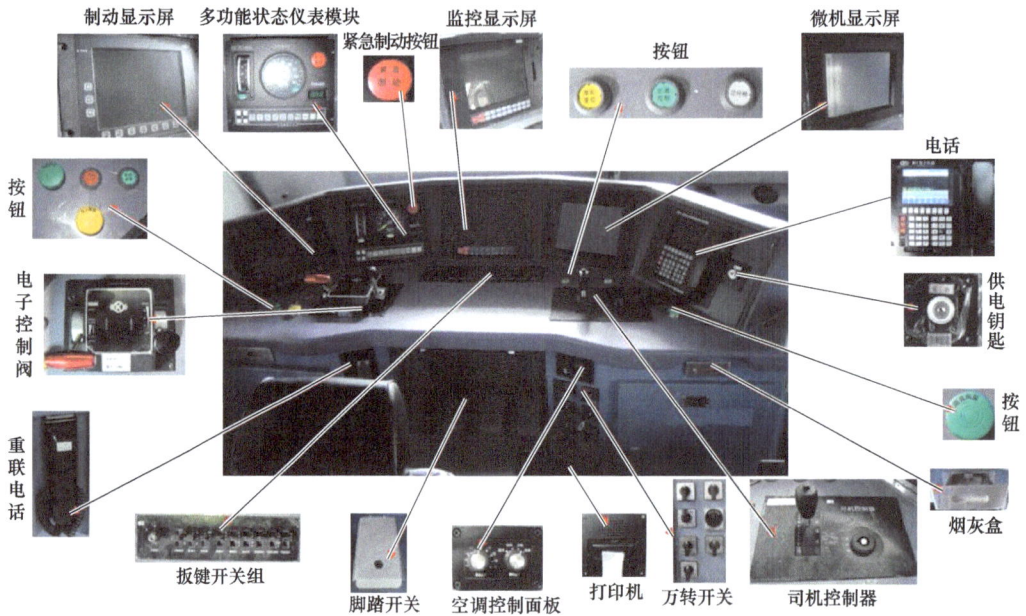

图 2-12 司机室设备布置

2.2.2 司机室主要扳键开关

1. 司机电钥匙开关 SA49（SA50）

司机电钥匙开关有两个位置，分别为"合"、"分"。当置"合"位时，机车Ⅰ端即被设定为操纵端，另一端为非操纵端。

2. 受电弓扳键开关 SB41（SB42）

受电弓扳键开关设有"前受电弓"、"0"和"后受电弓"三个位置，正常位置为"0"位。当 SB41 置"前受电弓"或"后受电弓"位时，受电弓电空阀 YV41 或 YV42 线圈得电，在空气管路压力正常的前提下，受电弓 PG1 或受电弓 PG2 升起；当 SB41 置"0"位时，受电弓 PG1 或受电弓 PG2 均降下。

3. 主断路器扳键开关 SB43（SB44）

司机通过操纵主断路器扳键开关，可以实现对主断路器的控制。主断路器扳键开关设有"主断合"、"0"和"主断分"三个位置。"主断合"位为自复位，正常位置为"0"位。"主断合"位：闭合主断路器；"主断分"位：断开主断路器；"0"位：维持主断路器的当前状态。

4. 压缩机扳键开关 SB45（SB46）

压缩机扳键开关设有三个位置，分别为"0"、"合"和"强泵"。"强泵"位为自复位。"合"位：压缩机根据总风压力开关 KP51-1 和 KP51-2 的状态投入工作；"强泵"位：强制头车两台压缩机投入工作，补机主压缩机投入工作；"0"位：压缩机停止工作。

2.2.3 司机控制器

司机控制器（简称司控器，AC41/AC42）有两个手柄：换向手柄和调速手柄。换向手柄有"向前"、"0"和"向后"三个位置，调速手柄可以提供牵引级位0～13级、制动级位0～12级，如图2-13所示。两个手柄之间设有机械联锁：当调速手柄在"0"位时，换向手柄方可进行方向转换；当换向手柄在"0"位时，调速手柄不能移动，只能在"0"位。

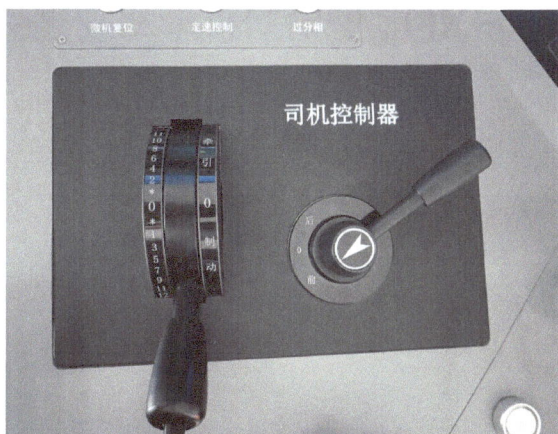

图2-13　换向手柄和调速手柄

任务2.3 HXD₃C型电力机车驾驶之机车操作

"伟人号"——领跑时代的火车头

"毛泽东号"

"周恩来号"

"朱德号"

学习寄语

　　在我国的万里铁道线上有这样三台传奇的领袖机车，它们从历史中驶来，穿过硝烟与荆棘，身披着果敢坚毅、勇气与力量，穿梭于中国共产党领导下的革命、建设、改革开放和新时代，见证着人民铁路从无到有、从落后到先进的历史进程，驰骋在中国广袤的大地上，以开路先锋之姿驶向最光荣艰巨的使命责任。它们拥有着伟大的名字——"毛泽东号""周恩来号""朱德号"。

　　伟大时代呼唤伟大精神，崇高事业需要榜样引领。中国特色社会主义进入新时代，"伟人号"始终站在时代的前列，牵引着旅客列车驰骋在中国广袤的大地上。在"交通强国、铁路先行"历史使命的召唤下，在完成提升旅客出行体验的任务中，在共克时艰奋战疫情的关键时刻，"伟人号"以精神之力转化为源源不断的动力，续写着报效祖国、忠于职守的传奇，开启开路当先、接续奋斗的新征程。

HXD₃C型电力机车驾驶之机车操作

布置任务

（1）了解HXD₃C型电力机车起动前的准备。

（2）了解HXD₃C型电力机车升弓、合主断，以及各辅助电机的起动要求。

（3）认识HXD₃C型电力机车制动机性能试验。

填写学习任务单，如表2-3所示。

表2-3 学习任务单

任务 2.3	HXD3C型电力机车驾驶之机车操作		
学习小组		姓名	

● 学习任务（1）HXD3C型电力机车起动前的准备

● 学习任务（2）HXD3C型电力机车升弓、合主断，以及各辅助电机的起动要求

● 学习任务（3）HXD3C型电力机车制动机性能试验

相关资料

机车高压绝缘检测　　HXD3C机车检查　　HXD3C型电力机车高压试验　　HXD3C型电力机车低压试验

2.3.1 HXD3C型电力机车起动前的准备

第一，取出司机控制器换向手柄，断开机车电钥匙开关，检查司机室司机控制器下方柜门处转换开关位置。

第二，将充电柜上充电单元选择开关置"自动"位。

第三， 检查控制电器柜自动开关。

（1）检查控制电器柜第一排自动开关，应全部处于"闭合"位（向上为闭合），如表2-4、图2-14所示。

表2-4 控制电器柜第一排自动开关

1	2	3	4	5	6	7	8
QA13 MA13	QA14 MA14	QA11 MA11	QA12 MA12	QA19 MA19	QA20 MA20	QA25	QA72
冷却塔风机1	冷却塔风机2	牵引风机1	牵引风机2	空压机电机1	空压机电机2	辅助加热	交流加热

53

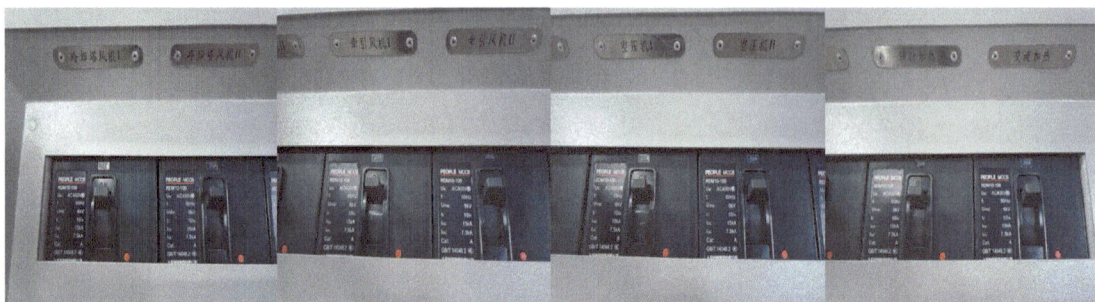

图 2-14 控制电器柜第一排自动开关

（2）检查控制电器柜第二排自动开关，除加热控制外，必须全部处于"闭合"位（红色必须闭合），如表 2-5、图 2-15 所示。

表 2-5 控制电器柜第二排自动开关

1	2	3	4	5	6	7	8	9	10	11	12
QA1	QA31	QA32	QA33	QA34	QA41	QA42	QA43	QA44	QA45	QA46	QA47
原边电压	司机室加热	司机室加热	微波炉	电热玻璃	微机控制1	微机控制2	司机控制1	司机控制2	机车控制	主变流器	辅变流器
13	14	15	16	17	18	19	20	21	22	23	24
QA50	QA51	QA52	QA53	QA54	QA55	QA56	QA57	QA58	QA62		QA59
制动柜	头灯	自动过分相	司机室照明	机械间照明	车外照明	监控装置	信号系统	机车电台	辅助设备	备用	接地检测
25	26	27	28	29	30						
QA63	QA60	QA73	QA74	QA48	QA49						
电源装置	直流加热	砂管加热	压缩机预热	列车供电柜1	列车供电柜2						

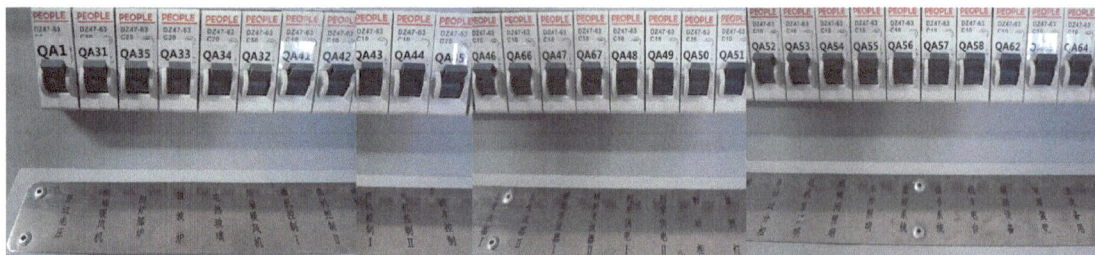

图 2-15 控制电器柜第二排自动开关

（3）检查控制电器柜第三排前四个自动开关是否在"闭合"位，如表 2-16、图 2-16 所示。

表 2–6　控制电器柜第三排前四个自动开关

1	2	3	4
QA21	QA22	QA23	QA24
MA21	MA22	MA23	MA24
油泵 1	油泵 2	车体通风机 1	车体通风机 2

（4）检查控制电器柜第三排右侧低温预热开关 QA71 处于"0"位（竖直位），CI 试验开关 SA75 处于"0"位（竖直位），受电弓故障隔离转换开关 SA96 处于"0"位（竖直位）。

将低压电源柜上单元选择开关 SW1 置"自动"位，如图 2–17 所示。依次闭合低压电源柜中蓄电池自动开关 QA61、风扇自动开关 QA99、电源自动开关 CB1。司机室操纵台上的控制电压表显示电压应大于 96 V。再将其他与机车运行相关的自动开关闭合，机车各类开关打至正常运行位。

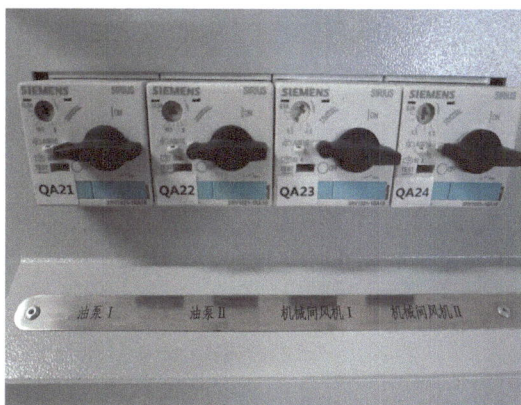

图 2–16　控制电器柜第三排前四个自动开关

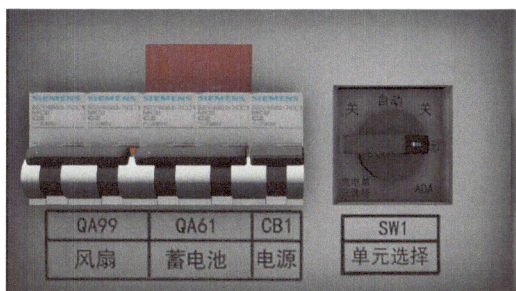

图 2–17　SW1 选择开关

注意：正常情况下，直流加热开关 QA60 和低温预热开关 QA71 不允许闭合，否则会对被加热设备造成损害，还有可能引起蓄电池亏电。仅当环境温度过低，机车各系统由于低温无法正常起动时，才闭合直流加热开关 QA60 及低温预热开关 QA71，同时闭合交流预热用自动开关 QA72。此时机车首先使用蓄电池对机车 DC 110 V 电源装置、TCMS 微机、APU1 及 APU2 加热。当机车可以正常起动并可以正常升弓、合主断后，机车就转由 AC 110 V 电源对整车进行低温加热。

第四，机车升弓准备。

将所有柜门关闭上锁，绿色钥匙全部插入机车钥匙箱，如图 2–18 所示，才可拔出黄色钥匙；黄色钥匙插入高压接地开关处，如图 2–19 所示，才可使高压接地开关打至正常运行位，蓝色钥匙才可拔出，完成高压安全联锁；将蓝色钥匙插入空气制动柜内的升弓钥匙阀 U99，如图 2–20 所示，旋转钥匙开启升弓气路（此时该钥匙将无法取出），为机车升弓做好准备。

将司机钥匙插入操纵台上的电钥匙开关 SA49（SA50）处，并转至"合"位，机车操纵端即被设定，如图 2–21 所示。

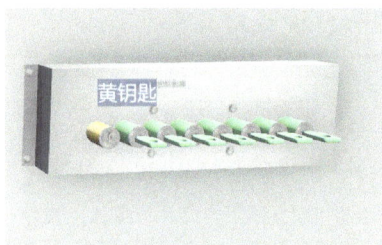

图 2-18　机车钥匙箱

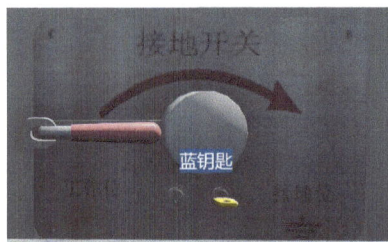

图 2-19　高压接地开关

图 2-20　升弓钥匙阀 U99

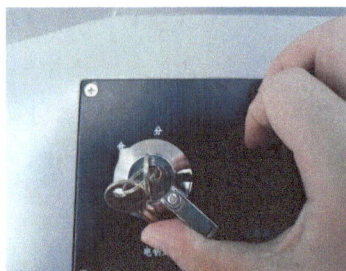

图 2-21　电钥匙开关 SA49

此时，机车 TCMS 得电，并开始自检。自检完成后，操纵台上的微机显示屏 PD41（或 PD42）进入牵引/制动界面。微机显示屏为全触屏式显示屏，主屏界面可显示原边电压、原边电流、控制电压、机车各轴牵引力、主断分/合等状态信息。主屏的右下方为故障显示区，当机车故障出现时，该区域可实时显示各类故障信息；如故障解除，故障信息立即消失。通过点击显示屏上相应的软按键，可进入其他状态界面，如主变流器/牵引电机界面、开关量界面、通风机状态界面、辅助电源界面、故障履历界面等，可查看机车各电气设备的详细状态信息和故障状态信息。状态指示灯经过自检（全亮）后，如果一切状态正常，只有"微机正常"和"主断分"灯亮，表示机车已准备就绪。

注意：机车操纵端一旦设定，即使另一端的电钥匙也打到"合"位，该操作也会判定为无效，先插入钥匙端的司机室仍为操纵端。

2.3.2　升弓、合主断，以及各辅助电机的起动要求

机车升弓控制及受电弓无法升起
故障处理

合主断控制及主断路器合不上
故障处理

空压机起动控制及空压机不工作
故障处理

（1）司机升弓前，应确认机车风缸压力是否满足要求，如图 2-22 所示。若风压低于 480 kPa，即压力开关 KP58 在断开状态，则直接到空气管路柜前按下辅压机按钮 SB97，如图 2-23 所示，使 KMC1 闭合，辅助压缩机 U80 直接起动，对辅助风缸进行打风。待风压达到 735 kPa 时，辅助压缩机停止打风。如果压力开关 KP58 在闭合状态，按下升弓扳键则受电弓可以直接升起，如图 2-24 所示（机车辅助压缩机自动打风功能已经取消）。

图 2-22　风缸压力

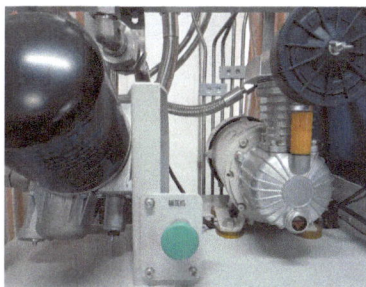

图 2-23　辅压机按钮 SB97

注意： TCMS 自动控制辅助压缩机运行时间不超过 10 min，再次投入工作需间隔 20 min。

（2）让位于前进方向后面的受电弓升起运行时，将受电弓扳键开关 SB41（SB42）置"后受电弓"位后，位于前进方向后面的受电弓升起。当受电弓升起后，操纵台上的网压表 PV1（PV2）可显示当前原边网压，同时微机显示屏上也有原边网压显示和受电弓升起图标，如图 2-25 所示。

图 2-24　升弓扳键

图 2-25　微机显示屏受电弓升起图标

（3）将驾驶台上的主断路器扳键开关 SB43（SB44）置"合"位，如图 2-26 所示，主断路器接通，此时驾驶台上故障显示灯中的"主断分"灯灭，微机显示屏的"主断合"灯亮。

（4）主断路器置"合"位，辅助变流器装置 APU2 开始工作，油泵、水泵、辅助电源装置用通风机等分别开始工作，如图 2-27 所示。

图 2-26　SB43（SB44）置"合"位

图 2-27　油泵、水泵、辅助电源装置投入工作

（5）将压缩机扳键开关 SB45（SB46）置"合"位，如图 2-28 所示。当总风缸压力低于（680±20）kPa 时，机车两台压缩机依次起动，投入工作，如图 2-29 所示。当总风缸压力低于（750±20）kPa 时，只有非操纵端压缩机投入工作（即Ⅰ端为操纵端时，空压机 2 工作；Ⅱ端为操纵端时，空压机 1 工作）。当总风缸压力升至（900±20）kPa 时，压缩机自动停止

工作。将压缩机扳键开关置"强泵"位，两台压缩机依次起动，此时不受总风缸压力开关的控制。待总风缸压力升至（950±20）kPa 时，高压安全阀动作并连续排气，此时应停止压缩机工作，将扳键开关扳离"强泵"位。

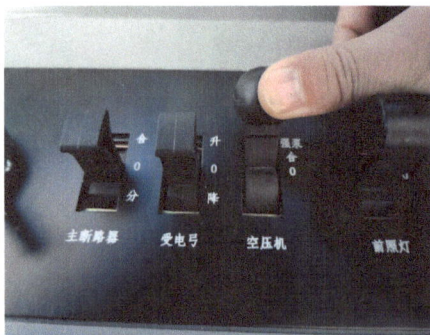

图 2-28　压缩机扳键开关 SB45

图 2-29　两台压缩机依次起动

注意： 空气压缩机的工作方式分为间歇式和连续式两种模式，正常工作方式应为间歇式。通过微机显示屏进入检修模式下的功能选择界面，可进行压缩机模式选择。间歇式为压缩机的常规运行模式。连续式模式主要是为了防止压缩机机油乳化、压缩机频繁起动等问题的发生，在间歇式运行模式的基础上，增加压缩机的空载运行功能。压缩机空载运行时只进行内部循环，不再向总风缸进行供风。

（6）将主控制器换向手柄由"0"位转换为前进或后退，此时辅助变流器装置 APU1 开始工作，牵引电机用通风机、复合冷却器用通风机均采用软起动方式投入工作。

（7）客车供电空载试验方法。

① 将集控器故障隔离开关置"隔离"位，控制箱 A/B 组转换开关置 A 组。

② 升弓合主断，辅助变流器 APU 投入运行。

③ 闭合操纵端列车供电钥匙 SA105（SA106），确认微机显示屏指示的供电电压为 DC（600±30）V。

④ A 组试验完毕后，再将供电控制箱转至 B 组试验，试验步骤同上。试验完毕后将集控器故障隔离开关打至"运行"位。

2.3.3　制动机性能试验准备

（1）必须设置停车制动以防止机车移动。

（2）机车总风缸风压不小于 750 kPa。

（3）检查并确认总风塞门 A24 打开，总风缸 4 个排水塞门 A12 关闭。

（4）检查并确认制动系统两端列车管塞门 B81、两端总风管塞门 B80、两端平均管塞门 B82 关闭，两端防撞折角塞门 B95、B96、B94 全开，紧急制动模块上制动缸截断塞门 S10.01 打开。

制动显示屏（LCDM）的设置

制动机性能试验

（5）检查并确认自动制动阀手柄在"重联"位，单独制动阀手柄在"运转"位。

（6）必须在两端分别进行试验。

制动机性能试验操作程序如表 2-7 所示。

表 2-7　制动机性能试验操作程序

项目	序号	操作程序与简要说明	制动显示屏信息
制动试验前的工作	1	闭合蓄电池自动开关 QA61；打开电钥匙开关（给制动系统供电、供气）	制动系统得电后约 60 s，制动显示屏得电并进入主操作界面(此时只有F3 和F7 两键有效)。检查此时总风缸压力：750～900 kPa；制动缸压力：（450±15）kPa；均衡风缸压力：0 kPa；列车管压力低于 90 kPa
	2	在主操作界面按 F3 键（电空制动）（查询制动系统的设置状态）	主操作界面上出现"电空制动设置"。本机牵引客运列车的正常显示为："600 kPa-操纵端-投入-客车-不补风"制动显示屏流量表上方显示"本机"字样。如参数显示不同，可通过制动显示屏进行手动设置
常用制动	3	移动自动制动阀手柄至"运转"位，移动单独制动阀手柄至"运转"位（等待 2 min，观察各压力表结果的稳定性）	均衡风缸增压至（600±7）kPa；列车管压力增加至均衡风缸压力±10 kPa；制动缸减压至 0 kPa。"动力切除"不显示
	4	移动自动制动阀手柄到"初制动"位	均衡风缸减压到 540～560 kPa；列车管减压到均衡风缸压力±10 kPa；制动缸压力上升到 70～110 kPa。制动显示屏无红色"动力切除"字样显示
		等待 2 min，观察均衡风缸、列车管、制动缸保压情况	均衡风缸压力保持在 540～560 kPa；列车管压力保持在均衡风缸压力±10 kPa；制动缸压力不能增加 15 kPa，也不能减少 15 kPa
	5	缓慢移动自动制动阀手柄到常用制动区，使均衡风缸减压至 495～505 kPa	列车管减压到均衡风缸压力±10 kPa；制动缸压力增加到 200～240 kPa
		移动自动制动阀手柄至"运转"位（等待 1 min）	均衡风缸增压至（600±7）kPa；列车管压力增加至均衡风缸压力±10 kPa；制动缸减压至 0 kPa。"动力切除"不显示
	6	快速移动自动制动阀手柄到"全制动"位（等待 1 min）	均衡风缸在 5～7 s 内减压至 430 kPa，均衡风缸继续减压到（415±10）kPa；制动缸在 6～8 s 内从 0 增压至 340 kPa，并继续增压至 415～440 kPa；列车管减压到均衡风缸压力±10 kPa
	7	移动自动制动阀手柄到"抑制"位	均衡风缸压力保持在（415±10）kPa；列车管压力保持在均衡风缸压力±10 kPa；制动缸压力保持在 415～440 kPa
	8	移动自动制动阀手柄到"重联"位	均衡风缸缓慢减压到 0 kPa（不发生紧急放风）；列车管减压到 55～85 kPa；制动缸压力增加到（450±15）kPa
		移动自动制动阀手柄到"运转"位（等待 1 min）	均衡风缸增压至（600±7）kPa；列车管增压至均衡风缸压力±10 kPa；制动缸减压至 0 kPa。制动显示屏无红色"动力切除"字样显示

项目	序号	操作程序与简要说明	制动显示屏信息
紧急制动	9	快速直接将自动制动阀手柄移至"紧急制动"位 （一旦列车实施紧急制动，自动制动阀手柄必须在"紧急制动"位停留60 s后方可移至"运转"位，红色"动力切除"字样消失）	列车管迅速减压到 0 kPa 的时间不大于 3 s； 制动缸在 3～5 s 内增压至 200 kPa 并继续增压至（450±15）kPa； 均衡风缸缓慢减压到 0 kPa。 "动力切除"信息显示在制动显示屏上
		移动自动制动阀手柄到"运转"位（等待 1 min）	均衡风缸增压至（600±7）kPa； 列车管增压至均衡风缸压力±10 kPa； 制动缸减压至 0 kPa。 制动显示屏无红色"动力切除"字样显示
单缓制动	10	单独制动阀手柄置"全制动"位（等待 1 min）	制动缸压力在 2～3 s 内增加到 255 kPa 并继续增加到（300±15）kPa； 均衡风缸压力保持在（600±7）kPa； 列车管压力保持在均衡风缸压力±10 kPa
		自动制动阀手柄置"全制动"位（等待 1 min）	制动缸增压到 415～440 kPa； 均衡风缸减压到（415±10）kPa； 列车管减压到均衡风缸压力±10 kPa
		侧压单独制动阀手柄	制动缸减压到（300±15）kPa； 均衡风缸压力保持在（415±10）kPa； 列车管压力保持在均衡风缸压力±10 kPa
	11	单独制动阀手柄置"运转"位（等待 1 min）	制动缸压力在 3～5 s 内从（300±15）kPa 减到 35 kPa，并继续减压到 0 kPa； 均衡风缸压力保持在（415±10）kPa； 列车管压力保持在均衡风缸压力±10 kPa
		自动制动阀手柄置"运转"位（等待 1 min）	均衡风缸增压至（600±7）kPa； 列车管增压至均衡风缸压力±10 kPa； 制动缸减压到 0 kPa
单独制动	12	逐步移动单独制动阀手柄到"全制动"位	制动缸压力逐步增加
		逐步移动单独制动阀手柄到"运转"位	制动缸压力逐步减少
		单独制动阀手柄置"运转"位	制动缸压力为 0 kPa
弹簧停放	13	实施弹停制动	司机室"停车制动"灯亮； 机车两侧弹停状态指示器显示红色
		实施弹停缓解。 注意：防止机车溜移，试验后实施弹停制动	司机室"停车制动"灯灭； 机车两侧弹停状态指示器显示绿色
结束	14	自动制动阀手柄置"重联"位	制动显示屏上信息同初始状态； 给自动制动阀手柄上锁

任务 2.4　HXD₃C 型电力机车驾驶之列车操纵

新技术、新产品更需大国工匠

中国动车组智能化司机室　　　　　　　　中国第七代磁浮列车
学习寄语
"智能化机车""自动驾驶""磁浮技术""车车通信""铁道交通大数据"等一个个名词是我们的时代使命。从京沪高铁开通，到我国完全自主知识产权的"复兴号"高速动车组投入使用；从进口机车，到整个铁路系统的国产化率不断提升；从德国磁浮技术在上海磁浮示范线的成功运用，到国产时速 600 km 高速磁浮试验样车试跑成功；这些背后是一个又一个的普通工匠，是华夏大地从古至今传承的"大国工匠精神"。当下的我们作为新时代的建设者和接班人，要将先辈们的成功经验延续下去，吸收榜样的力量，保持奋斗的精神，传承精益求精的品质。

HXD₃C 型电力机车驾驶之列车操纵　　　　　CIR 机车综合无线通信设备显示与操作

布置任务

（1）了解 HXD₃C 型电力机车的起动操作。

（2）了解 HXD₃C 型电力机车主控制器调速手柄的操作。

（3）了解 HXD₃C 型电力机车的准恒速运行。

填写学习任务单，如表 2-8 所示。

表 2-8　学习任务单

任务 2.4	HXD₃C 型电力机车驾驶之列车操纵	
学习小组	姓名	

● 学习任务（1）HXD₃C 型电力机车的起动操作

● 学习任务（2）HXD₃C 型电力机车主控制器调速手柄的操作

● 学习任务（3）HXD₃C 型电力机车的准恒速运行

相关资料

机车起动控制及提主手柄无牵引力输出故障处理

2.4.1　HXD₃C 型电力机车起动前注意事项

（1）弹簧储能制动处于缓解状态。停车制动作用时，驾驶台的微机显示屏显示"停车制动"。解除停车制动时，需按压驾驶台上左侧的"停放缓解"绿色按钮，如图 2-30 所示。

（2）总风缸压力应在 750 kPa 以上，如图 2-31 所示。比此压力低时，即使提手柄，也不会出现行驶许可信号，不能行驶。

图 2-30　按压"停放缓解"按钮

图 2-31　总风缸压力

（3）空气制动处于缓解状态，如图 2-32 所示。

（4）网压表显示数值为 25 kV 左右，控制电压为 110 V 左右，如图 2-33 所示。

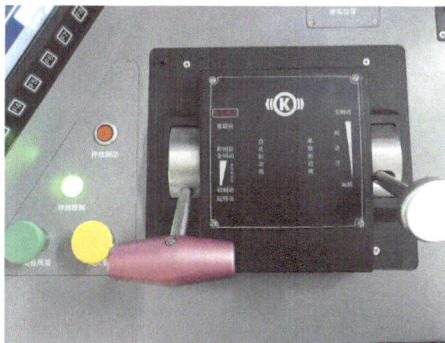

图 2-32　空气制动处于缓解状态

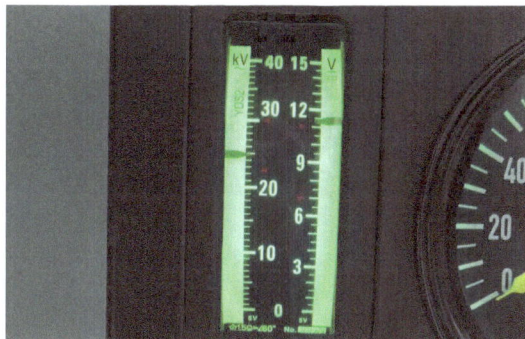

图 2-33　网压表显示

（5）确认辅变流电源装置工作正常，无故障，如图 2-34 所示。

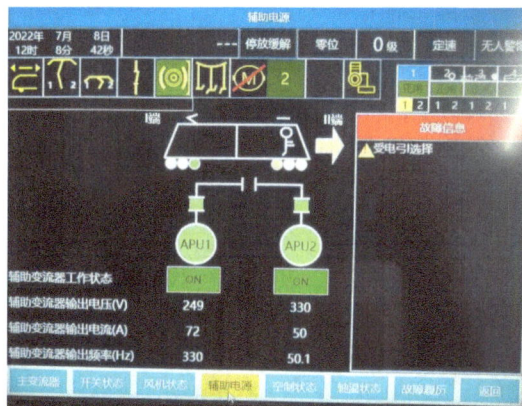

图 2-34　辅变流电源装置工作状态

（6）确认机车空气制动系统作用良好。

（7）确认铁鞋已移除。

2.4.2　主控制器换向手柄的操作

将司机控制器换向手柄打至"向前"或"向后"位，如图 2-35 所示。辅助变流器装置 APU1 工作，牵引电机用通风机及复合冷却器用通风机均采用软起动方式开始工作。同时，主变流器的充电接触器、工作接触器相继转为起动状态。当调速手柄离开零位时，主变流器"预备"指示灯灭。

2.4.3　主控制器调速手柄的操作

司机控制器调速手柄从"0"位往"牵引"区转动

图 2-35　换向手柄打至"向前"位

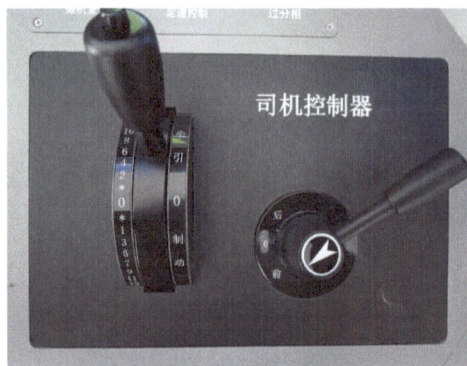

图 2-36　司机控制器调速手柄
从"0"位往"牵引"区

时，必须按下手柄头部的联锁按钮（图 2-36）；手柄从"0"位向"制动"区转动时不存在此联锁。将司机控制器调速手柄推向牵引区域，机车进入牵引工况，调速手柄可在*～1～13 级位范围内任意选择，机车遵循该级位的牵引特性曲线，实现恒力矩准恒速特性控制。将司机控制器调速手柄推向制动区域，机车进入制动工况，调速手柄可在*～1～12 级位范围内任意选择，机车遵循该级位的制动特性曲线，实现恒力矩特性控制。

2.4.4　机车的准恒速运行

（1）机车根据调速手柄的位置设定目标速度，按照准恒速特性来控制。

（2）机车的速度从速度范围的最低值缓慢增加，直至输出牵引力达到目标速度。

（3）当机车速度接近设定的目标速度范围时，机车牵引力自动减小。

（4）当机车速度达到目标速度时，机车牵引力降为 0。

（5）当线路条件发生变化，机车的速度降低时，机车开始再次牵引，以维持目标速度。

（6）当机车进入下坡线路时，机车的速度上升，此时需将调速手柄回"0"位，如图 2-37 所示，并采取必要的措施。通过司机控制器或空气制动器，施加动力制动以调整机车速度，如图 2-38 所示。

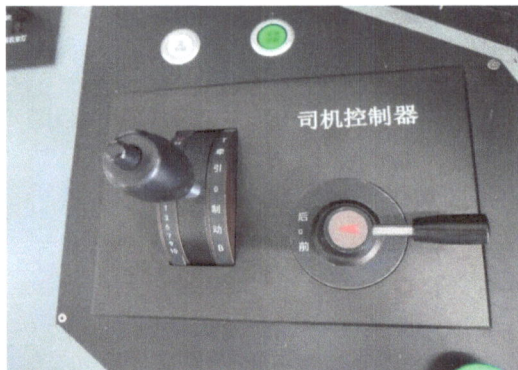

图 2-37　调速手柄回"0"位

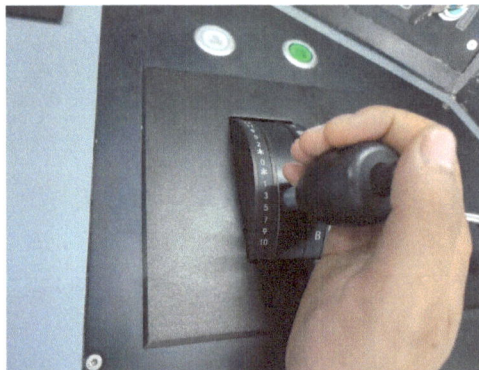

图 2-38　施加动力制动

2.4.5　动力制动操作

机车动力制动操作及制动故障处理

（1）当机车以一定的速度运行在下坡道或需要抑制机车速度时，司机应及时使用动力制动，如图2-39所示。

（2）司机控制器调速手柄从"0"位推到制动区域，动力制动开始作用。当机车实施动力制动时，操纵台上的电制动指示灯亮，如图2-40所示。

图2-39　动力制动

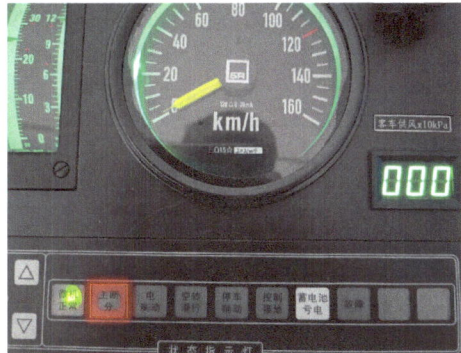

图2-40　电制动指示灯亮

（3）HXD₃c型电力机车具有恒制动力的电气制动特性，每个制动级位对应着一个固定的动力制动力值，但不超过该速度下的最大动力制动力。

（4）如果司机首先通过司机控制器施加了动力制动，然后使用自动制动阀手柄，机车仍保持主司控器施加的动力制动，不实施空气制动，但后面的车辆实施空气制动。当施加单独制动时，空气制动可以激活。当制动缸压力达到90 kPa时，动力制动将被切除。

（5）当司机先通过单独制动阀手柄施加空气制动，在机车制动缸压力达到90 kPa后，追加动力制动，动力制动无法投入。

（6）当机车处于定速控制，机车速度比目标速度低时，动力制动不起作用。

（7）当机车处于定速控制，机车速度比目标速度高时，动力制动起作用，以维持目标速度。

2.4.6　定速控制操作

当机车速度大于等于15 km/h，且机车未实施空气制动时，按下操纵端定速按钮 SB69（SB70）后，当前的机车运行速度被认定为"目标速度"，机车进入"定速控制"状态，如图2-41所示。

（1）机车定速模式下运行时，TCMS 将根据定速模式下的牵引电制动特性，自动控制机车在牵引或电制动工况下运行，并实现牵引工况和电制动工况的自动转换。

（2）当机车的实际速度低于"目标速度-2 km/h"时，TCMS 自动控制机车进入牵引状态，牵引力遵循速度-牵引力特性关系增大。当机车的实际速度增大到"目标速度-1 km/h"时，牵引力为0。

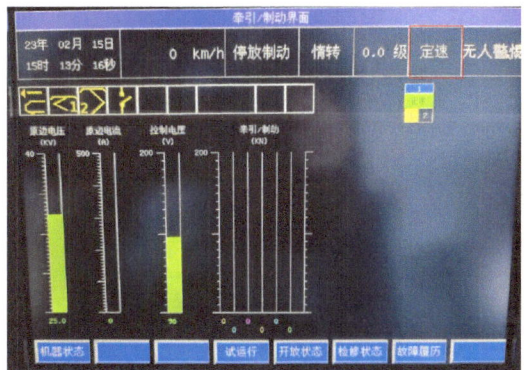

图2-41　"定速控制"状态

（3）机车进入"定速控制"状态，若司机控制器调速手柄级位变化超过一个级位，则机车的"定速控制"状态自动解除。

2.4.7 过分相控制操作

过分相区的操作及被迫停在接触网电分相无电区处理

机车除手动过分相外，还有半自动过分相和全自动过分相两种方式。

半自动过分相（图2-42）情况下，当运行的机车接近分相区时，人为按下"过分相"按钮，如图2-43所示，机车的主断路器断开，受电弓保持在升起状态。通过分相区后，机车通过TCMS检测到接触网电压，经过一定时间后主断自动闭合，重新起动辅变流装置、主变流器，控制主变流器的输出电压、输出电流，从而控制牵引电机的牵引力，使机车恢复至过分相前的状态。

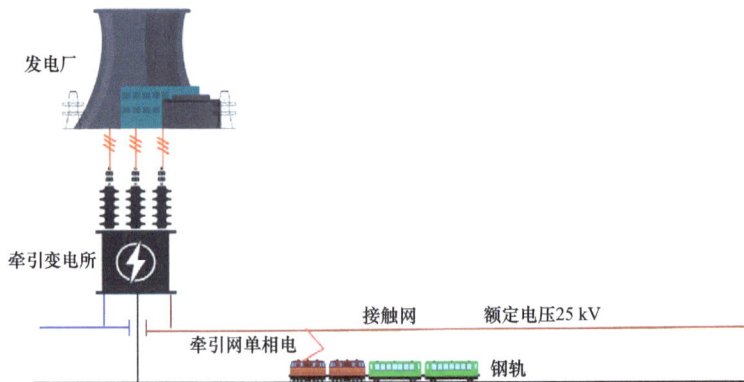

图2-42　半自动过分相

机车自动过分相信号的感应、处理，由地面磁感应器、车载感应器和车感信号处理装置共同完成，如图2-44所示。电力机车通过分相区时，如果运行的线路区段在分相区前后装有地面磁感应器，机车自动过分相检测装置将起作用。该装置根据当时机车速度、位置自动分断主断路器；通过分相区后，自动闭合主断路器，控制牵引力平滑上升，并恢复至通过分相前的运行状态。

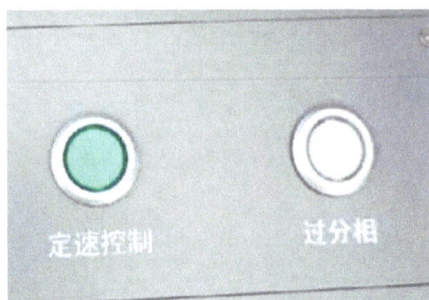

图2-43　"过分相"按钮

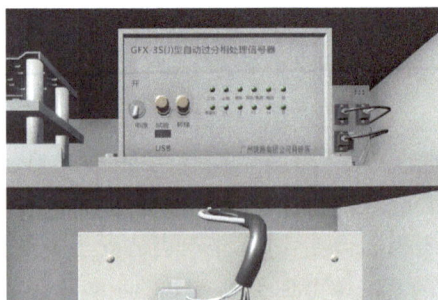

图2-44　过分相信号处理器

2.4.8　故障排除时的运行操作

当机车的主要设备发生故障时，微机显示屏的故障信息显示区显示相应故障，如图2-45所示。司机可根据故障信息的显示，进行相应的故障排除操作。

根据故障内容，机车进行故障保护，并通过微机显示屏给出故障提示，司机进行故障的隔离操作，机车隔离故障部位，继续运行。

机车发生原边过流、接地等故障时，司机应及时按下司机操纵台上的"微机复位"按钮2 s以上，如图2-46所示。

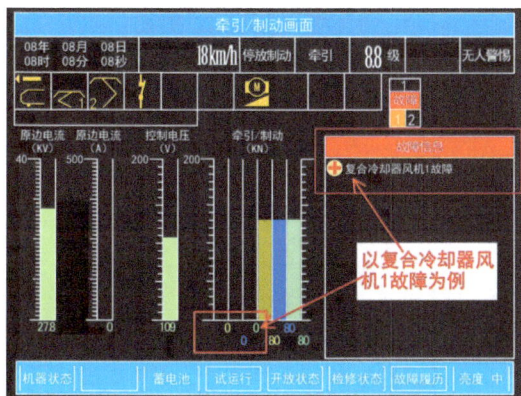

图2-45　故障信息显示

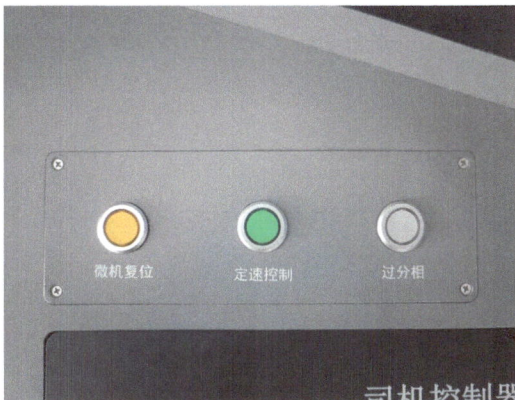

图2-46　"微机复位"按钮

2.4.9　TCMS故障时的运行操作

微机控制柜中有两组完全相同的控制单元设备，一组称为主控设备（MASTER），另一组称为备用控制设备（SLAVE）。在TCMS正常运行的条件下，主控单元工作，备用控制设备为通电热备状态。主控单元发生故障时，备用控制设备即刻自动投入使用。TCMS1控制一端显示屏，TCMS2控制二端显示屏，当显示屏黑屏（图2-47）、花屏时可不做处理，通过仪表、监控显示屏观察机车参数，维持运行，回段报活处理。

图2-47　显示屏黑屏

2.4.10　牵引电机、主变流器故障时的隔离运行操作

机车主电路采用六组主变流器，分别向六台牵引电机独立供电。每三组主变流器和一组辅助电源装置设置在一个变流器柜里，各个装置相互独立。当某一牵引电机或其对应主变流器单元发生故障时，可通过操作微机显示屏隔离界面下相应的按键，隔离相应的故障单元，继续维持机车运行，如图2-48所示。

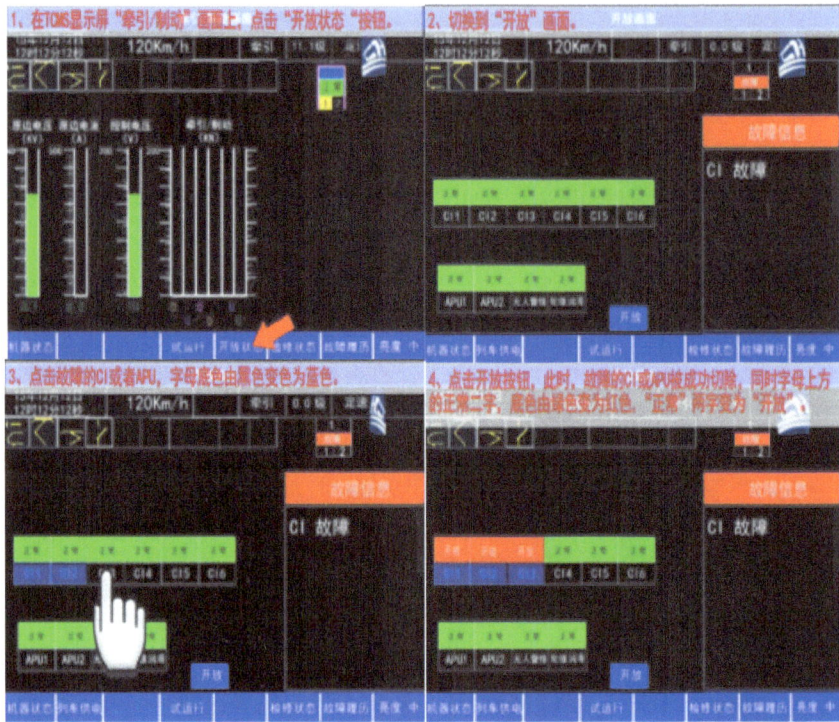

图 2-48　牵引电机、主变流器故障隔离

2.4.11　DC 110 V 充电电源装置故障时的隔离运行操作

HXD$_{3C}$ 型电力机车设有一个低压电源柜（含 110 V 电源装置 UC 和蓄电池组）提供机车所需的 DC 110 V 控制电源，同时蓄电池充电器向蓄电池组充电。机车正常运行模式下，充电单元 UR1 和 UR2 同时工作，如图 2-49 所示，UR2 给机车的控制电路输送 DC 110 V 电压，UR1 给蓄电池充电。当其中一组充电单元故障后，如图 2-50 所示，充电单元控制系统经过自动切换，转由另一组充电单元给整车控制电路供电及蓄电池充电。若无法自动转换，此时可手动转换电源柜面板的 SW1 转换开关，转换到无故障的充电器工作。

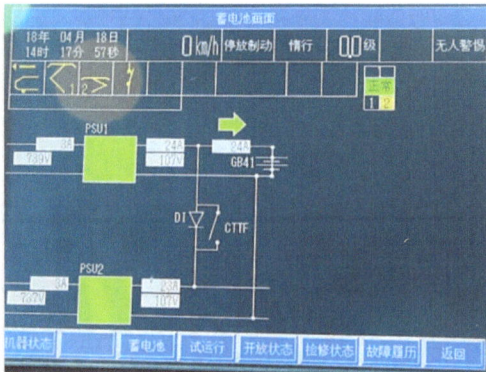

图 2-49　充电单元 UR1 和 UR2 同时工作

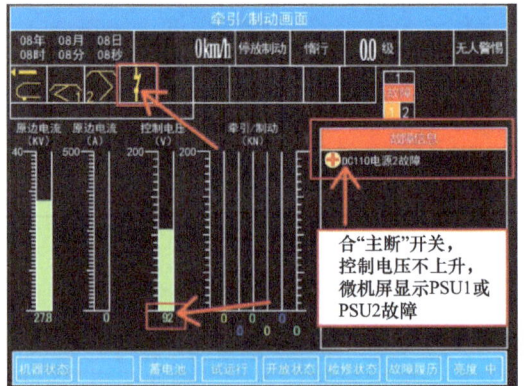

图 2-50　其中一组充电单元故障

2.4.12 辅助变流器故障时的隔离运行操作

机车设有两套辅助变流器装置 APU1 和 APU2，输出方式既可以选择变压变频（VVVF）方式，也可以选择恒压恒频（CVCF）方式，以满足不同负载的需要。辅助变流系统正常工作时，将所有泵类负载，如压缩机、油泵、空调机组，由辅助变流器 APU2 供电，采用 CVCF 方式；而所有风机类负载，如牵引风机、冷却塔风机等，由辅助变流器 APU1 供电，采用 VVVF 方式。当任何一组辅助变流器出现故障时，通过 TCMS 可以实现辅助回路负载的冗余供电转换，由另一组辅助变流器以 CVCF 方式完成对全部辅助机组供电，如图 2-51 所示，提高了机车辅助变流系统供电的可靠性。

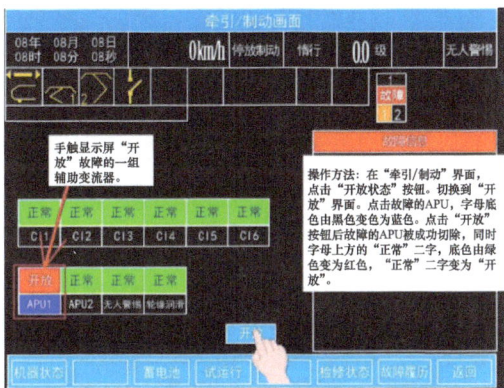

图 2-51　辅助变流器故障时的隔离运行操作

2.4.13 主变流器接地保护

当机车主电路的次边输入发生接地现象时，如图 2-52 所示，机车的接地监测保护装置动作，跳主断，并自动隔离故障回路的主变流器，实施二次接地保护。微机显示屏会显示二次接地故障信息。司机可通过微机显示屏将故障支路的主变流器隔离，继续维持机车运行，回段后再做处理。当机车主变流器的输出回路如牵引电机侧发生接地现象时，机车的接地监测保护装置动作，自动隔离故障回路的牵引变流器，但不跳主断，实施主接地保护。微机显示屏会显示主接地故障信息。司机可将故障支路的主变流器切除，继续维持机车运行，回段后再做处理。

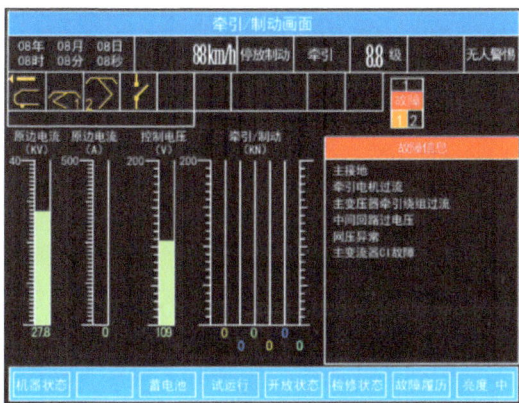

图 2-52　发生接地现象

2.4.14 辅助电机故障时的隔离运行操作

机车上各辅助电机电路均装有空气断路器进行过流和过载保护。当某一辅助电机发生过流或过载时，其对应的空气断路器将断开，实施保护。机车辅助电机在故障运行时应注意以下几点：

（1）若列车运行时仅一台空气压缩机工作运转（当任一 APU 故障时，只有非操纵端的压缩机工作），由于充风所需的时间很长，为保证总风缸的压力不显著下降，运用时需要注意。

（2）当一组牵引电机通风机发生故障被隔离时，如图 2-53 所示，其对应变流柜内的 3 组主变流器（图 2-54）和 3 组牵引电机全部停止工作。

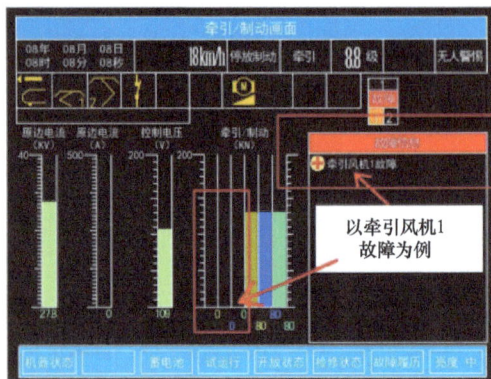

图 2-53　牵引电机通风机发生故障被隔离

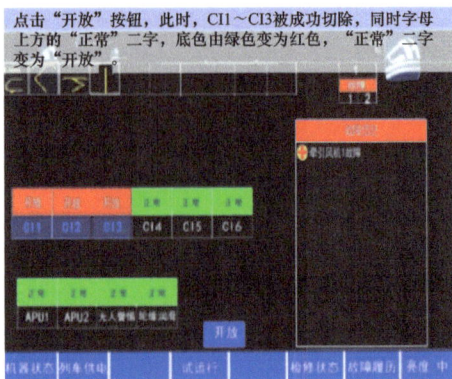

图 2-54　3 组主变流器停止工作

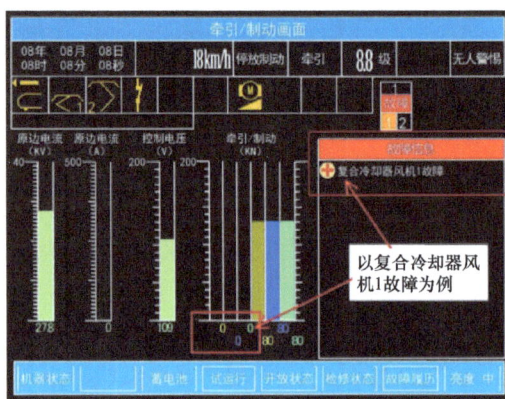

图 2-55　复合冷却器用通风机发生故障

（3）当一组复合冷却器用通风机发生故障时，如图 2-55 所示，其对应变流柜内的 3 组主变流器和 3 台牵引电机全部停止工作。当两个冷却塔通风机都发生故障时，机车实施牵引封锁。如果此时机车工作在客车模式下，为确保列车供电柜正常向客车车厢输送 DC 600 V 电源，须将其他不必要的辅机关掉，保证客车用电。

（4）主变压器用油泵发生故障被隔离时，其对应牵引变流柜内的 3 组主变流器和 3 台牵引电机全部停止工作。

2.4.15　受电弓故障时的隔离运行操作

受电弓升弓气路发生故障时，降下该受电弓，并将侧墙升弓气路板上的阀门关闭，切断该受电弓的气路。

一组受电弓损坏或存在接地故障的情况下，在断主断、降弓后，将控制电器柜上的转换开关 SA96 打至相应隔离位（受电弓Ⅰ隔离/受电弓Ⅱ隔离），如图 2-56 所示。高压电器柜内相应受电弓的高压隔离开关 QS1 或 QS2 将断开，故障受电弓被隔离并接地。机车需要升起另一组受电弓，继续维持运行，回段后再做处理。

注意：当未确认受电弓降下时，严禁操纵控制电器柜上的转换开关 SA96 并将其打至相应隔离位（受电弓Ⅰ隔离/受电弓Ⅱ隔离）。

2.4.16　"紧急"按钮操作

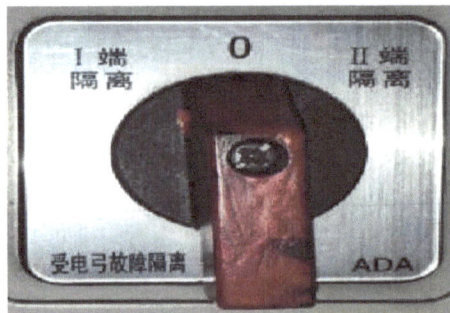

图 2-56　受电弓Ⅰ隔离/受电弓Ⅱ隔离

紧急时，司机按下驾驶台的"紧急"按钮（红色按钮），分主断，启用紧急制动。须解除紧急制动时，旋转"紧急"按钮进行复位，如图 2-57 所示。

2.4.17　紧急情况下操作

当机车制动失效时，司机可拉下主司机后墙的车长阀，排出列车管压力，使机车制动。

2.4.18　列车供电柜故障时的隔离运行操作

列车供电柜发生一路主电路接地故障时，可切除该回路供电，用另一路供电维持运用。首先要断供电钥匙及主断，将故障对应的列车供电柜上方合页门打开，供电控制箱转换开关转换到另一组，如图2-58所示；再合主断，重新给供电钥匙，同时通知车辆减载运行，可继续维持该列车供电柜运行。

图2-57　"紧急"按钮

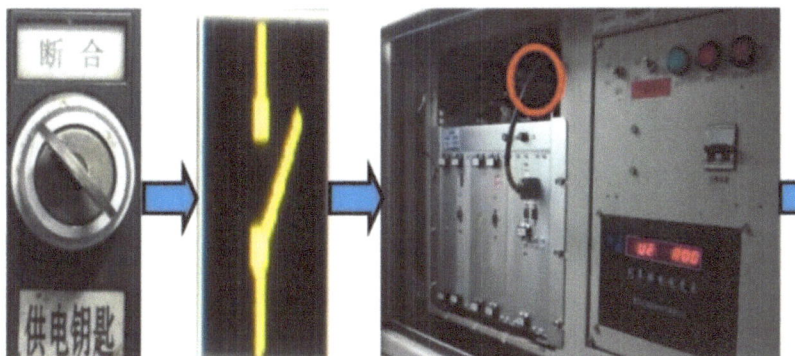

图2-58　供电控制箱转换开关转换到另一组

HXD₃C机车直供电操作及应急故障处理

注意：株洲时代集团生产的供电柜供电接地隔离开关安装在供电柜控制箱上；

武汉正远生产的供电柜没有接地隔离开关，而是接地隔离闸刀，安装在供电柜内下部。

列车集控器发生故障时，将集控器隔离开关打至"隔离"位，可继续维持列车供电柜的运行；

列车供电柜发生控制单元A故障时，可将列车供电单元转换开关由A组转至B组，继续维持该列车供电柜运行。

2.4.19　机车运行时特别注意事项

当机车有速度时，禁止以下操作：

（1）断开司机室电钥匙。

（2）操作司机控制器换向手柄，使换向手柄方向和机车实际运行方向不一致。

（3）关闭压缩机扳键开关，使总风缸压力低于 680 kPa。

（4）长期断开主断路器。

图 2-59　"停放制动"红色按钮

（5）断开司机控制 1、司机控制 2、机车控制、蓄电池充电、微机控制 1、微机控制 2、主变流控制、辅变流控制、充电装置、监控装置、自动信号自动开关。

（6）操作司机台下门上监控故障隔离开关、司机台上左侧"停放制动"红色按钮（图 2-59）。

（7）转动 CI 试验开关 SA75、低温预热开关 QA71。

（8）对 CCB II 制动机进行设置。

2.4.20　无人警惕装置操作

机车司机的"安全保障"——司机警惕功能

机车警惕装置操作及警惕动作处理

（1）当机车速度≥3 km/h，并且司机控制器的换向手柄不在零位时，无人警惕功能被激活。

（2）操纵端司机室的下列任一操作均可复位无人警惕功能：

① 操纵警惕开关：包括警惕按钮 SB95（SB96）和警惕脚踏开关 SA101（SA102），如图 2-60 所示。

② 操纵高音风笛按钮 SB81（SB82）、SB85（SB86），如图 2-61 所示。

③ 操纵低音风笛脚踏开关 SA85（SA86）。

④ 操纵撒砂脚踏开关 SA83（SA84）。

⑤ 司控器级位转换，如图 2-62 所示。

⑥ 制动阀手柄移动。

图 2-60　警惕开关

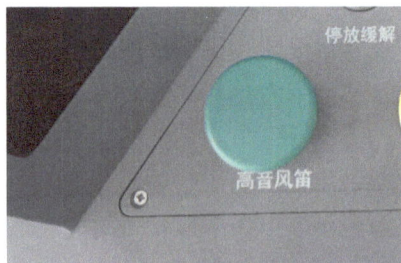

图 2-61　高音风笛按钮

（3）无人警惕报警间隔周期为 120 s（原设计是 60 s），报警时间为 20 s（原设计是 10 s），报警结束后机车将实施惩罚全制动。如果在 120 s 时间内，司机无相应的复位操作，警惕功能将点亮警惕指示灯，并同时语音发声进行声音报警，20 s 后实施惩罚制动。在机车实施惩罚制动前，司机均可复位警惕功能。

（4）显示屏上设有无人警惕状态显示：

① 无动作：黑色，如图2-63所示。

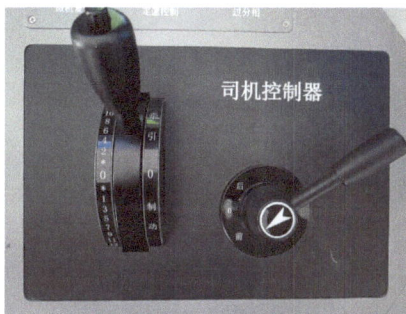

图2-62 司控器级位转换

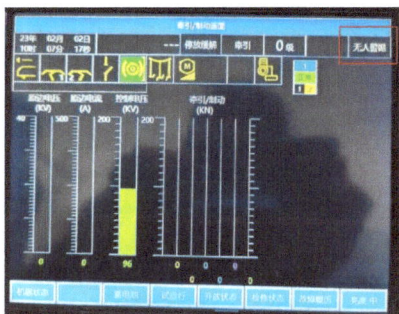

图2-63 无人警惕状态显示黑色

② 计时开始：绿色。

③ 计时80 s后：黄色闪烁。

④ 120 s报警开始：红色闪烁。

⑤ 报警20 s后：红色，同时输出惩罚制动，如图2-64所示。

（5）机车因警惕动作而实施惩罚制动后，微机显示屏将进行提示，同时TCMS记录相关信息。无人警惕具有隔离功能，通过显示屏软开关隔离，TCMS记录故障信息（无人警惕隔离）；无人警惕通过隔离开关恢复时，TCMS记录故障信息（无人警惕投入）。

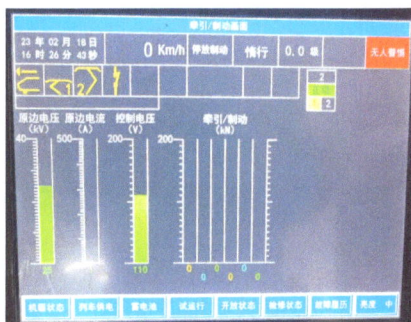

图2-64 无人警惕状态显示红色

2.4.21 结束运行操作

运行结束、离开机车前需完成以下操作：

（1）将主控制器的调速手柄和换向手柄打至"0"位，并延时断开主断路器2 min，APU1和APU2均运行，使各辅助系统充分冷却。

（2）断开主断路器，降弓。

（3）将电空制动控制自动制动阀手柄置"重联"位并用销子锁住，单独制动阀手柄置"运转"位，如图2-65所示。

（4）关闭操纵台上所有开关，取下司机电钥匙，如图2-66所示。

图2-65 自动制动阀手柄和单独制动阀手柄位置

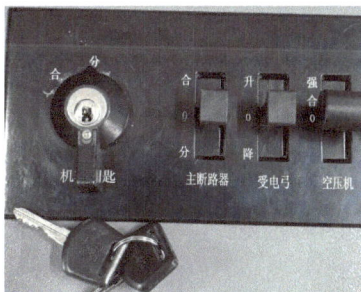

图2-66 取下司机电钥匙

（5）关闭低压电源柜的蓄电池自动开关 QA61，如图 2-67 所示。

（6）关闭空气制动柜总风塞门 A24，如图 2-68 所示。

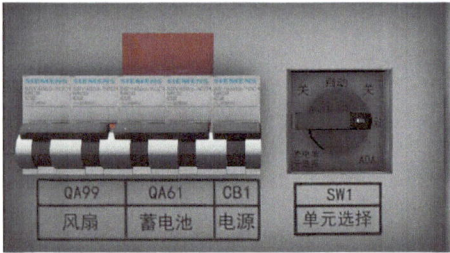

图 2-67　蓄电池自动开关 QA61

图 2-68　总风塞门 A24

2.4.22　无火回送

1. 无动力回送定义

在蒸汽机车时代称之为机车无火回送，所以，发展到今天仍然也有称之为无火回送的说法。准确来讲，对内燃机车和电力机车应该称之为机车无动力回送。由于机车没有动力，造成机车空气压缩机不能工作，没有风源而无法实现空气制动能力。为了解决空气制动能力，就必须通过设置机车无动力回送这种方式来向本务机车"借"风源来实现空气制动。需不需要设置无动力回送，判断的标准是看机车有没有能力持续产生风源。有时虽然机车无动力，但是不影响机车产生总风，那么这时就没有必要设置。反之，即使机车有动力，如果不能产生风源，也必须设置机车无动力回送。

2. 无动力回送准备工作

（1）重点做好机车安全防溜措施，一是在机车左二轮前、五轮后设置止轮器，二是必要时可以施加停放制动。

（2）主手柄置"0"位，换向手柄置"0"位，分主断、降弓、取下司机电钥匙。

（3）取下升弓钥匙阀 U99 蓝钥匙。

（4）可由机车Ⅰ端司机室开始。

注意：若总风缸有风最佳，若无风能打风更好。

3. 无动力回送的处理办法

（1）断主断，降下受电弓，取下司机电钥匙，如图 2-69 所示，取出换向手柄。

（2）自阀手柄置"重联"位，单阀手柄置"运转"位，如图 2-70 所示。

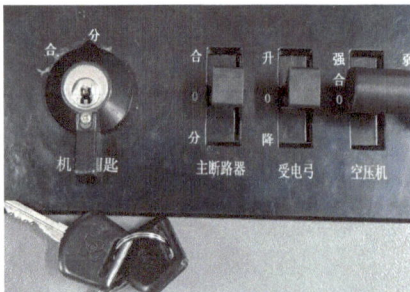

图 2-69　取下司机电钥匙

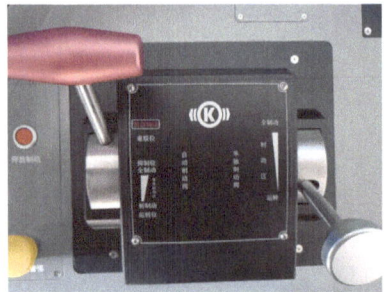

图 2-70　自阀手柄置"重联"位，
单阀手柄置"运转"位

（3）关闭制动柜上停放制动控制塞门 B40.06，如图 2-71 所示，应有排风现象。

（4）将制动柜 ERCP 模块上无动力回送塞门 DE 旋转至"无火回送"位（"投入"位），如图 2-72 所示。

图 2-71　停放制动控制塞门 B40.06

图 2-72　无动力回送塞门旋转至"无火回送"位

（5）关闭塞门 A10（Ⅰ、Ⅱ风缸间），如图 2-73 所示。

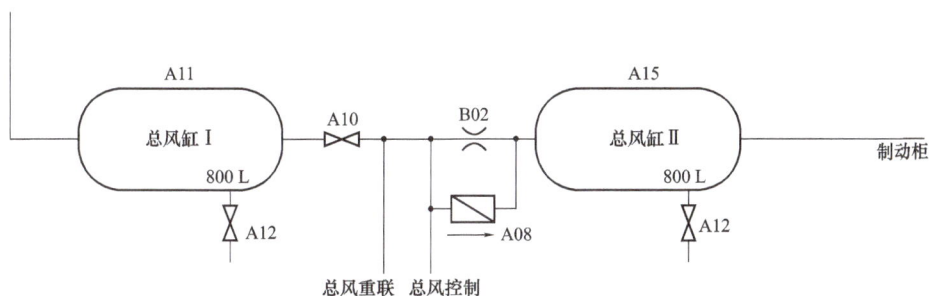

图 2-73　塞门 A10（Ⅰ、Ⅱ风缸间）

（6）开放总风缸排水阀塞门（靠近气阀柜侧的一个排水阀），将总风缸压力排放至 250 kPa 以下关闭（A12 属于排水阀），如图 2-74 所示。

注意：总风缸设压力表的参照压力表，无总风压力表的参照操纵台仪表。

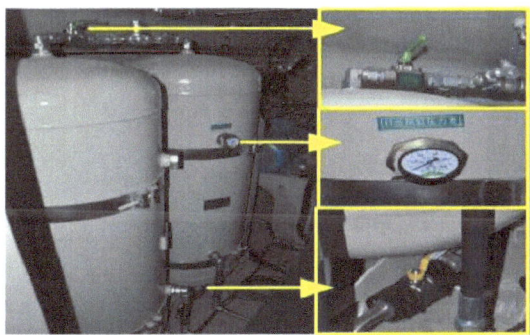

图 2-74　A12 属于排水阀（下）

（7）制动系统断电，断开电源开关 QA50，如图 2-75 所示；断开蓄电池自动开关 QA61，如图 2-76 所示。

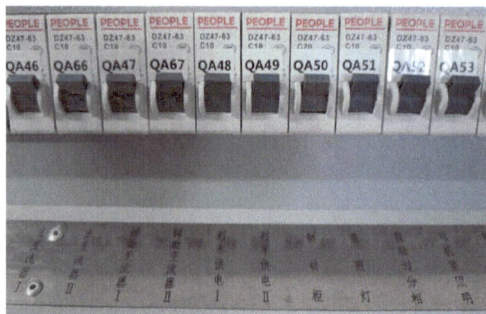

图 2-75　制动系统电源开关 QA50

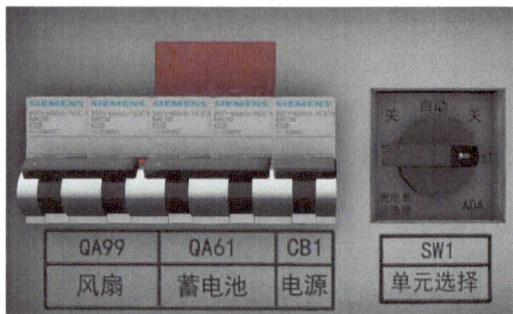

图 2-76　蓄电池自动开关 QA61

（8）开放平均管塞门，将端部的四个平均管塞门开放，如图 2-77 所示。

（9）连接制动软管，缓慢开放折角塞门，等待制动管压力升至定压。

（10）手动缓解 4 个停放制动机械联锁（左 1 右 1，左 6 右 6），将拉环拉至最大位置停留 3 s 以上，如图 2-78 所示。确认停放指示器为红色，制动指示器为绿色，如图 2-79 所示。

图 2-77　平均管塞门

图 2-78　停放制动机械联锁

注意： HXD$_{3C}$ 型电力机车停放制动机械联锁设在 1、6 轴左右侧，共计 4 个，手动时听到"咕咚"一声即为缓解；手动确认夹钳有间隙，如图 2-80 所示。

图 2-79　停放指示器为红色，制动指示器为绿色

图 2-80　手动确认夹钳有间隙

（11）本务机车进行制动、缓解操作，无动力回送机车应确认与本务机车制动缓解一致，并进行滚动试验。

任务 2.5　HXD₃C 型电力机车应急故障处理

	带电过分相

事故经过	2021 年 12 月 17 日，某段 HXD₃-0824/0840 号机车担当 11082 次货物列车牵引任务。18 时 08 分，通过穆沟站上行进站分相时，因司机操纵不当，机车带电过分相，造成拉弧放电烧损该分相绝缘器承力索绝缘棒及相关接触网悬挂设备。18 时 14 分，后续 27032 次货物列车运行至该分相东侧时，接触网承力索断线，巩义站至穆沟站间上行线接触网停电，列车被迫停车。后于 23 时 37 分开通，中断行车 5 h 23 min，构成铁路交通一般 C14 类事故。
事故原因	司机操纵不当，机车带电过分相。
安全提示	行车时，司机应按照过分相的新标准进行规范操作，禁止带电过分相。

HXD₃C 型电力机车应急故障处理

布置任务

（1）了解 HXD₃C 型电力机车受电弓无法升起处理办法。

（2）了解 HXD₃C 型电力机车主断路器合不上处理办法。

（3）掌握 HXD₃C 型电力机车主变流器 CI 故障处理办法。

填写学习任务单，如表 2-9 所示。

任务 2.5	HXD$_{3C}$ 型电力机车应急故障处理	
学习小组	姓名	

● 学习任务（1）HXD$_{3C}$ 型电力机车受电弓无法升起处理办法

● 学习任务（2）HXD$_{3C}$ 型电力机车主断路器合不上处理办法

● 学习任务（3）HXD$_{3C}$ 型电力机车主变流器 CI 故障处理办法

相关资料 》

2.5.1 受电弓无法升起故障处理

1. 故障现象

（1）机车无网压显示，如图 2-81 所示。

（2）微机显示屏显示"接触网低电压"，如图 2-82 所示。

图 2-81 网压表显示

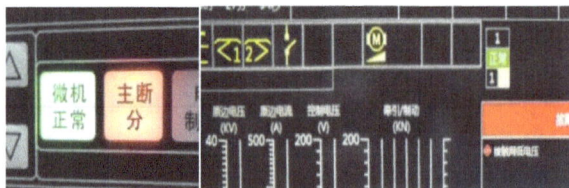

图 2-82 微机显示屏显示"接触网低电压"

2. 处理流程

1）气路检查

（1）检查机械间制动柜上的黄色总风塞门 A24 位置，看是否在"开启"位（竖直位）。

此塞门正常情况下在"开启"位，非正常情况下在"关闭"位（水平位），如图 2-83 所示。

（2）检查机械间制动柜上的蓝钥匙处升弓钥匙阀 U99 位置，看是否在"开放"位（垂直位）。此塞门正常情况下在"开放"位，非正常情况下在"关闭"位（水平位），如图 2-84 所示。

图 2-83　总风塞门 A24 位置

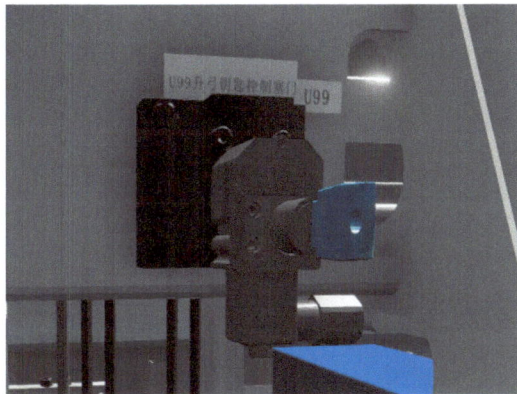

图 2-84　蓝钥匙处升弓钥匙阀 U99 位置

（3）检查空气柜升弓气路风压表压力，应高于 650 kPa，如图 2-85 所示。如风压低，合升弓扳键，辅助压缩机将会自动打风。辅助风缸风压达到 735 kPa 后，断开升弓扳键再次重合即可升弓。司机也可按压在制动柜右上方的辅压机按钮 SB97，使辅助压缩机打风，如图 2-86 所示。

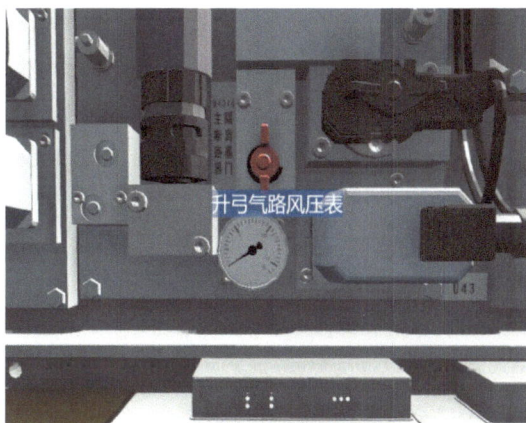

图 2-85　升弓气路风压表

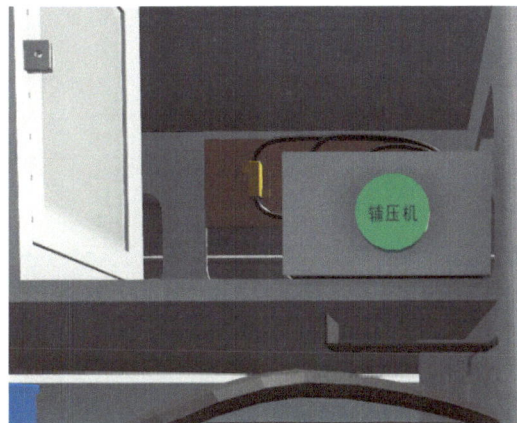

图 2-86　辅助压缩机

（4）检查机械间制动柜气路控制板下方供风塞门位置，看是否在"开放"位（竖直位）。此塞门正常情况下在"开放"位，非正常情况下在"关闭"位（水平位），如图 2-87 所示。

2）电路检查

（1）检查低压柜上受电弓故障隔离转换开关 SA96 位置，看是否在"0"位。此开关正常情况下在"0"位（正常位），非正常情况下在"受电弓Ⅰ隔离"或"受电弓Ⅱ隔离"位，如图 2-88 所示。

图2-87 供风塞门

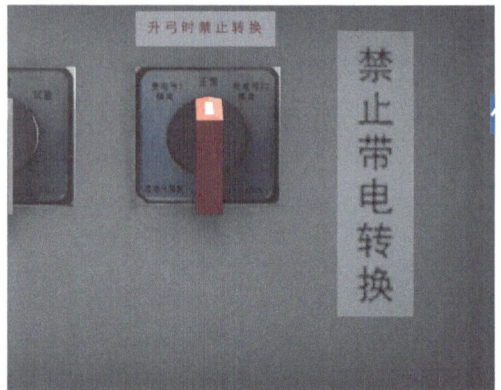

图2-88 低压柜上受电弓故障隔离转换开关SA96

（2）检查控制电器柜司机控制自动开关QA43或QA44位置，看是否在"闭合"位，如图2-89所示；如跳开，应进行闭合。

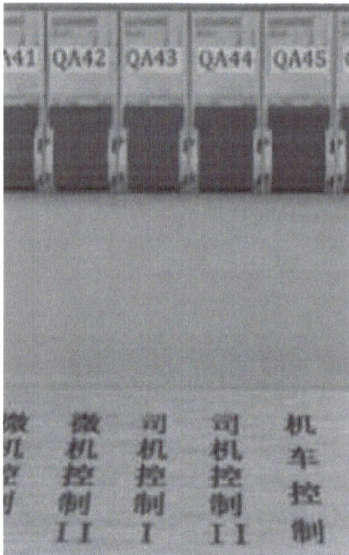

图2-89 司机控制自动开关QA43或QA44位置

这两个开关正常情况下在"闭合"位（上位），非正常情况下在"断开"位（下位）。

（3）检查升弓电磁阀状态，确认升弓阀板压力风表有无压力显示，如图2-90所示。无显示则为电磁阀故障，须换弓运行。换弓时，须操作受电弓隔离开关（图2-91），隔离故障的受电弓。

提示：如受电弓仍不能升起，停车后，采取蓄电池复位处理。

注意：升弓前，必须确认微机显示屏启动完成后，方可闭合升弓扳键。

3）处理完毕

故障恢复正常后，微机显示屏上无异常显示，此时进行升弓操作可正常升起受电弓，从而进行后续操作。

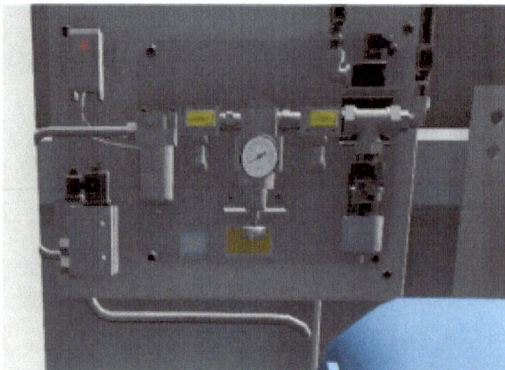

图2-90 升弓阀板压力风表

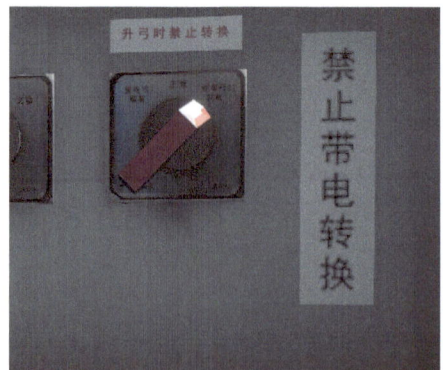

图2-91 受电弓隔离开关

2.5.2　主断路器合不上故障处理

1. 故障现象

（1）微机显示屏显示主断路器分，机车状态指示灯"主断分"灯亮，如图 2-92 所示。

（2）辅机不工作。

2. 处理流程

（1）受电弓升起后确认网压是否高于 17.5 kV。当网压为零时，检查控制电器柜网侧电压自动开关 QA1 是否跳开；如跳开则进行闭合。

（2）确认司机控制器牵引/制动主手柄在"0"位，如图 2-93 所示。

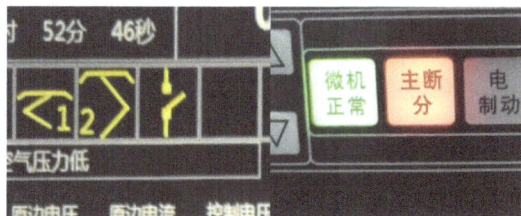

图 2-92　微机显示屏显示主断路器分，"主断分"灯亮

图 2-93　司机控制器牵引/制动主手柄在"0"位

（3）观察微机显示屏故障信息栏，如图 2-94 所示，如有保护装置动作，按对应故障处理。若主变流器 CI 故障，将故障主变流器切除。

（4）受电弓能升起，观察微机显示屏是否提示"主断气路压力低"，如图 2-95 所示。若有此提示，使用辅助压缩机打风。

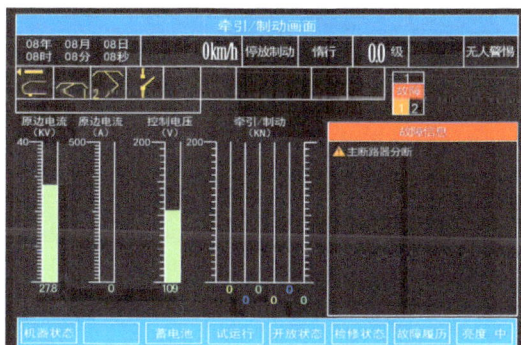

图 2-94　微机显示屏故障信息栏

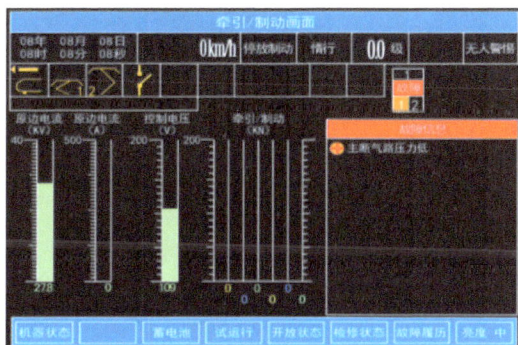

图 2-95　微机显示屏提示"主断气路压力低"

（5）若制动显示屏左上方显示"动力切除"，检查"紧急停车"按钮，应在"弹起"位，如图 2-96 所示。

（6）确认控制电器柜上 CI 试验开关 SA75 在"正常"位，如图 2-97 所示。

图 2-96 "紧急停车"按钮

图 2-97 控制电器柜上 CI 试验开关 SA75

（7）确认控制电器柜内主、副库用开关处于"正常"位，如图 2-98 所示。

图 2-98 控制电器柜内主、副库用开关

（8）检查主断路器塞门 U43.14 在"开放"位（垂直位），如图 2-99 所示。

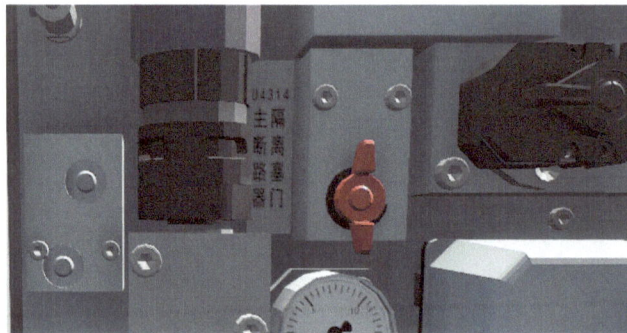

图 2-99 主断路器塞门 U43.14

（9）确认半自动过分相按钮 SB67（SB68）位置，如图 2-100 所示。自动过分相装置试验按钮（自复式）位置应在弹起位。如自动过分相装置（图 2-101）故障，关闭自动过分相装置电源，改为手动过分相。

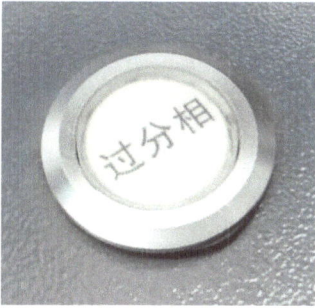

图 2-100　半自动过分相按钮

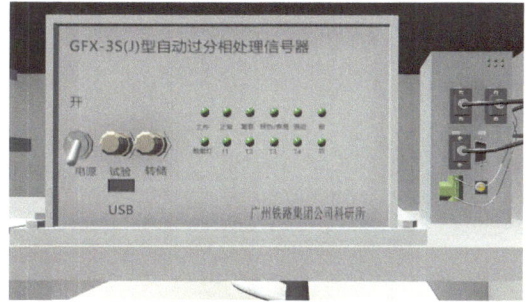

图 2-101　自动过分相装置

（10）自动过分相后主断路器合不上，手动闭合主断路器。

（11）如按上述方法处理后主断路器仍不能闭合，尽可能维持进站。停车后，采取蓄电池复位处理，如图 2-102 所示。

注意：总风缸压力表显示。

2.5.3　HXD₃c型电力机车提主手柄，显示屏"无牵引力"显示故障处理

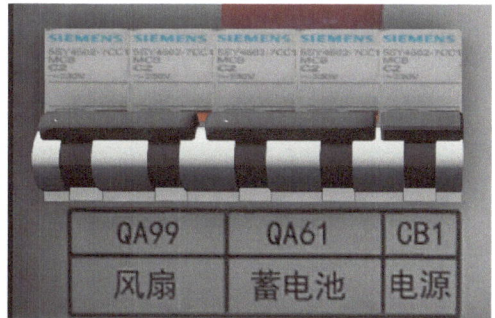

图 2-102　蓄电池复位

1. 故障现象

微机显示屏主界面有级位显示，但 6 台主变流器无力矩显示，如图 2-103 所示。

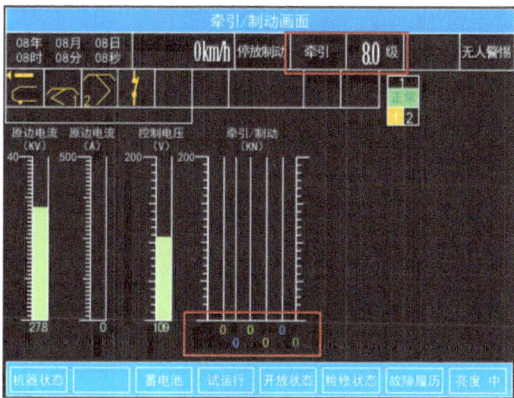

图 2-103　6 台主变流器无力矩显示

2. HXD₃c型电力机车提主手柄，显示屏"无牵引力"显示的原因分析

（1）TCMS 本身程序问题，瞬间禁止牵引力输出。

（2）司机控制器本身故障，或插头连线问题。

（3）两个 APU 没有起动，或者 APU2 故障但没有报出故障时，机车没有牵引力。

（4）停车制动动作。

（5）制动显示屏上有"动力切除"或"惩罚制动"显示。

（6）监控发出卸载指令。

（7）主变流器自动开关 QA46 跳开。

3. HXD₃c型电力机车提主手柄，显示屏"无牵引力"显示的故障处理

（1）确认给手柄后微机显示屏有对应工况和级位显示，如果仍无牵引力矩显示，则将调速手柄回零，进行"小复位"后再提手柄。

（2）检查司机控制器插件是否松动。机车在行驶中，如司机控制器插件松动，TCMS 主机没有收到手柄级位信号，508 线应得电为绿色，可通过微机显示屏查看。如为黑色，检查司机控制器插头连接情况，如图 2-104 所示。检查司机控制器触点及内部有无断线等，也可更换非操纵端的司机控制器到操纵端。

图 2-104　司机控制器插头

（3）确认两个辅助变流器起动完成，如图 2-105 所示。各风机起动完毕，观察微机显示屏上故障信息切除后再进行试验。如正常，可维持运用；如仍没有牵引力，寻求救援。

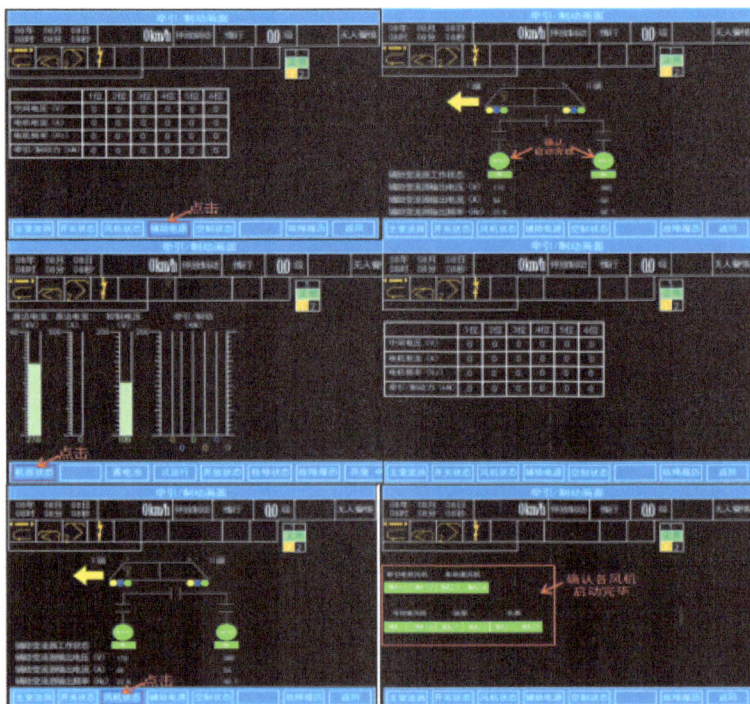

图 2-105　辅助变流器起动

（4）确认总风压力在 600 kPa 以上，操纵台微机显示屏显示"停车制动"时，可按下制动显示屏下方"停放缓解"按钮缓解停放制动。

如停车制动动作或 835 线失电（835 线应得电，绿色），可通过微机显示屏查看，确认停车制动已经缓解。如为黑色，则短接 2 号端子柜中的 899（XT73-110）和 835（XT72-82）线。查看微机显示屏，835 线变回绿色后，机车即有正常的牵引力。

（5）在制动显示屏上确认无"动力切除"显示；有显示时，如图 2-106 所示，根据制动显示屏提示操作自阀手柄，待"动力切除"消失后回"运转"位。

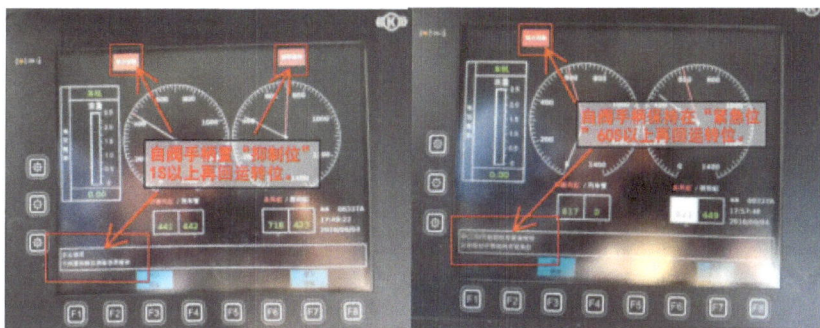

图 2-106　"动力切除"显示

（6）确认监控装置未发出卸载信号，如图 2-107 所示。

监控装置发出卸载指令或 962 线得电（962 线应失电，黑色），可通过微机显示屏查看。如为绿色，可关闭监控主机或拔掉主机上的 ZX30T 插头（在有关部门允许的情况下）。再次查看微机显示屏，962 线变黑色后，机车即有正常的牵引力。

（7）检查控制电器柜主变流器自动开关 QA46 是否跳开，断合几次防止假跳，如图 2-108 所示。

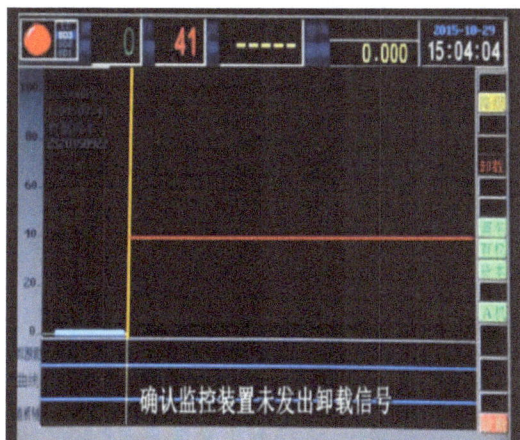

图 2-107　确认监控装置未发出卸载信号

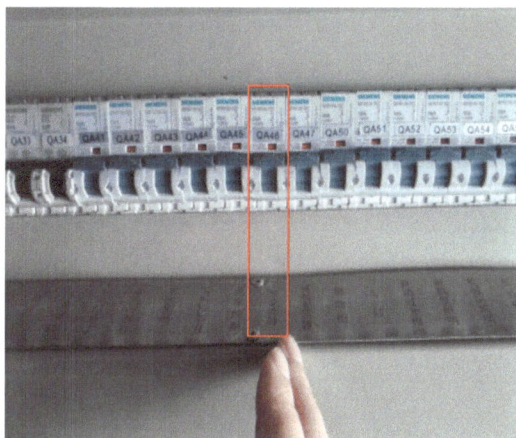

图 2-108　主变流器自动开关 QA46

（8）经处理无效时，尽量维持进站停车，再进行"大复位"操作。

2.5.4　HXD₃C型电力机车"牵引风机"或"风速"故障处理

1. HXD₃C型电力机车"牵引风机"或"风速"故障现象

微机显示屏显示"牵引风机1"或"牵引风机2"故障，对应转向架的3组主变流器力矩显示为0，如图 2-109 所示。

2. HXD₃C型电力机车"牵引风机"或"风速"故障处理

（1）主手柄和换向手柄回"0"位，如图 2-110 所示。断开主断，如图 2-111 所示。

（2）在电器控制柜合上对应的"牵引风机"三相自动开关，或断合几次防止假跳，如图 2-112 所示。重合主断，并将换向手柄置"向前"位，此时若开关不再跳开，为瞬间误动作，可不做处理继续运行。

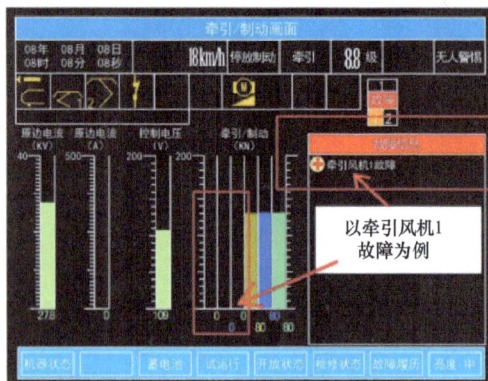

图 2-109　微机显示屏显示"牵引风机 1"故障

图 2-110　主手柄和换向手柄回"0"位

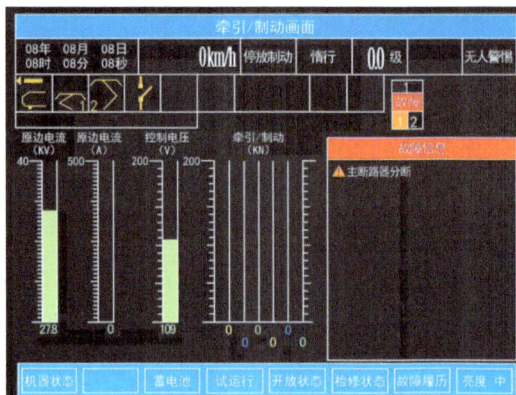

图 2-111　断开主断

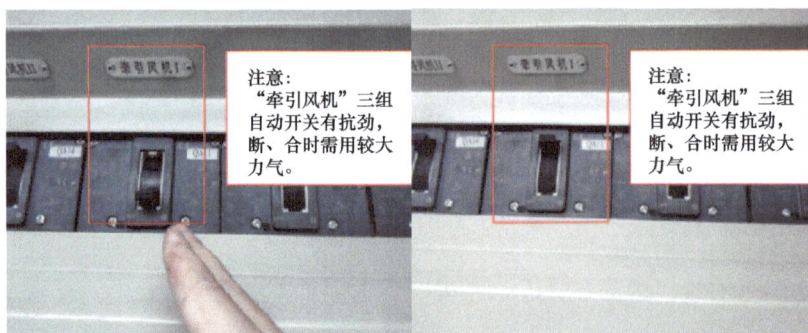

图 2-112　"牵引风机"三相自动开关

（3）如对应的自动开关良好，该牵引风机仍不运转，则用 3 台牵引电机维持运行，利用停站时间再进行"大复位"操作。

（4）若牵引风机故障无法恢复，TCMS 不能自动切除故障的牵引风机，可通过手动断开三相自动开关切除相应的牵引风机。

切除方法：将电器控制柜上故障的"牵引风机"三相自动开关断开，如图 2-113 所示。在微机显示屏上隔离相应的主变流器 CI（"牵引风机 1"故障时隔离 CI1、CI2、CI3，"牵引风机 2"故障时隔离 CI4、CI5、CI6，以"牵引风机 1"故障时隔离为例），如图 2-114 所示。

在电器控制柜上将故障的"牵引风机1"三相自动开关断开。

图2-113 断开"牵引风机"三相自动开关

点击开放按钮,此时,CI1~CI3被成功切除,同时字母上方的"正常"二字,底色由绿色变为红色,"正常"二字变为"开放"。

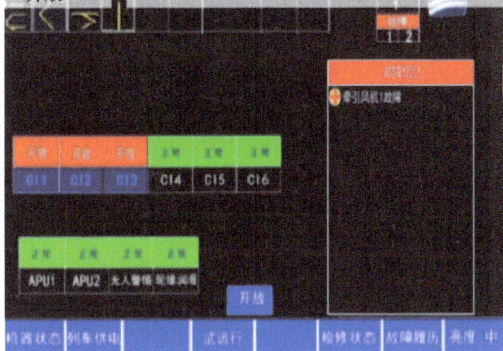

图2-114 "牵引风机1"故障时隔离 CI1、CI2、CI3

2.5.5 HXD₃C型电力机车显示屏显示复合冷却器通风机故障的处理

1. HXD₃C型电力机车显示屏显示复合冷却器通风机故障的现象

微机显示屏显示"冷却塔风机1"或"冷却塔风机2"故障,对应3组主变流器力矩显示为0,如图2-115所示。

2. HXD₃C型电力机车显示屏显示复合冷却器通风机故障的处理

(1)当一组冷却塔风机故障时,断开主断后,检查控制电器柜相应的"冷却塔风机1"或"冷却塔风机2"自动开关,若跳开则合上,或断合几次防止假跳,如图2-116所示。

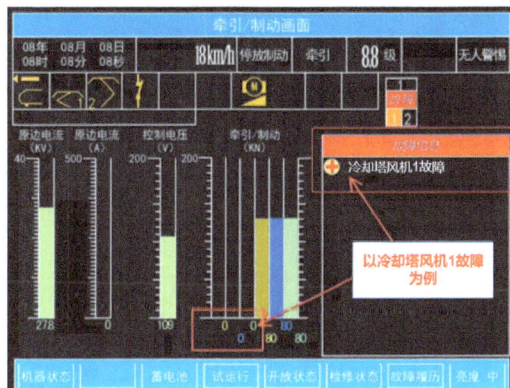

图2-115 3组主变流器力矩显示为0

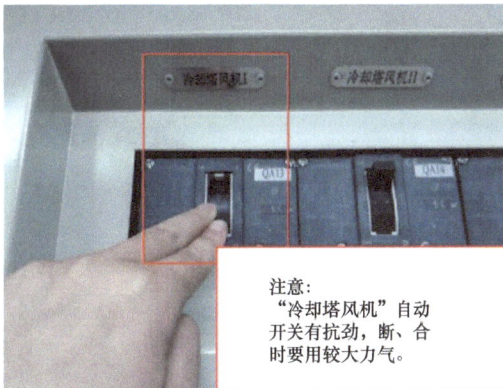

图2-116 "冷却塔风机"空气自动开关

(2)如"冷却塔风机1"或"冷却塔风机2"自动开关良好,该冷却器通风机仍不运转,则用3台牵引电机维持运行,利用停站时间再进行"大复位"操作。

(3)若一台冷却塔风机故障无法恢复,可切除故障的冷却塔风机,将"冷却塔风机1"或"冷却塔风机2"自动开关断开,如图2-117所示。

同时在微机显示屏上隔离相应的主变流器CI("冷却塔风机1"故障时隔离CI1、CI2、CI3,"冷却塔风机2"故障时隔离CI4、CI5、CI6),如图2-118所示(以"冷却塔风机1"故障时隔离为例)。

图 2-117 断开"冷却塔风机"自动开关

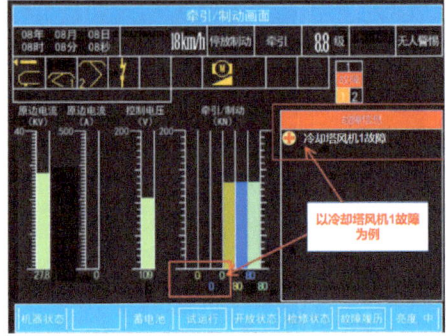

图 2-118 "冷却塔风机 1"故障时隔离
CI1、CI2、CI3

2.5.6 HXD$_{3C}$型电力机车空压机故障处理

1. HXD$_{3C}$型电力机车操纵台"空压机"故障灯亮的处理

HXD$_{3C}$型电力机车操纵台"空压机"故障灯亮（图 2-119），微机显示屏显示"空压机"故障的应急处理具体如下。

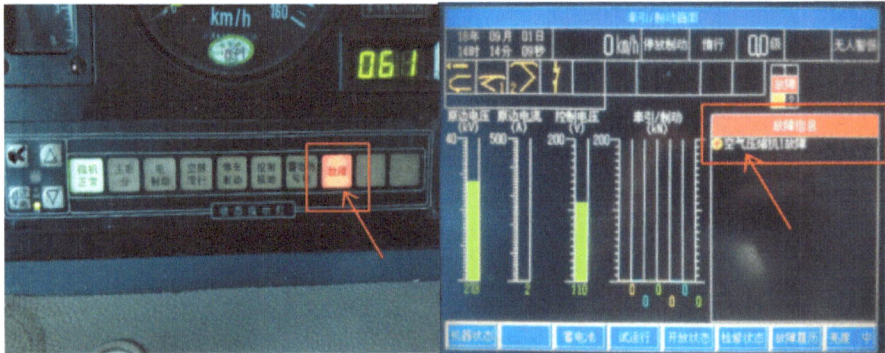

图 2-119 "空压机"故障灯亮

（1）断开空压机扳键开关。

（2）确认电源柜上空压机三相自动开关位置，如跳开则合上，如图 2-120 所示。再合上空压机扳键开关，若空压机泵风时该开关不再跳开，则为回路瞬间故障，可不做处理。

（3）若开关依旧跳开，则不做处理，利用另一台空压机维持运行，如图 2-121 所示。

注意风压确认。空压机设定为间歇运行模式，将压缩机扳键开关 SB45（SB46）置"合"位，当总风缸压力低于（680±20）kPa 时，两台空压机依次起动，投入工作；当总风缸压力低于（750±20）kPa 时，只有非操纵端空压机投入工作（即Ⅰ端为操纵端时，空压机 2 工作；Ⅱ端为操纵端时，空压机 1 工作）；当总风缸压力升至（900±20）kPa 时，空压机自动停止工作。将压缩机扳键开关置"强泵"位，两台空压机依次起动，此时不受总风缸压力开关的控制。待总风缸压力升至（950±20）kPa 时，高压安全阀动作并连续排气，此时应停止空压机工作，将扳键开关扳离"强泵"位。

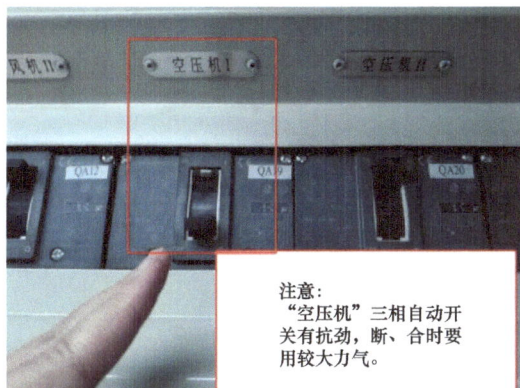

图 2-120　空压机三相自动开关

注意：
"空压机"三相自动开关有抗劲，断、合时要用较大力气。

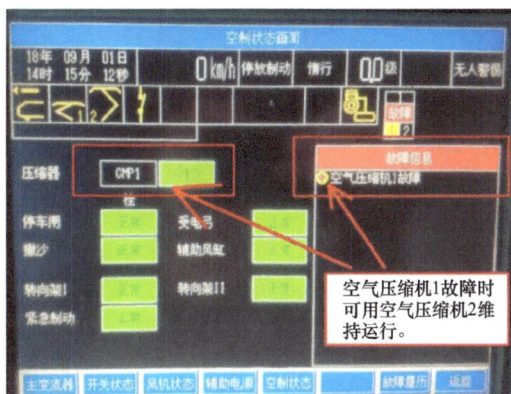

图 2-121　利用另一台空压机维持运行

空气压缩机1故障时可用空气压缩机2维持运行。

2. HXD₃C型电力机车某一台空压机发生故障时的处理

有一台空压机发生了故障，另外一台空压机可以正常工作，那么在运行途中，可以利用正常工作的空压机打风，维持列车继续运行。同时要注意，在运行时间允许的条件下，应进一步检查故障对应处所。

故障空压机不打风的原因有可能是该空压机自动断路器跳开、虚接等故障，也可能是空压机发生漏油或者油温过高故障。此时要注意前方是否有长大下坡道，要防止长大下坡道充风不足的情况发生，确保列车能够持续维持运行。

在机车运行中，如两台空压机都不能正常自动充风，此时可以在总风缸压力低于 750 kPa 时，手动推动空压机扳键开关至"强泵"位，采用手动打风的办法给总风缸充风。如果手动强泵充风成功，总风缸压力上升，则可以继续维持列车运行。如果手动强泵充风无效，则需要抓紧时间进行进一步处理。

注意：在总风压力大于（750±20）kPa 时，空压机不会自动充风，同时空压机在总风压力大于（680±20）kPa 时，两台空压机不会同时自动充风。如果使用手动强泵打风时，要时刻注意观察总风压力，总风压力一定要小于 900 kPa，如高于要停止强泵充风，防止高压安全阀动作排风。

3. 空压机自动、手动都不打风时的处理

检查空压机自动开关 QA19、QA20 的状态：如果发现 QA19 或 QA20 断开，将其闭合；如果发现 QA19 或 QA20 未断开，也要将其断开之后再闭合，这样尝试开断两次以上，如图 2-122 所示。确认空压机自动开关 QA19、QA20 闭合正常后，在微机显示屏上查看空压机 1 和空压机 2 故障信息提示是否消除。如果消除，则正常充风运行；如果故障还是不消除，此时就要考虑在适当位置停车，需要立即请求救援。

4. 空压机不充风其他原因分析

（1）空压机内油气混合温度过高不工作。在油气混合温度高于（110±5）℃时，温控器

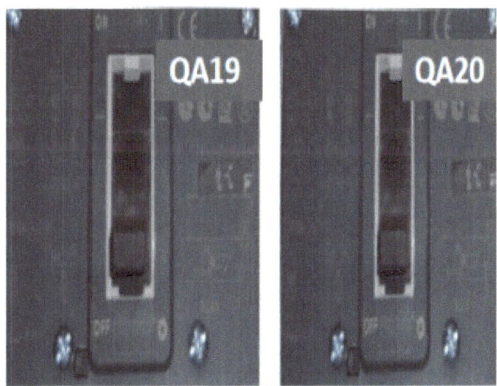

图 2-122　空压机自动开关 QA19、QA20

温度开关动作。空压机会停止工作，当油气混合温度高于 83 ℃时，温控器开启，会对空压机机油进行冷却。

（2）初次起动时环境温度低于–20 ℃，空压机是无法起动工作的，此时可低温预热后再起动空压机。

（3）空压机不工作还有可能是空压机自身严重漏油，导致空压机不充风。

（4）空压机不充风、不工作还有一个潜在原因是空压机控制模式选择了延时模式，导致空压机在 20 min 内不充风、不工作。

以上是空压机在运行当中不工作、不充风的主要原因。

2.5.7 主变流器 CI 故障处理

1. 故障现象

（1）主断路器跳开。

（2）故障显示灯亮。

（3）微机显示屏故障栏显示相应的主变流器 CI 故障，如图 2-123 所示。

2. 处理流程

（1）牵引/制动主手柄置"0"位。

（2）按复位按钮，重新闭合主断路器，加载试验（此时注意微机显示屏提示的内容，包括故障信息和电机牵引力情况）。

（3）使用复位按钮不能消除故障时，切除相应 CI 单元，如图 2-124 所示，再闭合主断路器加载。

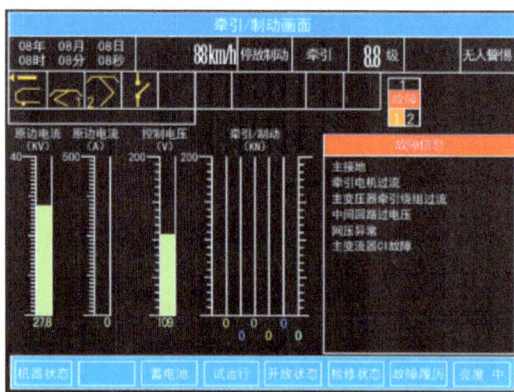

图 2-123 微机显示屏故障栏显示相应的
主变流器 CI 故障

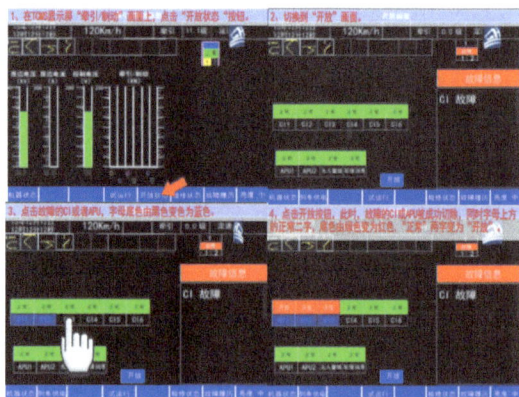

图 2-124 切除相应 CI 单元

注意：当故障严重时，机械间可能伴有"放炮"的声音或冒烟情况发生，司机要果断处置。执行微机复位时，牵引/制动主手柄、换向手柄必须回"0"位。故障反复发生，3 min 内使用"复位"按钮不得超过 3 次，每次按"复位"按钮持续时间不得超过 3 s，避免 CI 被锁定或烧损。

2.5.8 辅助变流器 APU 故障处理

首先可以将主手柄和换向手柄回零，重新闭合主断路器。如果微机显示屏显示故障已消除，可继续运行。

将主手柄和换向手柄回零，按压"微机复位"按钮并等待至少 5 s 之后重新闭合主断路器。如果微机显示屏显示故障已消除，可继续运行（此种情况可能是 TCMS 信号传输异常原因导致）。

辅助变流器有两组（APU1、APU2），当一组出现故障时，TCMS 会自动转换。此时通过微机显示屏查看辅助电源界面，KM20 应闭合（KM20 为绿色）。

TCMS 转换异常，可以点击显示屏"开放"故障的一组辅助变流器，让 TCMS 切除转换。

在辅助变流器 APU1 或辅助变流器 APU2 发生故障的情况下，TCMS 将自动断开其相应的输出接触器 KM11 或 KM12，再闭合故障转换接触器 KM20，将发生故障的辅助变流器的负载切换到另一套辅助变流器上，由该辅助变流器对全车的三相辅助电机供电。

如果 TCMS 自动转换无效，则需要切除故障 APU。切除故障 APU 的方法是：在牵引/制动主界面，点击"开放状态"进入开放界面，点击故障 APU 使之变为蓝色，点击"开放"按钮，原来"正常"变为红色"开放"，点击"返回"则切除故障的 APU，如图 2-125 所示。

在微机显示屏的"开放状态"界面切除故障 APU1 后，应返回到辅助电源界面查看对应APU1 切除后的状态显示。

断主断后，断合低压电器柜上的辅助变流器自动开关 QA47，如图 2-126 所示。断开 10 s后合上，如正常则可维持运行。

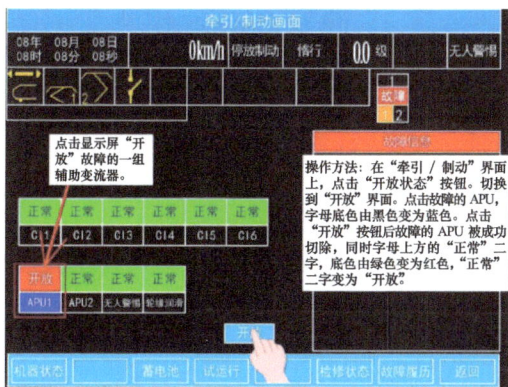

图 2-125　切除故障的 APU

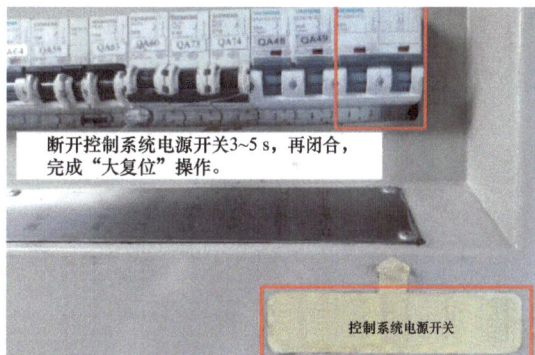

图 2-126　辅助变流器自动开关 QA47

切除故障 APU 后，若另一组辅助变流器还是无法正常工作，需要断开辅助变流器自动开关 QA47 进行复位转换。此步操作是因为在每组辅助变流器的输出回路中，设有输出电流互感器 CTU 和 CTW，对辅助电机回路过载及短路起保护作用。保护发生时，逆变器被封锁，同时向 TCMS 发出跳主断的信号。该故障消除后 10 s 内自动复位，如果此故障在 2 min 内连续发生 6 次，该辅助变流器将被锁死，必须切断辅助变流器的控制电源才可解锁。

注意：

如果运行途中遇到两台辅助变流器 APU1、APU2 均不工作，则可以将主手柄、调速手柄回零，按压司机台"微机复位"按钮，进行微机复位操作，至少 5 s 之后重新合主断。如故障消除，则继续运行；若故障不消除，检查控制电器柜上的辅助变流器自动开关 QA47 是否跳开，断合 QA47 两次，防止该开关假跳，若两台辅助变流器仍不工作，此时需停车进行蓄电池"大复位"操作。

如果行车环境属于高温天气，发生两台辅助变流器均不工作的情况，机车也可能是发生了辅助变流器 APU 过热故障。此时两组 APU 均显示故障，可尝试断合 QA47 后，交替切换 APU1 或 APU2 工作，维持运行至前方车站停车。

2.5.9　HXD₃c 型电力机车 110 V 电源装置 PSU 故障处理

1. HXD₃c 型电力机车 110 V 电源装置 PSU 故障现象

合主断开关，控制电压不上升，微机显示屏显示 PSU1 或 PSU2 故障，如图 2-127 所示。

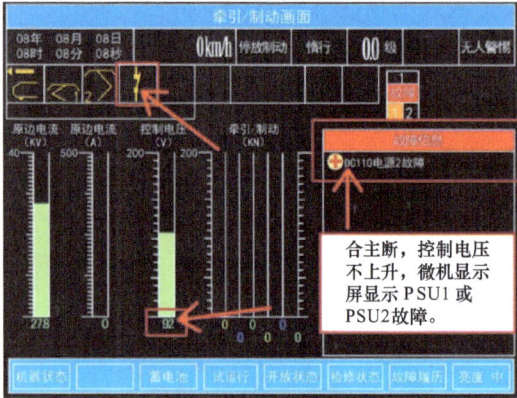

图 2-127　微机显示屏显示 PSU1 或 PSU2 故障

2. HXD₃c 型电力机车 110 V 电源装置 PSU 故障处理

（1）110 V 充电装置 PSU 有两组（PSU1、PSU2），当有一组出现故障时，正常情况下 TCMS 会自动转换，即 CTTF 闭合，经短路二极管 D1，由 PSU2/PSU1 提供 110 V 控制电源，同时向蓄电池充电，则可维持运行，回段后再做相应处理。

（2）当 PSU 有一组出现故障（通过监视微机显示屏的控制电压及查询 PSU 的显示状况来确定）而 TCMS 没有转换，设有 PSU1 与 PSU2 隔离界面的机车可先进行隔离 PSU2 操作，如机车 DC 110 V 电源正常，则维持运行；如故障仍存在，恢复 PSU2 后进行隔离 PSU1 操作，如机车 DC 110 V 电源正常，则维持运行。

（3）在充电柜的上方蓄电池开关旁边有单元转换开关 SW1，当 TCMS 无法进行自动转换时，可以采用先断开主断路器，将单元选择开关 SW1 打至"单元 1"或"单元 2"位置，闭合主断路器，观察控制电压，显示 110 V 且不下降，说明转换正常，可继续运行。

① 该单元转换开关有五个位置：中间"自动"位；左 45°"停止"位；左 90°"单元 1"位（即 PSU1）；右 45°"停止"位；右 90°"单元 2"位（即 PSU2）。

② 机车 PSU 工作正常时，该开关置"自动"位。

③ 当 PSU1 出现故障且 TCMS 不能自动转换时，将该开关先置"停止"位（不少于 5 s），再置"单元 2"（即 PSU2）位即可。

（4）若手动转换两组 PSU 均不供电，断合电源装置开关 QA63 几次无效时，则需要采用前方站停车"大复位"处理；仍无效时，请求救援。

注意：TCMS 具有控制电源的低电压保护功能，共分两级。

第一级，当控制电压低于 88 V 时，低压电源柜处蜂鸣器发声报警，同时微机显示屏弹出低压故障预警信息，状态显示模块"蓄电池亏电"灯亮，如图 2-128 所示。

第二级，当控制电压低于 77 V 时，控制系统断电保护。

如两组 PSU 转换无效，仍然不能充电，机车可短时间维持运行，但要随时观察控制电压，不应低于 77 V，88 V 报警，77 V 全车断电。

充电装置工作正常，充电柜上的电压表低于操纵台上电压表指示值，说明蓄电池亏电，可在微机显示屏上查看蓄电池界面，如图 2-129 所示，上面有电压的数值显示。长时间升弓充电可解决蓄电池亏电问题；当解决不了问题时，要检查蓄电池性能，必要时进行均衡充电或更换蓄电池。

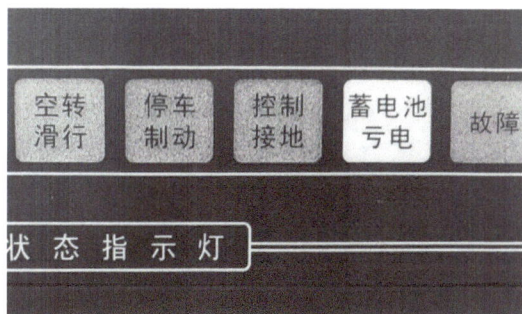

图 2-128 "蓄电池亏电"灯亮

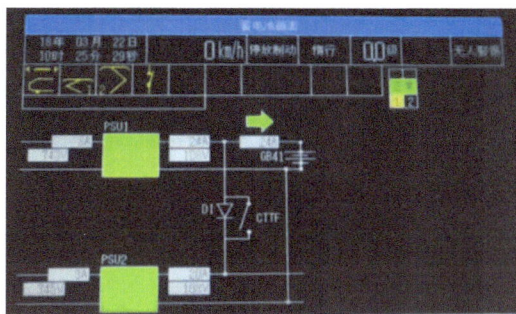

图 2-129 微机显示屏蓄电池界面

2.5.10 微机显示屏故障处理

1. 故障现象

微机显示屏黑屏，如图 2-130 所示。

2. 处理流程

（1）机车运行中微机显示屏黑屏，可将牵引/制动主手柄和换向手柄回"0"位，同时断开 QA41、QA42（微机控制 1、微机控制 2）自动开关 1 min 后，重新闭合，如图 2-131 所示。故障消除后继续运行。

图 2-130 微机显示屏黑屏

图 2-131 牵引/制动主手柄和换向手柄回 "0" 位，断开 QA41、QA42

（2）若处理无效，此时如有牵引力输出，可维持运行至前方站停车或立即停车，采取蓄电池复位处理。

（3）若微机显示屏仍无法启动，进站停车后条件允许的可以将前后端显示屏进行互换。

注意：断开自动开关 QA41、QA42 后，有可能造成微机显示屏显示 TCMS1 或 TCMS2 系统故障，可维持运行。解锁警惕装置，以免造成惩罚制动。

2.5.11 运行途中，受电弓非正常降下故障处理

1. 故障现象

（1）主断状态指示灯亮。

（2）微机显示屏显示"接触网低电压"，如图 2-132 所示。

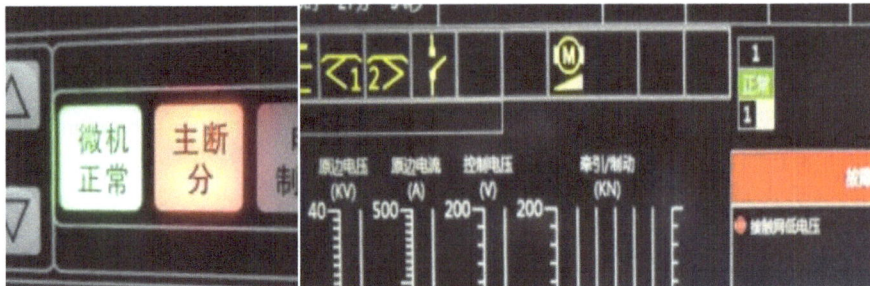

图 2-132　主断状态指示灯亮及微机显示屏显示"接触网低电压"

2. 处理流程

（1）立即停车，检查弓网状态。

（2）控制电器柜上网侧电压自动开关 QA1 应在"闭合"位。

（3）在隔离操作前，首先要确认受电弓已降下，通过控制电器柜上的受电弓故障隔离转换开关 SA96 将故障的受电弓隔离，如图 2-133 所示。

（4）在隔离操作后，确认相应的高压隔离开关 QS1（隔离 I 端受电弓）或 QS2（隔离 II 端受电弓）主触头处于"隔离"位。

（5）高压绝缘检测后方可升起另一组受电弓，维持运行，如图 2-134 所示。

注意：牵引/制动主手柄回"0"位，断开主断路器。

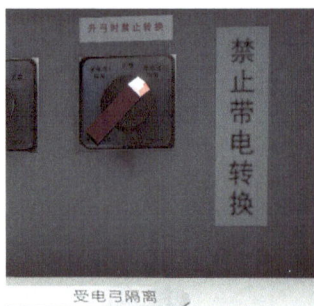

图 2-133　受电弓隔离

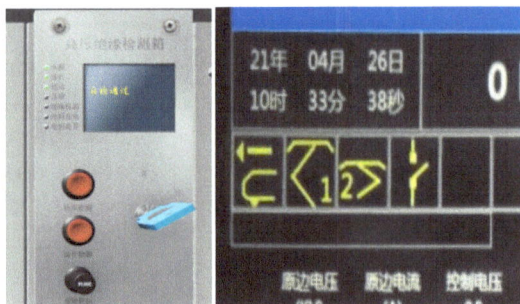

图 2-134　高压绝缘检测后升起另一组受电弓

2.5.12　辅助回路接地故障处理

1. 故障现象

（1）主断路器跳开，"主断分"指示灯亮。

（2）微机显示屏显示"辅接地"故障。

（3）微机显示屏辅助电源界面显示接地的辅助变流器组别。

2. 处理流程

（1）牵引/制动主手柄回"0"位，按压"微机复位"按钮，如图 2-135 所示。再合主断路器恢复运行。

（2）断开辅助变流器自动开关 QA47，再重新闭合，如图 2-136 所示。

图 2-135　"微机复位"按钮

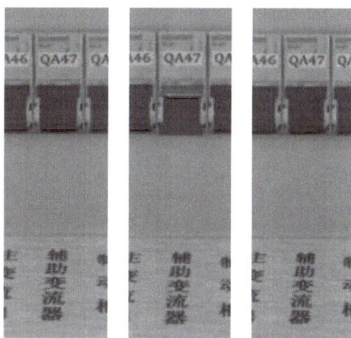

图 2-136　辅助变流器自动开关 QA47

（3）微机显示屏内切除故障 APU1 或 APU2，如果接地故障不再出现，机车可继续运行。

（4）如果故障依然存在，则断开下列自动开关：QA25、QA72、QA11、QA12、QA13、QA14、QA19、QA20，如图 2-137、图 2-138 所示。

图 2-137　自动开关 QA25、QA72

图 2-138　自动开关 QA11、QA12、QA13、QA14、QA19、QA20

重新断开主断路器后依次闭合上述自动开关，当闭合到某一自动开关时，微机显示屏显示辅助回路接地，将该自动开关断开，维持运行。

注意：加强机械室的巡视，防止电气设备短路起火。

2.5.13　原边过流故障处理

1. 故障现象

（1）主断路器跳开，"主断分"指示灯亮。

（2）微机显示屏显示"原边过流"故障，如图 2-139 所示。

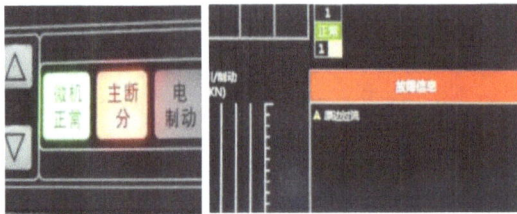

图 2-139 "主断分"指示灯亮，微机显示屏显示"原边过流"故障

2. 处理流程

（1）重新闭合主断路器，若故障信息区域不再出现"原边过流"信息，维持运行。

（2）若牵引/制动主手柄在高级位状态下，故障信息区域出现"原边过流"信息，则降低牵引/制动主手柄级位，维持运行。

（3）若主断路器合不上，请求救援。

2.5.14 主回路接地故障处理

1. 故障现象

（1）主断路器跳开，"主断分"指示灯亮。

（2）微机显示屏显示"主接地"或"牵引电机"故障。

（3）微机显示屏显示"主变流器 CI*故障"记录。

2. 处理流程

（1）将牵引/制动主手柄置"0"位，换向手柄置"0"位。

（2）按"复位"按钮，重新闭合主断路器。

（3）切除故障 CI 单元，如图 2-140 所示。

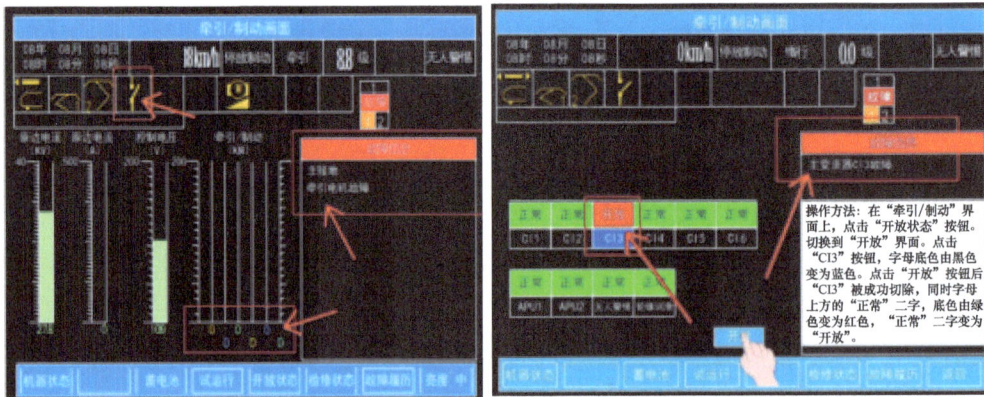

图 2-140 微机显示屏显示"主接地"，切除故障 CI 单元

注意：每次按"复位"按钮持续时间不超过 3 s，3 min 内使用"复位"按钮不得超过 2 次。

2.5.15 防火探头故障处理

1. 故障现象

（1）6A 系统起"*号防火探头故障"语音报警。

（2）6A 系统主界面显示"*号防火探头故障"文字报警。

2. 处理流程

（1）检查监控数据，即防火子系统报警位置。注意异常情况。

（2）回库后报活处理。

2.5.16 停放制动异常施加故障处理

1. 故障现象

（1）行车过程中，当机车速度大于 5 km/h 时，6A 系统起"停放制动异常施加"语音报警。

（2）6A 系统主界面显示"停放制动异常施加"文字报警，如图 2-141 所示。

2. 处理流程

（1）查看 6A 系统监控数据中制动子系统界面停放缸压力值，如图 2-142 所示。

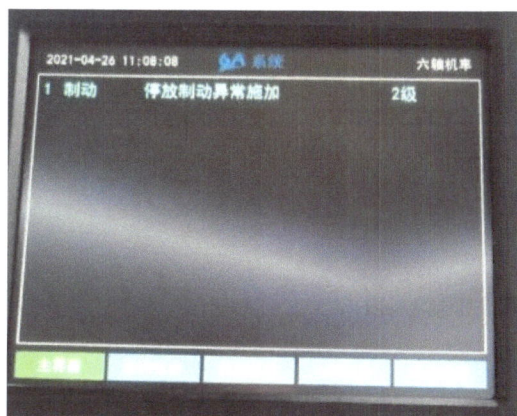

图 2-141　6A 系统报"停放制动异常施加"

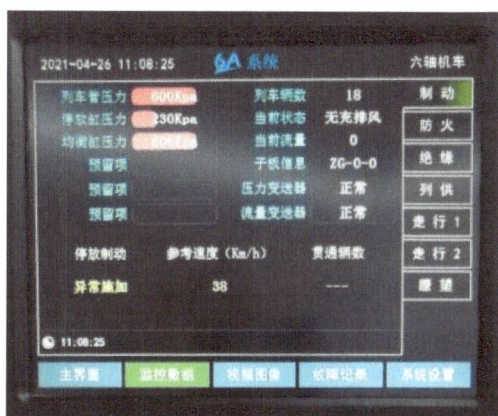

图 2-142　6A 系统监控数据

（2）如果停放缸压力小于 370 kPa，实施一次停放制动缓解操作。

（3）此时停放缸压力上升，故障消除。

2.5.17 温升报警故障处理

1. 故障现象

（1）行车过程中，6A 系统起"*轴*位温升报警"语音报警。

（2）6A 系统主界面显示相应的文字报警。

2. 处理流程

（1）查看监控数据走行 1 界面报警点显示情况。

（2）注意相应轴位温升情况，同时加强后部瞭望。

（3）如走行部无异常情况且温度未升至 90 ℃，可维持运行回段（或折返段）后报活处理。

2.5.18 齿轮 1 级报警故障处理

1. 故障现象

（1）行车过程中，6A 系统起"*轴*位齿轮 1 级报警"语音报警。

（2）6A 系统主界面显示相应的文字报警，如图 2-143 所示。

2. 处理流程

（1）查看监控数据走行 1 界面报警点显示情况，如图 2-144 所示。

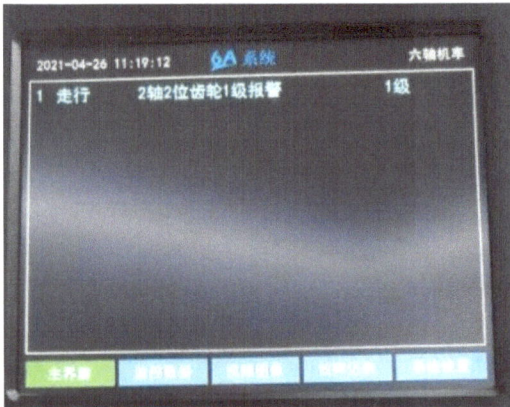

图 2-143　6A 系统报 "*轴*位齿轮 1 级报警"

图 2-144　监控数据走行 1 界面

（2）关注报警点位显示情况，维持正常行车，回段（或折返段）后报活处理。

2.5.19　踏面 1 级报警故障处理

1. 故障现象

（1）行车过程中，6A 系统起 "*轴*位踏面 1 级报警" 语音报警。

（2）6A 系统主界面显示相应的文字报警，如图 2-145 所示。

2. 处理流程

（1）查看监控数据走行 1 界面报警点显示情况，如图 2-146 所示。

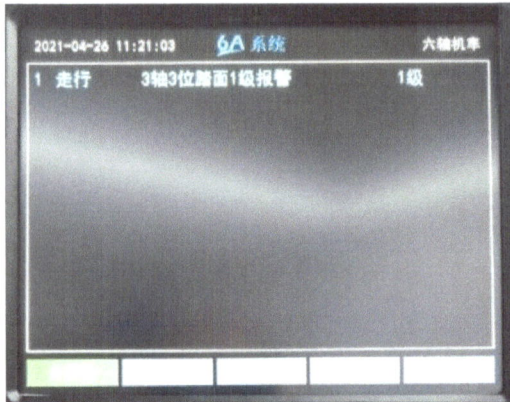

图 2-145　6A 系统报 "*轴*位踏面 1 级报警"

图 2-146　监控数据走行 1 界面

（2）关注报警点位显示情况，维持正常行车，回段（或折返段）后报活处理。

2.5.20　轴承 1 级报警故障处理

1. 故障现象

（1）行车过程中，6A 系统起 "*轴*位轴承 1 级报警" 语音报警。

（2）6A 系统主界面显示相应的文字报警，如图 2-147 所示。

2. 处理流程

（1）查看监控数据走行1界面报警点显示情况，如图2-148所示。

（2）关注报警点位显示情况，维持正常行车，回段（或折返段）后报活处理。

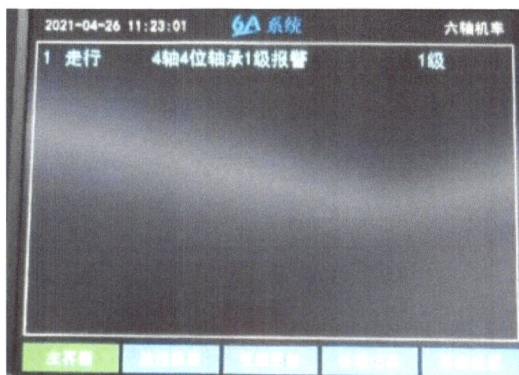

图2-147　6A系统报"*轴*位轴承1级报警"

图2-148　监控数据走行1界面

2.5.21　HXD₃C型电力机车无动力回送操作

（1）确认司机控制器主手柄在"0"位，换向手柄取出，如图2-149所示。自阀（大闸）手柄置"重联"位，并插好锁闭销，单阀（小闸）手柄置"运转"位，最后关闭电钥匙，如图2-150所示。

图2-149　司机控制器主手柄在"0"位，
换向手柄取出

图2-150　自阀手柄置"重联"位，
单阀手柄置"运转"位

（2）关闭制动柜上停放制动控制塞门B40.06，应有排风现象，同时将制动柜ERCP模块上无动力回送塞门DE旋转至"无火回送"位（"投入"位），如图2-151所示。

（3）关闭塞门A10（Ⅰ、Ⅱ风缸间），如图2-152所示。

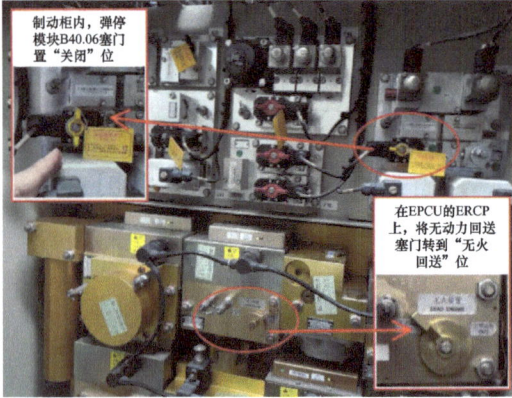

图 2-151　无动力回送塞门旋转至"无火回送"位

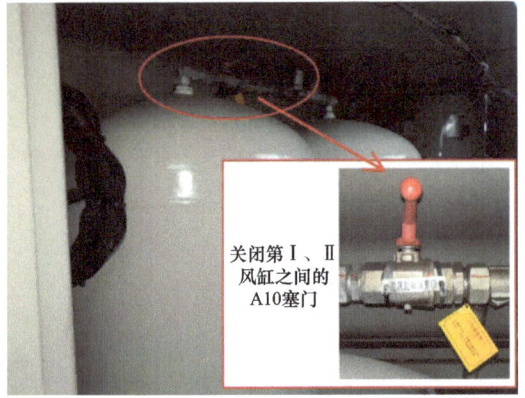

图 2-152　关闭塞门 A10（Ⅰ、Ⅱ风缸间）

（4）开放总风缸排水阀塞门（靠近气阀柜侧的一个排水阀），将总风缸压力排放至 250 kPa 以下关闭，如图 2-153 所示。

（5）制动系统断电，断开 QA50、QA61，如图 2-154 所示。

图 2-153　总风缸压力显示

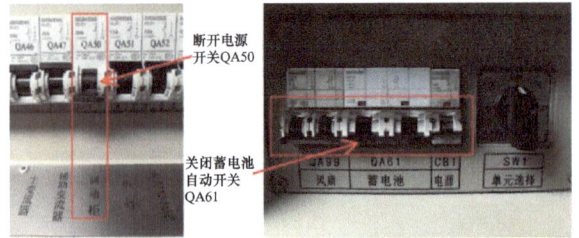

图 2-154　断开 QA50、QA61

（6）下车打开前后、左右 4 个平均管塞门（有防尘堵时需撤除），确认平均管第二塞门处于开放状态，如图 2-155 所示。

（7）连接制动软管，缓慢开放折角塞门，如图 2-156 所示，等待制动管压力升至定压。

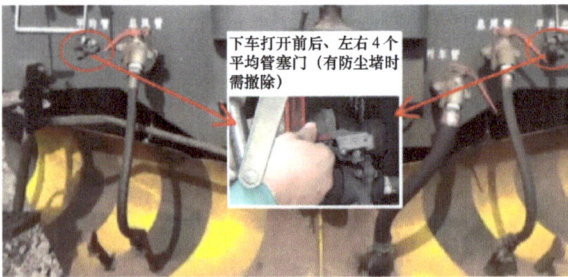

图 2-155　打开前后、左右 4 个平均管塞门

图 2-156　连接制动软管，缓慢开放折角塞门

（8）手动缓解 4 个停放制动机械联锁（左 1 右 1，左 6 右 6），将拉环拉至最大位置停留 3 s 以上，并确认闸瓦在缓解状态，如图 2-157 所示。确认停放指示器为红色，制动指示器为绿色，如图 2-158 所示。

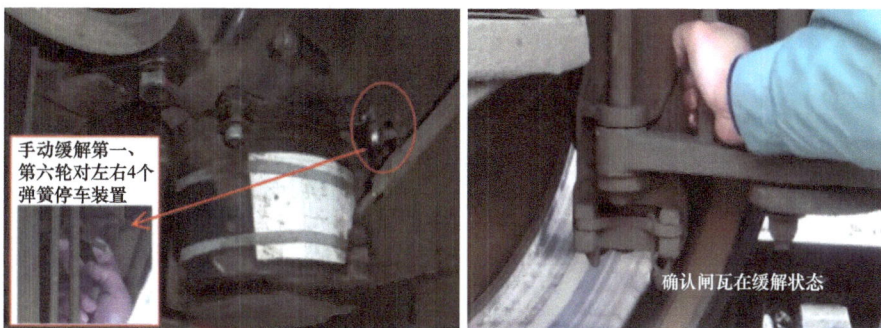

图 2-157　手动缓解 4 个停放制动机械联锁，确认闸瓦在缓解状态

（9）本务机车进行制动、缓解操作，无动力回送机车应确认与本务机车制动缓解一致，并进行滚动试验，如图 2-159 所示。

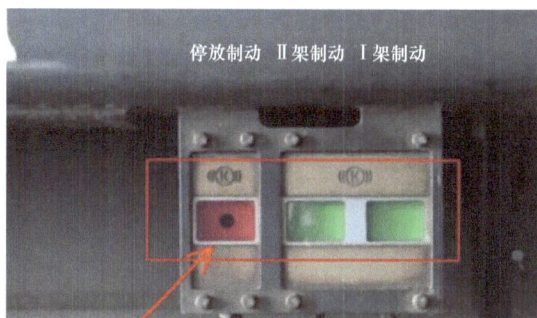

图 2-158　确认停放指示器为红色，制动指示器为绿色

图 2-159　进行滚动试验

（10）通过无动力附挂机车供风管路向车辆供风时，还需要连接总风重联管（客运机车供风管），开放总风管折角塞门和双管供风救援端的旁通塞门，如图 2-160 所示。双管供风客车供风管压力为（600±20）kPa。

注意：

（1）电力机车附挂前必须断主断、降弓，对附挂机车做好防溜措施。

（2）关闭监控器电源开关，断开蓄电池开关。

（3）机车连挂，连接列车管后撤除防溜措施，进行制动机试验试风，确认正常后开车，并按规定进行滚动试验。

（4）途中加强机械风表上的机车制动缸压力确认，停站加强走行部检查。

（5）入库到达后必须恢复各开关、塞门至正常运行状态。

（6）动车前必须进行制动机机能试验，正常并撤除防溜措施后，方可走车。

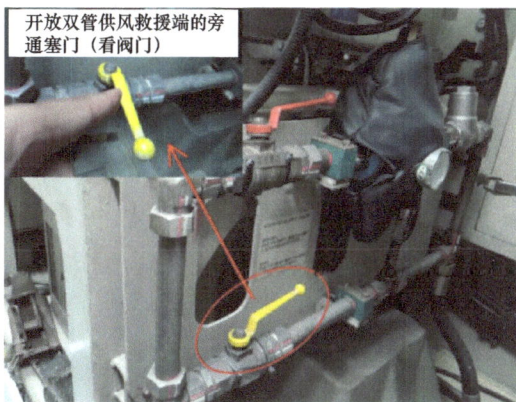

图 2-160　开放双管供风救援端的旁通塞门

安全"二十八不"

（1）班前及班中不饮酒；

（2）不在道心、枕木头上行走；

（3）不在钢轨上、车底下、枕木头、道心里坐卧或站立；

（4）不扒乘机车、车辆，以车代步；

（5）上线人员未站在安全地点，不接打手机；

（6）未系好安全带、未设置专人监护，不高空作业；

（7）任何人员及所携带的物件、作业工器具等与接触网带电部分距离不得小于2 m（除供电专业人员按规定作业外）；

（8）遇雷雨天气或带负荷时，不操作隔离开关；

（9）未培训、不足两人，不操作隔离开关；

（10）接触网未停电、未设好地线，不登车顶作业；

（11）不将水管向供电线路方向喷射（供电特殊作业除外）；

（12）不使用试验不合格或超过试验周期的绝缘工具；

（13）"三新"人员学徒期间不单独作业；

（14）未取得特种作业操作证，不从事特种作业；

（15）驾驶机动车辆运行中不接打手机，不超速，不疲劳驾驶；

（16）起重作业不超载，不多人指挥，不在吊物下站人；

（17）未在车站登记、未设好防护，不上线施工维修作业；

（18）防护联系中断，不继续作业；

（19）下道避车时，人员、材料、机具不侵限；

（20）调度命令未下达，高速铁路施工维修人员不进入防护栅栏；

（21）防护人员不参与和防护无关的工作；

（22）无正式职工带领，劳务人员不上线施工维修作业；

（23）不翻越防护网及围墙；

（24）不横跨或跳越检修、整备等地沟；

（25）驼峰线未停轮，不进行设备检修作业；

（26）未按规定佩戴劳动防护用品，女工发辫未挽在帽内，不进行机床作业；

（27）未审批、未检测、防护不到位，不进行有限空间作业；

（28）未设置安全木楔，不清扫道岔。

安全"二十四防"

（1）防止安全防护失效；

（2）防止超范围施工及维修作业；

（3）防止点外进行点内作业项目；

（4）防止不按规定下道避车；

（5）防止不按规定进行有限空间作业；

（6）防止调车作业中刮碰或未抓牢站稳；

（7）防止应急处置不执行规章制度；

（8）防止培训不合格人员上线作业；

（9）防止违章横越线路；

（10）防止违章指挥上线作业；

（11）防止侵入运行中机车车辆限界；

（12）防止错停送电；

（13）防止误登带电的杆塔及车顶；

（14）防止特种设备安全附件失效；

（15）防止机车车辆伤害；

（16）防止高空坠落；

（17）防止触电伤害；

（18）防止机械伤害；

（19）防止起重伤害；

（20）防止物体打击；

（21）防止灼烫；

（22）防止火灾爆炸；

（23）防止中毒和窒息；

（24）防止食物中毒。

机车安全"十必停"（口诀：灯错水异警，火数弓故障）

为确保列车运行安全，机车乘务员在运行途中发生异常情况，除执行现行规章规定外，重点强调以下十种情况下，必须立即采取停车措施并汇报列车调度员（车站值班员）。

1. 进站、出站、进路和线路所通过信号机灯光熄灭，显示不明或显示不正确时（灯）

注释：

《技规》（普速铁路部分）第316、413条规定。在常用制动不能保证在该信号机前停车时紧急制动。

2. 列车需要运行的进路与实际开通进路（或进路表示器显示进路）不符时（错）

注释：

联控进路（含进路预告信息）与列车运行需要的进路不符，出站信号机前的进路表示器或机车信号的显示进路与列车运行需要的进路不符，防止车站错办进路 C 类事故。在常用制动不能保证出站（发车进路）、线路所通过信号机前停车时紧急制动。

3. 发现行人、大牲畜、落石、倒树等障碍物侵限，以及道床冲空、水漫钢轨、塌方断道等情况时，看到或听到各类停车（手）信号时（水）

注释：

《技规》（普速铁路部分）第 335、339、405、440 条规定。特别注意识别两臂高举头上向两侧急剧摇动的停车手信号。立即紧急制动停车，宁可错停，决不盲行。

4. 运行中发生不明原因的异响时（异）

注释：

铁路局集团公司要求，重点是不明原因异响，不危及行车安全尽量避分相停车检查，宁可错停，决不盲行。《普速铁路列车运行中碰撞线路障碍物等非正常情况处置措施（试行）》（铁总运〔2016〕193 号）规定，运行中碰撞飞禽走兽、轻飘物体等较小障碍物，不影响本列运行时可不停车。

5. 接近与本列车运行线路相关的 LBJ 报警地点时（警）

注释：

《技规》（普速铁路部分）第 339、366、367 条规定。

（1）报警线路和地点与本列车运行线路相关、可能影响本列车运行安全时，司机应采取降速运行或紧急停车等必要的安全措施，防止发生事故。采取降速运行措施时，列车应以遇到阻碍能随时停车的速度运行，最高不超过 20 km/h（动车组列车最高不超过 40 km/h）。

（2）报警线路和地点与本列车运行线路无关时，列车可按正常速度运行。遇报警信息内容不完整或有疑问时，应及时联系本线列车调度员（车站值班员）确认；情况不明时，可直接采取降速运行等安全措施。

（3）列车通过报警地点或收到防护报警解除信息时，司机应恢复本列车的正常运行，并向列车调度员（车站值班员）报告。

6. 列车发生火灾、爆炸时（停车应尽量避开特大桥梁、长大隧道等重要设施及建筑物）（火）

注释：

《技规》（普速铁路部分）第 370 条规定。

（1）电力机车在运行途中发生火情时，司机应迅速断开主断路器，立即停车，并降下受电弓。内燃机车应停止柴油机工作。

（2）运行中司机接到列车发生火灾、爆炸要求停车的通报或发现本列车着火时，应立即停车。停车地点应尽量避开特大桥梁、长大隧道、架空高压线、重要设施及建筑物，选择便于旅客疏散的地点，条件具备时将列车停在靠近道口或有水源处所。

总体要求：

（1）列车运行中，司机要加强瞭望，按规定执行车机、守机联控，遇危及行车或人身安全时，必须立即采取减速或停车措施，做到"宁可错停、决不盲行"，严禁臆测行车。

（2）列车区间停车后，必须减压 170 kPa 以上做好列车防溜，并对本列或邻线做好必要的防护措施。

（3）停车后司机立即将停车情况报告车站或列车调度员（自闭区间还应通知后续列车司机），检查确认现场后，需再次报告列车调度员，按其指示及相关规定办理。

（4）双线区段发生非正常情况时，如果妨碍邻线，按《技规》（普速铁路部分）第 367 条对邻线进行防护。

（5）停车原因消除后，有条件时必须对列车进行简略试验（长大坡道地点开车时，必须确认列尾风压同步上升），开车时必须保证列车完整和列车管贯通，执行防溜措施后，具备开车条件方准动车。

7. 发现 LKJ 基础数据与开通运行线路的设备设施不符时（数）

注释：

《列车运行监控装置（LKJ）运用维护规则》第 130 条规定。关键是出库前做好 LKJ 版本号确认。

8. 发生刮弓、不明原因自动降弓、接触网停电、本线挂有异物不能降弓通过、受电弓挂有异物等情况时（弓）

注释：

必须立即采取降弓和紧急停车措施。

9. 机车车辆设备故障、列车制动力不足、制动主管的压力异常等情况危及行车安全时（故障）

注释：

（1）机车某轴位轴承发生超温报警，HXD$_{1D}$ 型 2 位超 110 ℃、5 位超 95 ℃，HXD$_{3D}$ 型 2 位超 110 ℃，HXD$_{1D}$ 型、HXD$_{3D}$ 型其他测位及 HXD$_{3C}$ 型电力机车超 90 ℃，内燃机车轴承温度达到 95 ℃等，立即实施常用制动停车。

（2）列车或单机在区间运行时，发现或接到机车走行部有火星的通知后，司机应立即实施最大有效减压量停车。

（3）发现客车车辆轮轴故障、车体下沉（倾斜）、车辆剧烈振动等危及行车安全的情况时，须立即采取停车措施。

（4）运行中司机接到列车调度员"车辆热轴需立即停车"的通知后，须采用常用制动停车。

（5）接到"车辆抱闸"的通知时，司机应及时采用常用制动停车（尽量将列车停在站内），按规定报告两端站车站值班员或列车调度员。

（6）运行途中发现列车制动力不足或遇列车自动制动机故障（包括机车无法向列车制动主管供风导致列车制动力不足）时，司机应采取一切有效措施使列车立即停车（立即投用机车动力制动，使用紧急制动阀或列尾装置排风制动，通知车辆乘务员组织列车乘务人员使用车辆紧急制动阀停车）。

10. 机车信号、LKJ 设备发生故障时（故障）

注释：

（1）机车信号故障判断：一是地面信号机显示为进行的信号，机车信号显示灭灯、多灯或乱跳；二是自动闭塞区段，地面信号机显示为进行的信号，机车信号连续两架信号机收不到码（固定不发码的信号机除外）；三是半自动闭塞或站间自动闭塞区段，地面信号机显示为进行的信号，进站、出站信号机前机车信号连续两架信号机收不到码（机车信号固定不上码的车站或无码区段除外）。

（2）LKJ 故障：一是 LKJ 系统故障（LKJ 主机发生系统报警）；二是无速度或速度异常；三是无显示或显示异常、按键无效；四是 LKJ 主机无电源。

模块 3
HXD₃D 型电力机车驾驶

简介

    HXD$_{3D}$ 型交流传动快速客运电力机车是在 HXD$_3$ 型和 HXD$_{3B}$ 型电力机车基础上研制的六轴 7 200 kW 干线客运电力机车。机车在采用 PWM 矢量控制技术等最新技术的同时，尽量考虑对环境的保护，减少维修工作量。

    另外，以能够在中国全境范围内运行为前提，在满足环境温度在 −40～+40 ℃，海拔在 2 500 m 以下条件的同时，能实现 2 组机车重联控制运行。

    HXD$_{3D}$ 型电力机车可缓解全路准高速机车运用的紧张状况，与 HXD$_{1D}$ 型电力机车共同填补中国交流传动大功率机车在准高速范围内实际运用的空白。

    HXD$_{3D}$ 型电力机车是目前功率最高的新型电力客运机车之一，最高时速 160 km，凭借 7 200 kW 的功率，可轻松牵引 20 节的旅客列车，一次最多可输送 3 000 名旅客。由于不限于在铁路客运专线上行驶，HXD$_{3D}$ 型电力机车可在全国所有的电气化线路上，快速牵引直达和特快旅客列车。机车由 0 km/h 加速至 160 km/h 只需 307 s。

HXD$_{3D}$ 型电力机车简介

任务 3.1 HXD₃D 型电力机车特性及主要设备

列车分离事故	
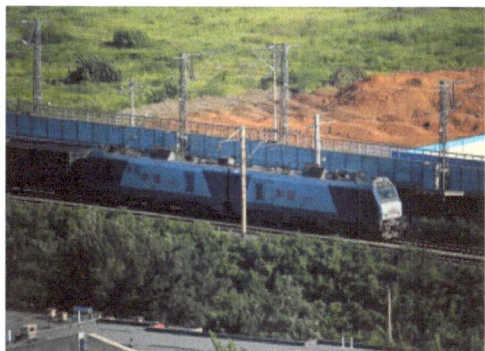	

事故经过	2019 年 8 月 2 日 3 时 06 分，某段司机使用 HXD₃C 型 0033/0172 号机车担当侯月线 16014 次货物列车牵引任务，通过曲沃至南常间分相后，在连续上坡道变化区段运行时，司机操纵机车时加载过猛，使牵引力瞬间急剧上升，机车空转，列车冲动过大，导致机后 3 位车辆后钩钩舌断裂，机后 3、4 位车辆分离，构成铁路交通一般 D8 类事故。
事故原因	司机操纵机车时加载过猛，使牵引力瞬间急剧上升，机车空转，列车冲动过大。
安全提示	行车时，司机应按照机车加载的新标准进行规范操作，禁止加载过猛，使牵引力瞬间急剧上升。

HXD₃D 型电力机车特性及主要设备介绍

布置任务

（1）了解 HXD₃D 型电力机车主要特点。

（2）认识 HXD₃D 型电力机车主要技术参数。

（3）认识 HXD₃D 型电力机车设备布置。

填写学习任务单，如表 3-1 所示。

表 3-1　学习任务单

任务 3.1	HXD$_{3D}$ 型电力机车特性及主要设备		
学习小组		姓名	
● 学习任务（1）HXD$_{3D}$ 型电力机车主要特点			
● 学习任务（2）HXD$_{3D}$ 型电力机车主要技术参数			
● 学习任务（3）HXD$_{3D}$ 型电力机车设备布置			

相关资料 》

3.1.1　HXD$_{3D}$ 型电力机车主要特点

（1）轴式为 C_0—C_0，电传动系统为交—直—交传动，采用 IGBT 水冷变流机组，1 250 kW 大转矩异步牵引电机，具有起动（持续）牵引力大、恒功率速度范围宽、黏着性能好、功率因数高等特点。

（2）辅助电气系统采用两组辅助变流器，能分别提供 VVVF 和 CVCF 三相辅助电源，对辅助机组进行分类供电。该系统冗余性强，一组辅助变流器故障后可由另一组辅助变流器对全部辅助机组供电。

（3）采用 TCMS 网络控制系统，实现了逻辑控制、自诊断功能，而且实现了机车的网络重联功能。

（4）总体设计采用高度集成化、模块化的设计思路，电气屏柜和各种辅助机组分功能斜对称布置在中间走廊的两侧；采用规范化司机室，有利于机车的安全运行。

（5）采用带有中梁的、整体承载的框架式车体结构，有利于提高车体的强度和刚度。

（6）转向架牵引电机采用二、三轴对置方式；驱动系统采用轮对空心轴驱动、刚性架悬；采用承载式齿轮箱；牵引装置采用低位推挽牵引杆牵引。转向架如图 3-1 所示。

（7）采用下悬式安装方式的一体化多绕组（全去耦）变压器，具有高阻抗、重量轻等特点，并采用强迫导向油循环风冷技术。

图 3-1　转向架

（8）采用顶盖夹层进风，各系统独立通风冷却技术。此外还考虑了司机室的换气和机械间的微正压。

（9）采用集成化气路的空气制动系统，具有空电制动功能。机械制动采用轮盘制动。

（10）采用新型的空气干燥器，有利于压缩空气的干燥，减少制动系统阀件的故障率。

3.1.2　机车主要技术参数

1. 牵引性能参数

电传动方式：交—直—交传动；

持续功率：7 200 kW；

持续制速度：80 km/h；

最高速度：160 km/h；

起动牵引力：420 kN；

持续牵引力（半磨耗轮）：324 kN；

恒功率速度范围：80～160 km/h。

2. 动力制动性能参数

电制动方式：再生制动；

电制动功率：7 200 kW（103.7～160 km/h）；

最大电制动力：250 kN（15～103.7 km/h）。

3.1.3　机车特性

机车牵引特性控制采用了恒力矩准恒速特性控制方式，机车的司机控制器调速手柄在牵引模式下级位设定为17级，在电制动模式下级位设定为10级，级间能够进行平滑调节，每级速度变化ΔV=10 km/h。

3.1.4　机械室设备布置情况

HXD₃D型电力机车机械室设备布置，如图3-2所示。

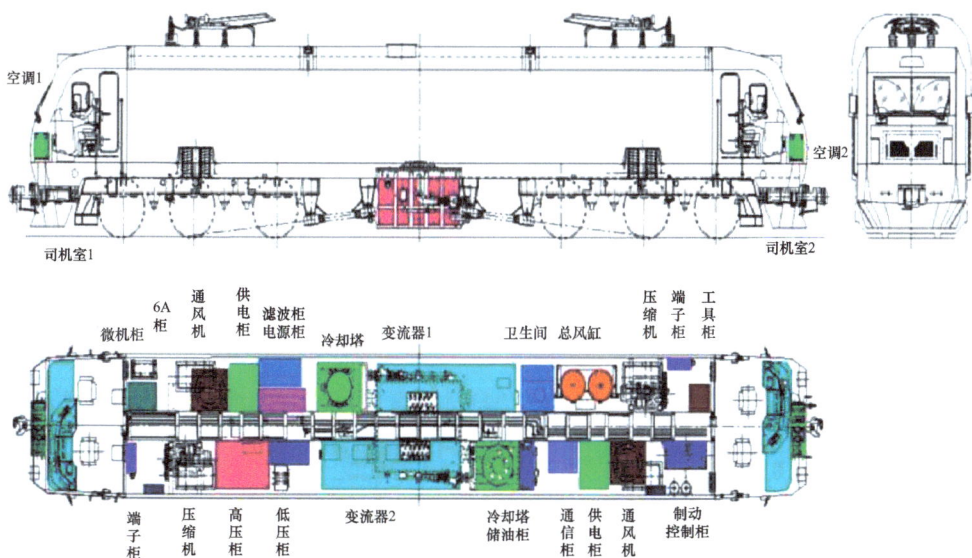

图3-2　机械室设备布置

任务 3.2　HXD₃D 型电力机车操纵台认知

货物列车机车掉分相	
	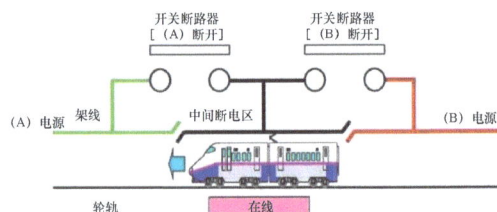
事故经过	2020 年 3 月 24 日，某段司机驾乘 SS₆-0053 机车，牵引 27057 次货物列车（现车 54 辆，总重 4 447 t，换长 69.1），运行至襄渝线部营站—襄北一场，因司机操纵不当，机车停于分相内，构成一般 D10 类事故。
事故原因	司机操纵不当，机车停于分相内。
安全提示	行车时，司机应按照过分相的新标准进行规范操作，实行"早断晚合"，分相前必须打满风，保持一定的速度。禁止升双弓或者带电过分相。

HXD₃D 型电力机车操纵台认知

布置任务

了解 HXD₃D 型电力机车操纵台主要设备名称及功能。

填写学习任务单，如表 3-2 所示。

表 3-2　学习任务单

任务 3.2	HXD₃D 型电力机车操纵台认知	
学习小组	姓名	
● 学习任务　HXD₃D 型电力机车操纵台主要设备名称及功能		

相关资料

在司机室内设有操纵台、八灯显示器、司机座椅、紧急放风阀、灭火器等设备，如图3-3所示。

图3-3　司机室

司机室操纵台前部设有空调装置；司机室顶部设有风扇、头灯、司机室照明等设备；司机室前窗采用电加热玻璃，窗外设有电动刮雨器，窗内设有遮阳帘，侧窗外设有机车后视镜；操纵台上设有微机显示屏、监控显示屏、压力组合模块、司机控制器、制动控制器、备用闸、扳键开关组、制动显示屏、冰箱、微波炉、暖风机、脚炉和膝炉。

1. 司机电钥匙开关 SA49（SA50）

司机电钥匙开关有两个位置："合"、"分"。当置"合"位时，机车Ⅰ端即被设定为操纵端，另一端为非操纵端。

2. 司机控制器 AC41（AC42）

司机控制器（简称司控器）有两个手柄：换向手柄和调速手柄。换向手柄有"向前"、"0"、"向后"三个位置，调速手柄可以提供牵引级位*～13级及制动级位*～12级。两个手柄之间设有机械联锁：当调速手柄在"0"位时，换向手柄方可进行方向转换；换向手柄在"0"位时，调速手柄不能移动，只能在"0"位。

3. 受电弓扳键开关 SB41（SB42）

受电弓扳键开关设有"前受电弓"、"0"和"后受电弓"三个位置，正常位置为"0"位。当SB41置"前受电弓"或"后受电弓"位时，受电弓电空阀YV41或YV42线圈得电，在空气管路压力正常的前提下，受电弓PG1或受电弓PG2升起；当SB41置"0"位时，受电弓PG1或受电弓PG2均降下。

4. 主断路器扳键开关 SB43（SB44）

司机通过操纵主断路器扳键开关，可以实现对主断路器的控制。主断路器扳键开关设有"主断合"、"0"和"主断分"三个位置。"主断合"为自复位，正常位置为"0"位。"主断合"位：闭合主断路器；"主断分"位：断开主断路器；"0"位：维持主断路器的当前状态。

5. 压缩机扳键开关 SB45（SB46）

压缩机扳键开关设有三个位置，分别为"0"、"合"和"强泵"位。"强泵"位为自复位。

"合"位：压缩机根据总风压力开关 KP51-1 和 KP51-2 的状态投入工作；"强泵"位：强制头车两台压缩机投入工作，补机主压缩机投入工作；"0"位：压缩机停止工作。

6. 紧急制动、半自动过分相和定速按钮

半自动过分相按钮 SB67（SB68）、定速按钮 SB69（SB70）为自复位按钮，紧急制动按钮 SA103（SA104）为自锁按钮。

（1）按下紧急制动按钮，机车将实施紧急制动，一方面断开主断路器，另一方面对列车实施紧急制动。

（2）机车通过分相区前，司机可以按半自动过分相按钮一次，机车采用半自动方式通过分相区。机车自动将牵引或制动力降为零并断开主断路器，通过分相区后，自动恢复到过分相区前的状态。

（3）当机车速度大于等于 15 km/h，且机车未实施空气制动时，若按下定速按钮 SB69（SB70），当时的机车运行速度被确定为"目标速度"，机车进入"定速控制"状态。当机车实际速度大于"目标速度+2 km/h"时，TCMS 控制机车进入电气制动工况；当机车实际速度降低到"目标速度+1 km/h"时，电气制动力降至 0。

① 当机车实际速度小于"目标速度-2 km/h"时，TCMS 自动控制机车进入牵引工况；当机车实际速度升高到"目标速度-1 km/h"时，牵引力降至 0。

② 机车进入"定速控制"状态后，司机控制器调速手柄的级位变化超过 1 级时，机车"定速控制"状态自动解除。

7. 停放控制

为了防止机车在停放状态下发生溜车事故，设置有弹簧停车功能。该功能相关按钮有：停放制动按钮 SB99（SB100）、停放缓解按钮 SB107（SB108），均为自复位按钮。

（1）停放制动按钮：机车进入"停放制动"状态，"停放制动"指示灯亮。

（2）停放缓解按钮：机车退出"停放制动"状态，"停放制动"指示灯灭。

8. 无人警惕控制

（1）机车运行时，如果司机出现打瞌睡、离岗或因紧急伤病等情况丧失操控能力时，无人警惕功能将主动实施停车，保证行车安全。该功能通过 TCMS 来实施，并在操纵台上设有声光报警和信息提示，直至实施惩罚制动。

（2）当机车速度≥3 km/h，并且司机控制器的换向手柄离开零位，60 s 内如果司机没有操纵任何复位开关，司机室的语音箱开始发出"无人警惕"的语音报警，微机显示屏同时进行无人警惕预警提示。如果再经过 10 s 仍没有施加任何无人警惕复位指令，TCMS 会发出惩罚制动指令，机车实施最大常用制动。

（3）操纵端司机室的下列任一操作均可复位无人警惕功能：

① 操纵警惕开关：包括警惕按钮 SB95（SB96）和警惕脚踏开关 SA101（SA102）；

② 操纵高音风笛按钮 SB81（SB82）、SB85（SB86）；

③ 操纵低音风笛脚踏开关 SA85（SA86）；

④ 操纵撒砂脚踏开关 SA83（SA84）；

⑤ 司控器的级位转换；

⑥ 制动阀手柄的移动。

任务 3.3　HXD_{3D} 型电力机车驾驶之机车操作

优秀校友——"火车头"奖章获得者

刘嘉鑫

全国铁路职业技能竞赛第一名

学习寄语

千里之行，始于足下。从入路的第一天起，刘嘉鑫就把"纸上得来终觉浅，绝知此事要躬行"作为自己的座右铭，把理论与实际的工作相结合，积累经验。工作的实践让他深知如果没有扎实的基础，一切都是空谈，不能只浮在表面，要扎扎实实地去学习、反反复复地实践操作才会有收获。工作三年多，有些倔强的他一直用实际行动说话，在学习中探索，在探索中拔高。

HXD_{3D} 型电力机车驾驶之机车操作

布置任务

（1）了解 HXD_{3D} 型电力机车升弓控制。

（2）了解 HXD_{3D} 型电力机车合主断控制。

（3）掌握 HXD_{3D} 型电力机车各辅机起动操作。

填写学习任务单，如表 3-3 所示。

表 3-3 学习任务单

任务 3.3	HXD_{3D}型电力机车驾驶之机车操作	
学习小组	姓名	

- 学习任务（1）HXD$_{3D}$型电力机车升弓控制

- 学习任务（2）HXD$_{3D}$型电力机车合主断控制

- 学习任务（3）HXD$_{3D}$型电力机车各辅机起动操作

相关资料》

3.3.1 升弓、合主断控制

1. 升弓控制

进入控制界面下的受电弓预选择界面，界面中共有 4 种受电弓预选模式，通过操作相应的预选模式来控制高压隔离开关，可以完成受电弓的预选。对于单机运行，受电弓的选择完全按预选开关的设定模式进行选择。受电弓预选开关一旦设定，就成为默认模式，司机不需要每次上车后再做重新选定。如果需要改变受电弓的升弓模式，应该在降弓状态下进行更改。

确认控制电器柜上的 CI 试验开关 SA75 在"正常"位，将受电弓扳键开关 SB41（SB42）置"升"位一次，如果机车辅助风缸压力低于 480 kPa，即压力开关 KP58 在断开状态，则机车辅助压缩机自动开始打风。待风压达到 735 kPa 时，辅助压缩机停止打风，将受电弓扳键开关 SB41（SB42）置"降"位一次后，再次置"升"位一次，受电弓升起；如果压力开关 KP58 在闭合状态，则受电弓直接升起。当受电弓升起后，操作台上的网压表 PV1（PV2）可显示当前原边网压，同时微机显示屏上也有原边网压显示和受电弓升起指示。

注意：当辅助风缸压力不满足升弓要求时，也可在发出升弓指令之前，直接到空气管路柜前按下辅压机按钮 SB97，使 KMC1 闭合，辅助压缩机 U80 直接起动，对辅助风缸进行打风。

2. 合主断控制

将主断路器扳键开关 SB43（SB44）置"合"位一次，可听到主断路器闭合声，此时操纵台上的状态模块显示灯"主断分"灯灭，微机显示屏上同时显示主断闭合。

3.3.2　各辅机起动

1. 定频定压辅助变流器的起动及对应辅机的供电

主断路器闭合后，辅助变流器 APU2 采用软起动方式投入运行，并以定频定压方式向空气压缩机、油泵、水泵、车体通风机、列供风机、辅助加热等装置开始供电。电源装置 PSU 检测到 DC 750 V 直流输入电压后，自动起动，向机车提供 DC 110 V 控制电源。

压缩机设定为间歇运行模式，将压缩机扳键开关 SB45（SB46）置"合"位，当总风缸压力低于（680±20）kPa 时，机车两台压缩机依次起动，投入工作；当总风缸压力低于（750±20）kPa 时，只有非操纵端压缩机投入工作（即Ⅰ端为操纵端时，空压机 2 工作；Ⅱ端为操纵端时，空压机 1 工作）；当总风缸压力升至（900±20）kPa 时，压缩机自动停止工作。将压缩机扳键开关置"强泵"位，两台压缩机依次起动，此时不受总风缸压力开关的控制；待总风缸压力升至（950±20）kPa 时，高压安全阀动作并连续排气，此时应停止压缩机工作，将扳键开关扳离"强泵"位。

注意：压缩机的工作方式分为间歇式和连续式两种模式，通过微机显示屏进入"数据输入"界面，输入密码后再进入"其他设置"界面，可进行压缩机模式选择。间歇式为压缩机的常规运行模式；连续式模式主要是为了防止压缩机机油乳化、压缩机频繁起动等问题的发生，在间歇运行模式的基础上，增加压缩机的空载运行功能。压缩机空载运行时只进行内部循环，不再向总风缸进行供风。

2. 变频变压辅助变流器 APU1 的起动控制

1）APU1、APU2 均正常时

机车升弓合主断后，APU2 软起动，工作在 50 Hz 定频定压工况，APU1 根据"APU1 模式选择"开关的设定工作在某一工况。

"APU1 模式选择"开关从"数据输入"→"其他设置"界面下进行操作。开关设置有"正常"、"25 Hz"和"50 Hz"三个位置。

"正常"：按照正常模式进行 APU1 的 VVVF 模式控制，即 APU1 根据牵引电机温度、变压器温度、变流器冷却液温度共同控制，输出频率为 0、25 Hz、33 Hz、50 Hz。不再受控于换向手柄、调速手柄级位和列供投入。

"25 Hz"：此模式下 APU1 固定输出 25 Hz 频率。

"50 IIz"：此模式下 APU1 固定输出 50 IIz 频率。

2）APU1、APU2 任意一组故障时

APU1、APU2 任意一组故障时，另一组工作在 50 Hz 定频定压工况。

3. 试验低压电源柜单元选择功能

将电源装置 PSU 面板的单元选择开关 SW1 由"自动"位打到"单元 1"，此时充电单元 1 工作，观察面板上的电压值和充电电流值，应在正常允许范围内。再由"单元 1"打至"单元 2"，此时充电单元 2 工作，观察面板上的电压输出值和充电电流值，应在正常允许范围内。最后将 SW1 打至"自动"位，此时单元 1 和单元 2 均投入工作。

4. 客车供电空载试验

机车安装有两台列车供电装置，用于牵引客车，需对机车 DC 600 V 电源系统进行空载输出确认：

（1）每台列供柜含 A/B 两组微机，并通过操纵台上的"列供 1 A/B 组转换"和"列供 2 A/B 组转换"开关来进行选择。

（2）将"列供 1 A/B 组转换"开关和"列供 2 A/B 组转换"开关分别打至"A"位；将集控器故障隔离开关打至"隔离"位。

（3）升弓，合主断，辅助变流器 APU1/APU2 投入运行。

（4）闭合操纵端列车供电钥匙 SA105（SA106），确认微机显示屏指示的供电电压为 DC（600±30）V。

（5）A 组试验完毕后，再将两个转换开关打至"B"位进行试验，试验步骤同上。

（6）试验完毕后，将集控器故障隔离开关打至"运行"位，将"列供 1 A/B 组转换"和"列供 2A/B 组转换"开关均打至"0"位。

任务 3.4 HXD$_{3D}$ 型电力机车驾驶之列车操纵

优秀校友——"火车头"奖章获得者	
 房振	 全路机辆系统职业技能竞赛中取得第二名
学习寄语	
房振始终以谨慎、负责的态度对待各项工作，遇到问题认真归纳深入分析，总结出多种优秀作业方式。在检修作业时，他牢牢把控受电弓检修各项关键工序，工作以来发现并处理相关疑难问题十余起。在科技创新上，他积极主动参与班组 QC 与小工具制作，设计制作的顶盖运载车获得专利，在全路机辆系统职业技能竞赛中取得第二名的好成绩。	

HXD$_{3D}$型电力机车驾驶之列车操纵

布置任务 》

（1）了解 HXD$_{3D}$ 型电力机车操纵注意事项。

（2）了解 HXD$_{3D}$ 型电力机车操纵前的准备。

（3）掌握 HXD$_{3D}$ 型电力机车操纵方法。

填写学习任务单，如表 3-4 所示。

表 3-4　学习任务单

任务 3.4	HXD$_{3D}$型电力机车驾驶之列车操纵	
学习小组	姓名	

● 学习任务（1）HXD$_{3D}$型电力机车操纵注意事项

● 学习任务（2）HXD$_{3D}$型电力机车操纵前的准备

● 学习任务（3）HXD$_{3D}$型电力机车操纵方法

相关资料》

3.4.1　机车操纵注意事项

1. 机车起动前需确认事项

（1）弹簧储能制动处于缓解状态。

（2）总风缸压力达 750 kPa 以上。

（3）空气制动处于缓解状态（但在坡道起动等特殊情况下，也可先施加起动牵引力，再缓解空气制动）。

（4）接触网电压在 17.5～31.5 kV 之间，控制电压为 110 V。

（5）辅助变流器机组工作正常，无故障。

2. 司机控制器调速手柄的操作

（1）司机控制器调速手柄从"0"位往"牵引"区转动时必须按下手柄头部的联锁按钮，如图 3-4 所示。调速手柄从"0"位向"制动"区转动时不存在此联锁。将调速手柄推向牵引区域，机车进入牵引工况，调速手柄可在*～1～17 级位范围内任意选择，机车遵循该级位的牵引特性曲线，实现恒力矩准恒速特性控制。将调速手柄推向制动区域，机车进入制动工况，调速手柄可在*～1～10 级位范围内任意选择，机车遵循该级位的制动特性曲线，实现恒力矩特性控制。

（2）列车起动时，提、回手柄必须在"1"位稍作停留后，再进行相应操纵。

特别注意事项：

① 运行时提手柄要根据本列车速度对应的级位，设置手柄位置，防止牵引力过大，产生冲动或超速。

② 回手柄时，必须在"1"位稍作停留再回"0"位。手柄回零后，司机必须进行确认，

120

防止手柄位置错误造成电阻制动。

3. 机车换端操纵时的注意事项

（1）机车换端操纵时，大闸置"全制"位停留，确认制动管减压 170 kPa 后，将大闸置"重联"位，将重联锁闭销插入，单阀置"运转"位，换向手柄置"0"位，如图3-5 所示。关闭操纵台各扳键开关。换端后操纵端小闸置"全制"位，大闸在"抑制"位停留 1 s 后移回"运转"位，确认均衡风缸、列车管压力恢复定压，换向手柄置"前牵"位。

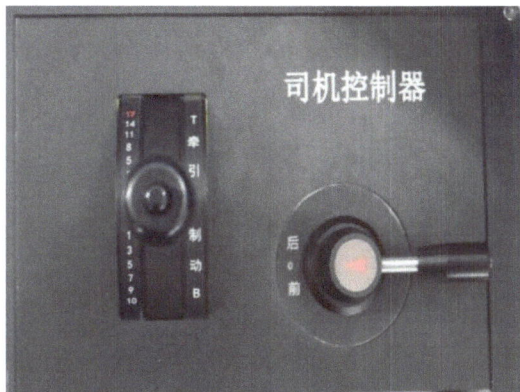

图 3-4　主手柄头部联锁按钮

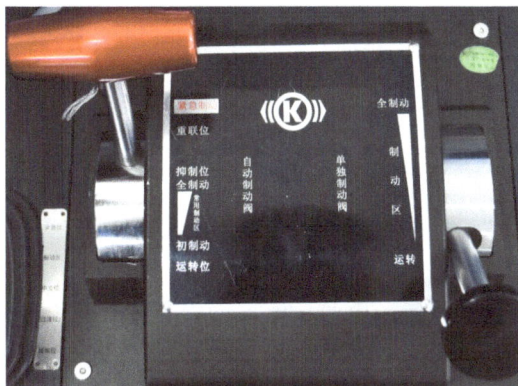

图 3-5　大闸置"全制"位，单阀置"运转"位

（2）机车设置停车位置按钮，便于在不断主断、不降弓的状态下进行换端操作。进入"停车位置"状态的前提是：

① 操纵端司机室被设定；

② 受电弓升起，主断闭合；

③ 主司机控制器置"0"位；

④ 机车速度为零；

⑤ 机车一切正常。

满足以上条件时，按下"停车位置"按钮，机车进入"停车位置"模式。机车在"停车位置"工况下具备以下特点：

① TCMS 自动投入弹停制动；

② 机车牵引变流器禁止功率输出；

③ 机车定频定压的辅助变流器继续保持运行；

④ TCMS 将发出升双弓的指令，机车升起双弓，满足司机换端要求。

在 3 min 内，司机钥匙可以拔出，TCMS 继续保持换端工况下的运行模式。当司机进入另一司机室，插入钥匙，并打至"合"位，此时司机按下"停车位置"按钮，可解除"停车位置"模式，机车自动选择后弓，另一个弓自动降下，弹停制动仍然保留，需要司机手动解除。如果 3 min 内，司机没有进行换端操作，超过规定时间后，TCMS 发出断主断和降弓指令，机车进入切断司机钥匙的状态。

3.4.2　机车起动前的准备

将所有柜门关闭上锁，绿色钥匙全部插入机车钥匙箱，才可拔出黄色钥匙；黄色钥匙插入到高压接地开关上，才可使高压接地开关打至正常运行位，蓝色钥匙才可拔出，完成高压安全联锁；将蓝色钥匙插入空气制动柜内的升弓钥匙阀 U99，旋转钥匙开启升弓气路（此时该钥匙将无法取出），为机车升弓做好准备。

将低压电源柜上单元选择开关 SW1 置"自动"位，依次闭合低压电源柜中蓄电池自动开关 QA61，该柜上的控制电压表显示电压应大于 96 V，再将其他与机车运行相关的自动开关闭合，机车各类开关打至正常运行位，做好控制电路的试验准备。

注意：正常情况下，直流加热开关 QA60 和低温预热开关 QA71 不允许闭合，否则会对被加热设备造成损害，还有可能引起蓄电池亏电。仅当环境温度过低，机车各系统由于低温无法正常起动时，才闭合直流加热开关 QA60 及低温预热开关 QA71。同时闭合交流预热用自动开关 QA72，此时机车使用蓄电池对机车电源装置 PSU、TCMS 微机、APU1 及 APU2 预热。当机车可以正常起动并可以正常升弓、合主断后，机车就转由交流 110 V 电源对整车进行低温加热。

1. 机车网侧高压绝缘检测

机车出库前的检测：将司机钥匙置"0"位，并将升弓钥匙阀 U99 处的升弓蓝色钥匙拔出，插入 6A 柜内绝缘监测模块钥匙处，旋转至"开"位，绝缘检测装置起动，电源指示灯、运行指示灯显示为绿色，并开始自检。自检完成后，自检指示灯（黄灯）闪烁后熄灭。

如网侧电路带电，装置上行的外网有电指示灯（红色）常亮，此时不能进行绝缘检测。如网侧电路不带电，按下"出库检测"按钮，试验开始，检测装置开始对机车网侧高压进行绝缘检测，此时绝缘检测指示灯（红色）闪烁。绝缘检测部件在绝缘检测完毕后，如绝缘正常，绝缘检测指示灯（红色）熄灭，并将检测结果送给司机室音视频显示终端显示；如不正常，绝缘检测指示灯（红色）常亮，并以蜂鸣音提示，并将检测结果送给司机室音视频显示终端显示。

2. 机车运行途中的检测

遇机车在运行途中发生弓网故障，需要检测机车网侧高压绝缘状况时，需要在主断路器断开，受电弓降下后，将司机钥匙置"0"位，并将升弓钥匙阀 U99 处的升弓蓝色钥匙拔出，插入 6A 柜内绝缘监测模块钥匙处，旋转至"开"位，绝缘检测装置起动，电源指示灯、运行指示灯显示为绿色，并开始自检。自检完成后，自检指示灯（黄灯）闪烁后熄灭。

如网侧电路带电，装置上行的外网有电指示灯（红色）常亮，此时不能进行绝缘检测。如网侧电路不带电，按下"运行检测"按钮，试验开始，检测装置开始对机车网侧高压进行绝缘检测，此时绝缘检测指示灯（红色）闪烁。绝缘检测部件在绝缘检测完毕后，如绝缘正常，绝缘检测指示灯（红色）熄灭，并将检测结果送给司机室音视频显示终端显示；如不正常，绝缘检测指示灯（红色）常亮，并以蜂鸣音提示，并将检测结果送给司机室音视频显示终端显示。

将司机钥匙插入操纵台上的司机电钥匙开关 SA49（SA50）处，并转至"合"位，机车操纵端即被设定。操纵台上的微机显示屏 PD41（PD42）为全触屏式，主屏界面可显示原边电压、原边电流、控制电压、机车牵引/制动力、列车供电电压/电流、司控器级位、机车速度等状态信息；主屏的右下方显示主断分/合、机车运行方向、受电弓、无人警惕等状态信息，并且还显示导向信息，当需要进行一些操作时，可通过导向信息的提示进行操作；主屏的左下方为故障显示区，当机车出现故障时，该区域可显示各类故障信息，当同时出现多个故障时，优先显示故障等级高的故障，同等级故障时显示最先发生的故障。如故障解除，故障信息立即消失。通过点击显示屏上相应的软按键，可进入其他状态界面，如机车信息界面、控制界面、空气制动系统界面、过程数据界面、数据输入界面、维护测试界面、事件履历界面等，可查看机车各电气设备的详细状态信息和故障状态信息。状态指示灯经过自检后，如果一切状态正常，只有"微机正常"和"主断分"灯亮，表示机车已准备就绪。

注意： 机车操纵端一旦设定，即使另一端的电钥匙也打到"合"位，其操作也会判定为无效，先插入钥匙端的司机室仍为操纵端。

3. 机车静态试验

机车静态下，可仿真机车牵引、电制动性能和其他相关动作试验。

1）主断路器分合试验

将控制电器柜上 SA75 开关打至"试验"位，在风压满足要求的状态下，将操纵端主断路器扳键开关 SB43（SB44）置"合"位，主断路器闭合，此时操纵台上的状态模块显示灯"主断分"灭，微机显示屏上同时也显示主断闭合。将操纵端主断路器扳键开关 SB43（SB44）置"分"位，主断路器应断开，此时操纵台上的状态模块显示灯"主断分"亮，微机显示屏上同时也显示主断分断。

2）牵引变流器静态模拟试验

将 SA75 开关打至"试验"位，进入微机显示屏"过程数据"→"牵引/制动力"界面下，使司控器调速手柄在牵引模式下由零级位逐级增加，直至最高级位 17 级，通过微机显示屏确认随着输出级位的增大，每个牵引变流器输出的牵引力也在逐级加大，直至达到最大值 70 kN。

司控器调速手柄移至制动区域，观察状态显示模块上电制动灯亮。通过微机显示屏进入控制界面下的隔离界面，确认可以实施变流器和辅助变流器的隔离与恢复。

3）其他静态试验

SA75 开关在"正常"位下，进入微机显示屏维护测试界面。试验界面出现"主司控器试验"、"起动试验"、"零级位试验"、"辅助电源试验"、"显示灯试验"、"无人警惕试验"和"轮缘润滑试验"等试验项目。依次点击试验项目，分别按照显示屏提示信息进行。如某项试验通过，则进行下一项试验。

3.4.3　机车起动

1. 机车起动前需确认事项

（1）弹簧储能制动处于缓解状态。

（2）总风缸压力达 750 kPa 以上。

（3）空气制动处于缓解状态（但在坡道起动等特殊情况下，也可先施加起动牵引力，再缓解空气制动）。

（4）接触网电压在 17.5～31.5 kV，控制电压为 110 V。

（5）辅助变流器机组工作正常，无故障。

2. 司机控制器换向手柄的操作

将司机控制器换向手柄打至"向前"或"向后"位，辅助电源装置 APU1 根据变压器油温度、变流器冷却液温度、牵引电机温度的共同控制投入工作，牵引电机用通风机及复合冷却器用通风机均采用软起动方式开始工作在相应的频率，同时，主变流器的充电接触器、工作接触器相继转为起动状态。

3. 司机控制器调速手柄的操作

司机控制器调速手柄从"0"位往"牵引"区转动时，必须按下手柄头部的联锁按钮；手柄从"0"位向"制动"区转动时，不存在此联锁。将司机控制器调速手柄推向牵引区域，机车进入牵引工况，调速手柄可在*～1～17级位范围内任意选择，机车遵循该级位的牵引特性曲线，实现恒力矩准恒速特性控制。将司机控制器调速手柄推向制动区域，机车进入制动工况，调速手柄可在*～1～10级位范围内任意选择，机车遵循该级位的制动特性曲线，实现恒力矩特性控制。

4. 列车供电柜投入工作的操作

列车供电柜输出 DC 600 V 电源时需满足以下条件：

（1）将"列供1A/B组转换"开关和"列供2A/B组转换"开关分别打至"A"位或"B"位。

（2）机车与客车通信正常：供电允许、客车电源、客车申请等信号正常，即操纵台状态模块上供电允许、客车电源、客车申请状态指示灯亮。

（3）机车升弓、合主断正常，且APU工作正常，并发出允许供电柜工作信号；操纵台上列车供电钥匙SA105（SA106）打至"合"位。

满足以上条件后，机车向列车送出 DC 600 V 电源，在微机显示屏主界面上可以观察到列供柜1和列供柜2的供电电压、供电电流等信息。进入"数据过程"→"列车供电"界面，可以观察到列供柜1和列供柜2的工作状态、输入输出电压，输入输出电流、列供系统累计送出的电能等信息。

注意：当进行换端操纵机车时，换端前需将"列供 1 A/B 组转换"开关和"列供 2 A/B组转换"开关打至"0"位。

3.4.4 机车的准恒速运行

（1）机车根据调速手柄的位置设定目标速度，按照准恒速特性来控制。

（2）机车从速度范围的最低值开始运行，输出牵引力达到目标速度。

（3）当机车速度接近设定的目标速度范围时，机车牵引力自动减小。

（4）当机车速度达到目标速度时，机车牵引力降为0。

① 当线路条件发生变化，机车的速度降低时，机车开始再次牵引，以维持目标速度。

② 当机车进入下坡线路时，机车的速度上升，此时需将调速手柄回"0"位，并采取必要的措施，通过司机控制器或者自动制动阀控制器，施加制动力以调整机车速度。

3.4.5 动力制动操作

（1）动力制动和空气制动不应同时作用于机车上。

（2）当机车以一定的速度运行在下坡道或需要抑制机车速度时，司机应及时使用动力制动。

（3）司机控制器调速手柄从"0"位推到制动区域，动力制动开始作用。当机车实施动力制动时，操纵台上的电制动指示灯亮。

（4）机车具有恒制动力的电气制动特性,每个制动级位对应着一个固定的动力制动力值,但不超过该速度下的最大动力制动力。

（5）机车具有空电联合投入与隔离功能及电空互锁功能，通过微机显示屏进行模式选择。

① 空电联合投入功能：机车自动制动阀手柄实施常用制动时，机车实施动力制动，后面的车辆实施空气制动。电制动力可以通过不同方式获得（自动制动阀手柄或司控器调速手柄），数值较高者有效。如果此时动力制动失效，机车按照列车管减压量实施空气制动。当速度≤5 km/h 时，机车实施空气制动。

② 空电联合隔离功能：机车自动制动阀手柄实施常用制动时，机车实施空气制动，后面的车辆实施空气制动；当司机通过司控器调速手柄追加动力制动时，机车实施动力制动，机车空气制动缓解，制动缸没有压力。

③ 电空互锁模式：机车实施动力制动时，司机可以通过单独制动阀手柄使机车产生空气制动，当机车制动缸压力超过 90 kPa 时，动力制动被切除。当司机先通过单独制动阀手柄施加空气制动，在机车制动缸压力达到 90 kPa 后，追加动力制动，动力制动无法投入。

3.4.6 定速控制操作

当机车速度大于等于 15 km/h，且机车未实施空气制动时，按下操纵端定速按钮 SB69（SB70）后，当前的机车运行速度被认定为"目标速度"，机车进入"定速控制"状态。

机车定速模式下运行时，TCMS 将根据定速模式下的牵引电制动特性，自动控制机车在牵引或电制动工况下运行，并实现牵引工况和电制动工况的自动转换。

以下操作可以使机车退出"定速控制"状态：司控器调速手柄级位变化超过一个级位；再次按下定速按钮 SB69（SB70）。

3.4.7 通过分相区操作

机车可以采用三种方式通过分相区：全自动方式、半自动方式和手动方式。微机显示屏对全自动方式和半自动方式进行信息显示。

1. 全自动方式

机车安装自动过分相装置才能以此方式过分相区。该装置通过检测地面埋设的信号来判断分相区的位置，并将处理后的信号传送给 TCMS，由 TCMS 自动完成过分相区时的减载、断主断和合主断动作，并自动恢复到过分相区前的运行工况。

2. 半自动方式

当机车接近分相区时，将司控器手柄回零，按下半自动过分相按钮 SB67（SB68），TCMS 自动断主断。待机车通过分相区后，TCMS 重新检测到网压后，自动合主断，司机操纵司控器加载，继续维持机车运行。

3. 手动方式

当机车接近分相区时，司机手动执行卸载、分主断操作。待机车通过分相区后，手动执行合主断、加载等操作。

3.4.8 警惕操作

机车设置有警惕功能，以实现在司机出现打瞌睡、离岗或因紧急伤病等情况丧失操控能力时，自动实施惩罚制动，保证机车安全运行。

当机车速度≥3 km/h，并且司机控制器的换向手柄不在零位时，无人警惕功能被激活。

（1）无人警惕按钮、警惕脚踏开关、撒砂开关、高音风笛按钮、低音脚踏开关、电笛按钮、主司控器级位、EBV（包括自阀、单阀）状态变化都可复位无人警惕功能。

（2）无人警惕报警间隔周期为60 s，报警时间为10 s，报警结束后机车将实施惩罚全制动；如果在60 s时间内，司机无相应的复位操作，警惕功能将点亮警惕指示灯，并同时音视频显示终端进行声音报警，10 s后实施惩罚制动。在机车实施惩罚制动前，司机均可复位警惕功能。

（3）显示屏上设有无人警惕状态显示：

无动作：黑色；

计时开始：绿色；

计时40 s后：黄色闪烁；

报警开始：红色闪烁；

报警10 s后：红色，同时输出惩罚制动。

机车因警惕动作而实施惩罚制动后，微机显示屏将进行提示，同时TCMS记录相关信息。

无人警惕具有隔离功能，通过进入微机显示屏控制菜单下隔离界面的软开关隔离（需输入密码），TCMS记录故障信息（无人警惕隔离）；无人警惕通过隔离开关恢复时，TCMS记录故障信息（无人警惕投入）。

无人警惕具有静态测试功能，当机车处于静态时，按动"无人警惕测试"按钮后，系统将进入测试模式。测试模式具备无人警惕的所有功能。

3.4.9　结束运行操作

运行结束、离开机车前需完成以下操作：

（1）将主控制器的调速手柄和换向手柄置"0"位。

（2）断开主断路器，降弓。

（3）将司机钥匙开关置"0"位，确认机车实施停放制动。

（4）关闭操纵台上所有扳键，取下司机钥匙。

（5）将自动制动阀手柄（自阀）置"重联"位，并插好固定销；将单独制动阀手柄（单阀）置"运转"位。

（6）关掉低压电源柜的蓄电池自动开关QA61。

3.4.10　其他操纵

机车无火回送操纵方法具体如下。

1）车上操作

（1）单独制动阀手柄置"运转"位，自动制动阀手柄置"重联"位，如图3-6所示。

（2）制动系统断电，断开电源开关QA50，如图3-7所示。

（3）将EPCP模块上无火回送塞门转到"投入"位，如图3-8所示。

（4）关闭塞门A10（Ⅰ、Ⅱ风缸间）。

（5）排放总风缸空气至压力为250～300 kPa。

（6）关闭停放制动控制塞门B40.06，应有排风现象。

图 3-6　单阀"运转"位，自阀"重联"位

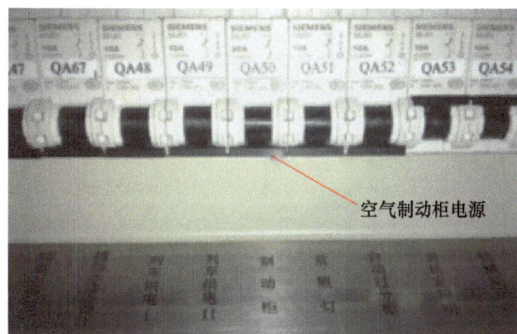

空气制动柜电源

图 3-7　断开电源开关 QA50

图 3-8　无火回送塞门转到"投入"位

2）车下操作

（1）开放端部平均管塞门（两端共 4 个）。

（2）连接制动软管，缓慢开放折角塞门，等待制动管压力升至定压。

（3）确认停放指示器为红色，制动指示器为绿色，手动缓解停放制动，并确认夹钳已缓解。

（4）本务机车进行制动与缓解操作，并确认无火机车与本务机车制动状态一致。

注意：如果无火机车后连接客车车辆，还需要连接总风重联管（客车供风管），开放折角塞门，等待总风缸压力升至 600 kPa（此时关闭 A10 Ⅰ、Ⅱ 风缸间塞门）。

① 安装位置：机车第一、三轴右侧和四、六轴左侧共安装有 4 个弹簧停车装置。

② 缓解方法：将缓解扳键向外扳动并保持 3 s。

操作方法：

① 先在操纵台手动投入弹簧停车，操作台显示停车制动灯亮。

② 关闭弹簧停车模块上的弹簧停车塞门，自动制动阀和单独制动阀置"运转"位。

③ 到车下手动缓解弹簧停车制动（将弹簧停车制动风缸上的拉杆用力往外拉，听到响声后即可），共 4 处（一、三轴和四、六轴共 4 个），解除后确认闸瓦缓解状态；操作完成后操纵台弹停红灯不会熄灭，并且车下"蓄能制动牌"显示红色，属正常。

注意：闸瓦间隙需手动检查，并确保人身安全。

任务 3.5　HXD_{3D}型电力机车应急故障处理

接触网断线		
	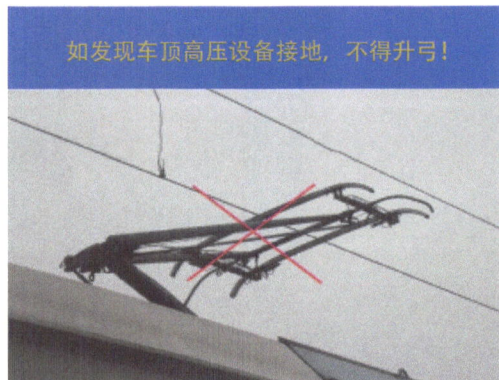 如发现车顶高压设备接地，不得升弓！	
事故经过	2018年2月24日14时09分，某段机车乘务员值乘SS₈-100号机车牵引京广线1627次列车，运行至武汉铁路局京广线大刘庄站—驻马店站之间K879+665处，因弓网故障停车，引起接触网跳闸，造成烧断接触网导线。	
事故原因	SS₈-100号机车牵引1627次列车运行至大刘庄—驻马店间K879+520处时，机车高压互感器爆裂喷油接地，造成接触网停电，司机在未发现高压互感器短路接地的情况下，盲目升弓，烧断接触网导线。	
安全提示	司机应按照现场的新标准进行规范操作，发现车顶高压设备接地时不得升弓。	

HXD_{3D}型电力机车应急故障处理

布置任务

（1）了解HXD_{3D}型电力机车应急故障处理时的注意事项。

（2）认识HXD_{3D}型电力机车常用切除功能基本操作。

（3）掌握HXD_{3D}型电力机车应急故障处理办法。

填写学习任务单，如表3-5所示。

表3-5　学习任务单

任务 3.5	HXD₃D型电力机车应急故障处理	
学习小组	姓名	

● 学习任务（1）HXD₃D型电力机车应急故障处理时的注意事项

● 学习任务（2）HXD₃D型电力机车常用切除功能基本操作

● 学习任务（3）HXD₃D型电力机车应急故障处理办法

相关资料

3.5.1　应急故障处理时的注意事项

（1）故障处理前，必须将主手柄及换向手柄回"0"位，断开主断路器。

（2）机车在运行途中断开下列开关或断路器均会造成机车惩罚制动：

① 电钥匙开关 SA49（SA50）；

② 微机控制1、2自动开关 QA41（QA42）；

③ 制动系统电源开关 QA50；

④ 司机控制1、2自动开关 QA43（QA44）；

⑤ 机车控制自动开关 QA45；

⑥ 蓄电池自动开关 QA61；

⑦ 制动系统的控制电源 QA69。

（3）人为断开蓄电池自动开关 QA61 后，再重新闭合需要间隔 60 s 以上。

（4）确认需要断开蓄电池自动开关 QA61 之前，正确处理好监控装置的操作。

（5）遇接触网停电或长时间处理故障时，应将不影响行车控制及安全的其他辅助脱扣断开，关闭不必要的用电设备以减小耗电量，并注意控制蓄电池电量的消耗情况。当电压下降至 88 V 时，应及时联系相关部门指导处理。

3.5.2　常用切除功能操作方法

1）切除故障 CI 及 APU 的方法

在微机显示屏的列车信息界面，点击"控制"图标进入控制界面，点击"隔离"图标，进入主、辅变流器的切除和投入界面，如图3-9所示。

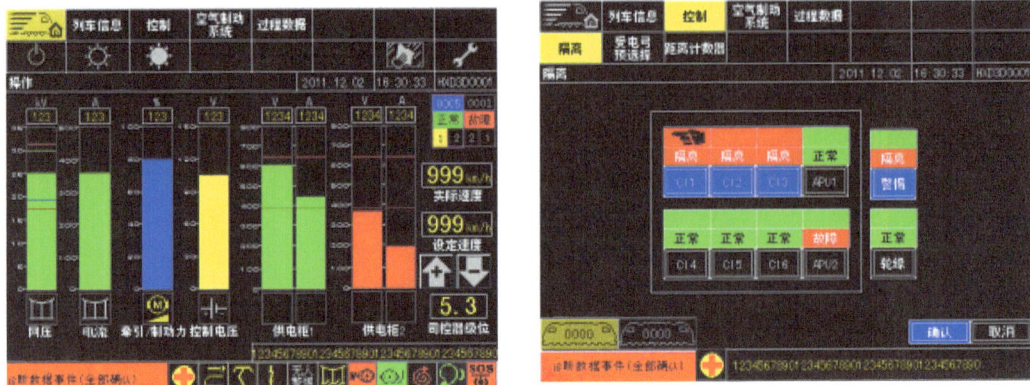

图 3-9　点击"控制"图标进入控制界面

2）切除故障受电弓的方法

在微机显示屏的列车信息界面，点击"控制"图标进入控制界面，点击"受电弓预选择"图标，进行受电弓升弓选择，如图 3-10 所示。

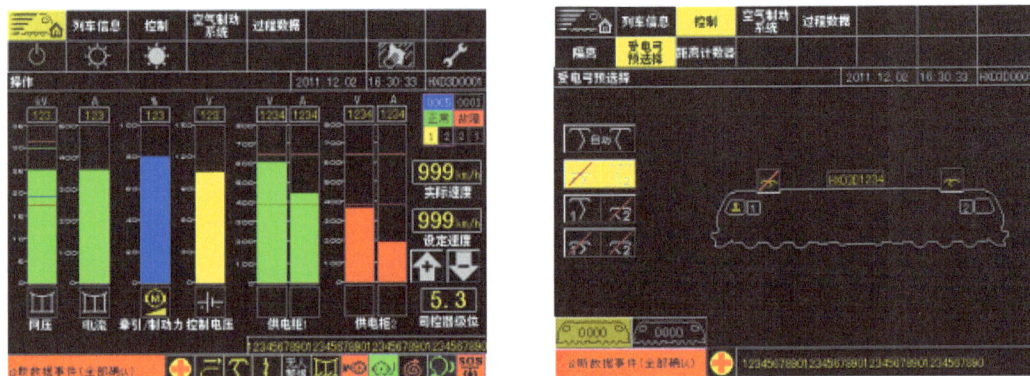

图 3-10　点击"受电弓预选择"图标，进行受电弓升弓选择

3）切除故障 PSU 单元的方法

（1）当一组 PSU 故障时，TCMS 会自动转换另一组工作。

（2）如不能自动转换，须人为转换手动扳键切换到另一组工作，如图 3-11 所示。

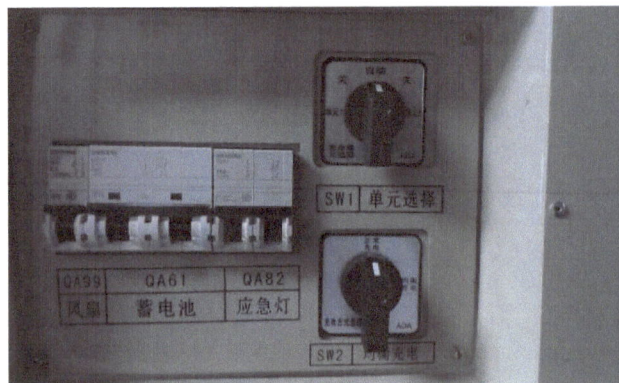

图 3-11　不能自动转换，须手动扳键切换

4）备用制动阀手柄

备用空气制动系统为纯空气制动系统，只在电空制动系统出现故障时使用。备用空气制动由备用制动阀进行操纵，备用制动阀具有"缓解"位、"中立"位、"制动"位、"紧急制动"位。手柄向前推为常用制动或紧急作用，手柄向后拉为缓解作用，如图3-12所示。

图3-12　备用制动阀手柄

3.5.3　空气备用制动投入操作方法

（1）切断CCBⅡ制动系统的控制电源QA69。

（2）将司机室内的备用制动转换塞门AB1或AB2打至"备用"位（与阀体垂直）。

（3）打开平均管塞门排空压缩空气，然后关闭平均管塞门（确认机车制动缸能够缓解）。

（4）将备用制动阀手柄置"缓解"位，列车管开始充风缓解。

操作步骤如图3-13所示。

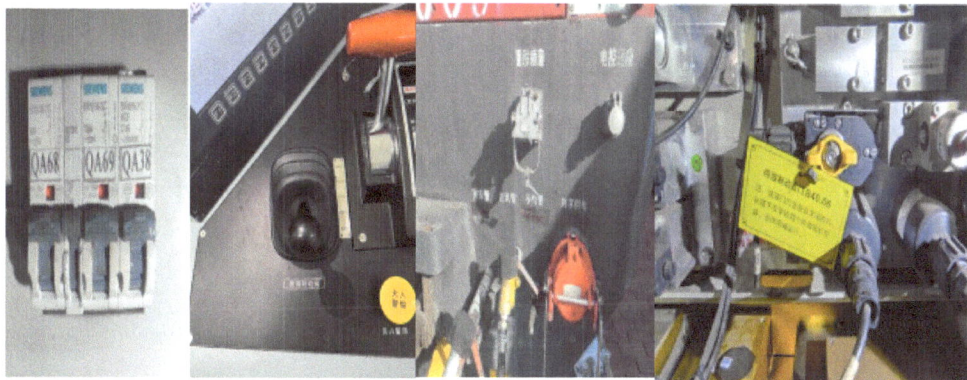

图3-13　空气备用制动投入的操作步骤

注意：在转换过程中，应做好防溜，避免机车溜车。当机车由CCBⅡ空气制动模式转入备用空气制动模式后，机车可以继续牵引和实施电制动，同时机车微机显示屏的故障履历中会记录机车备用空气制动投入信息。

3.5.4　闭合蓄电池自动开关QA61时的注意事项

（1）在闭合蓄电池自动开关QA61时，应注意接地自动开关QA59是否跳开，如跳开，说明控制回路有接地现象，必须排除故障。

（2）机车电钥匙必须在闭合蓄电池自动开关 QA61 后，再插上并打到"合"位，以免影响微机控制程序，造成其他故障出现。

3.5.5 受电弓无法升起故障处理

（1）确认总风塞门 A24 在开启位，如图 3-14 所示。

（2）检查总风缸压力表或控制风缸压力表，如风压低于 480 kPa 时，使用辅助压缩机泵风至 735 kPa，如图 3-15 所示。

图 3-14 总风塞门 A24

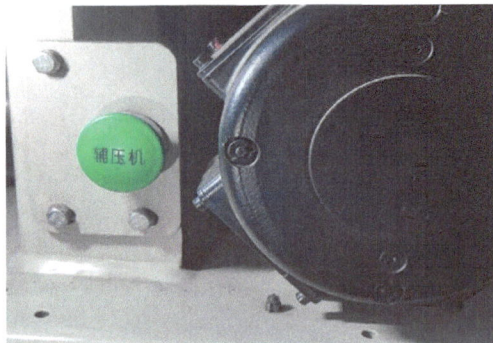

图 3-15 辅助压缩机按钮

（3）蓝钥匙应处于垂直位，如图 3-16 所示，确认空制状态栏受电弓栏变为绿色正常位。

（4）升弓控制塞门打至阀体平行位置，如图 3-17 所示。

图 3-16 蓝钥匙处于垂直位

图 3-17 阀体平行位置

（5）受电弓预选位置不应在 1、2 弓隔离位。

检查压力开关是否动作，通过 TCMS 确认（在信号信息界面查看 448 或 449 线是否得电，正常时受电弓升起后为断电），若压力表上有 350 kPa 左右压力时多为压力开关故障，应急时可将插头拔下维持运行（注：拔下插头后该弓会出现不能隔离现象）；如仍升不起弓，则换弓运行。

检查升弓电磁阀状态，同时确认升弓阀板压力风表有无压力显示（图 3-18），应急时可手动顺时针旋转升弓节流阀人为增大进风量；如仍无显示，多为电磁阀或车顶快排阀故障，换弓运行。处理升弓节流阀后，司机回段必须提票处理。

图 3-18　升弓阀板压力风表

3.5.6　受电弓无法降下故障处理

降不下弓主要是升弓电磁阀没有失电，或者是升弓电磁阀没有将受电弓里的风排出。一般情况下，可将管路柜上的蓝色钥匙转 90°，将钥匙拔出，受电弓即可降下。但也有降不下弓的时候，即使断了蓄电池总开关后，受电弓也降不下来，这时应是升弓电磁阀卡滞了，受电弓里面的排风通路堵死使之无法排出。

解决办法：用木柄等硬物敲击升弓电磁阀，能听到电磁阀排风声音，受电弓就可降下。如为电气问题，在微机显示屏上查看 451（452）线颜色状态，在降弓开关 514（614）线颜色变绿后，451（452）线如果是绿色，说明微机故障，在条件允许的情况下，可进行一次"大复位"，如还存在故障则可能是微机故障。

检查 4 个机车重联插座，确保插头内无水等导电物质且干净。如有导电物质，会将插座内部分插针非正常导通，可能会使机车处于重联状态，各种指令不受控制。

3.5.7　运行途中受电弓非正常降下跳主断故障处理

（1）立即停车，检查弓网状态。确认控制电源柜上网侧电压开关 QA1 在"闭合"位，通过电度表确认有无感应网压，并利用 6A 车顶高压绝缘检测装置对车顶绝缘进行试验，如图 3-19 所示。

（2）满足再次升弓条件时，操作控制电源柜上"受电弓预选"开关（图 3-20），隔离故障受电弓，升起另一受电弓，维持运行。

图 3-19　QA1 应在"闭合"位（左）、绝缘试验（右）

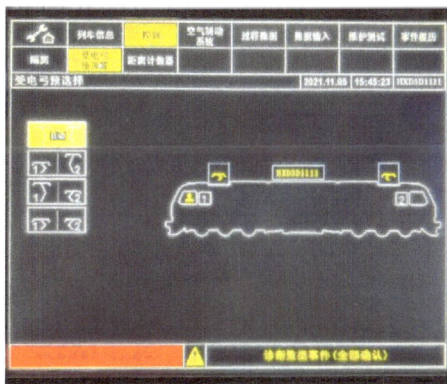

图 3-20　"受电弓预选"开关

（3）有条件时，检查压力开关是否动作，通过 TCMS 确认（在信号信息界面查看 448 或 449 线是否得电，正常时受电弓升起后为断电）。若压力表上有 350 kPa 左右压力时，多为压力开关故障，应急时可将插头拔下维持运行（注：拔下插头后该弓会出现不能隔离现象）；如仍升不起弓，则换弓运行。

3.5.8　主断路器合不上故障处理

（1）合主断前确认司机控制器调速手柄处于"0"位，如图 3-21 所示。

（2）观察在故障显示屏是否出现故障提示（图 3-22），例如主变压器温度过高、主变压器压力释放阀动作、原边过电流引起继电器 KC1 动作等，若出现相应的提示则需要把故障问题处理后再闭合主断。

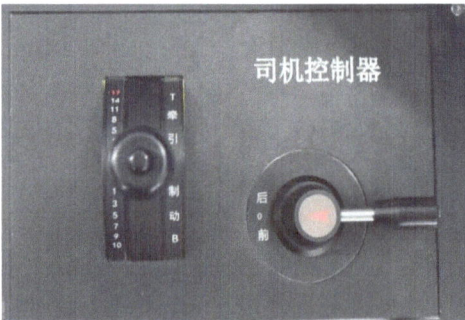

图 3-21　司机控制器调速手柄处于"0"位

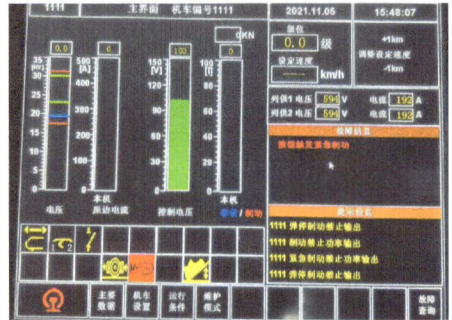

图 3-22　故障显示屏

（3）确认制动显示屏左上方是否显示"动力切除"提示（图 3-23），如有提示则检查两室"紧急停车"按钮，确保在"弹起"位。

（4）检查控制电源柜上 CI 试验开关 SA75 是否在"0"位。

（5）检查总风缸或控制风缸压力，还可通过 TCMS 信号信息界面观察 812 线是否得电（正常时 812 线应失电），如压力低于 480 kPa 时，可使用辅助压缩机打风。

（6）如风压高于 650 kPa，还不能闭合主断，应急时可将压力开关 KP58 插头拔下，再闭合主断，运行中密切关注风压。

（7）确认半自动过分相按钮 SB67（SB68）、自动过分相装置试验按钮（自复式）在"弹起"位，如图 3-24 所示。如自动过分相装置故障，关闭电源，手动过分相。

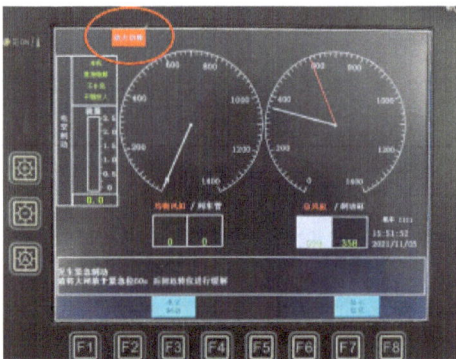

图 3-23　制动显示屏

图 3-24　自动过分相装置试验按钮

（8）自动过分相后主断合不上，采用手动合主断。

（9）确认主、辅库用开关处于"正常"位，可扳动进行复位几次，如图3-25所示。

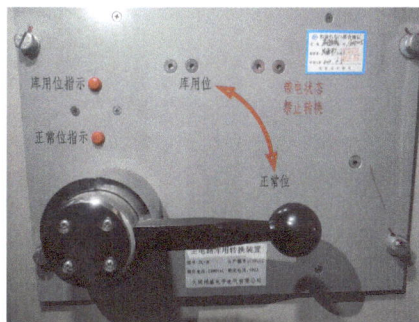

图3-25　确认主、辅库用开关处于"正常"位

（10）如按上述方法处理后主断仍不能闭合，如条件允许则维持进站，采用"大复位"的方法处理。

3.5.9　主断合上后立即断开故障处理

主断合上后立即断开，主要是分主断信号送入到微机中，使微机发出主断分命令，应检查以下各项：

（1）检查网压应高于17.2 kV、低于35 kV，如图3-26所示。

（2）检查主断合、分开关，应无机械裂损、卡滞现象。

（3）检查微机显示屏，如报故障则按相应故障处理，如图3-27所示。

图3-26　网压表

（4）检查主断压力开关 KP58 位置及其连线（图3-28），812线应为黑色。

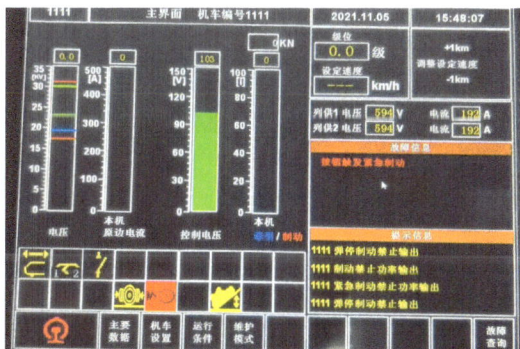

图3-27　微机显示屏报故障

图3-28　主断压力开关 KP58

（5）检查库内 CI 试验开关 SA75 位置（图3-29）及434线是否为黑色。

（6）检查主变压力释放阀 KP62 位置（图3-30）及441线是否为黑色，定期检查灵活性，并及时清理周边的油污等污物。

图 3-29　库内 CI 试验开关 SA75

图 3-30　主变压力释放阀 KP62

（7）检查接地开关 QS10 位置及 549 线是否为绿色。

（8）检查高压隔离开关 QS1、QS2 位置及 427、428 线颜色。两个开关应在"运用"位，427、428 线应为黑色。

（9）检查主电路库用开关 QS3、QS4（图 3-31）位置及 542、642 线是否为黑色。

（10）检查辅机库用接触器 KM10（图 3-32）位置及 432 线是否为黑色。

（11）检查原边过流继电器 KC1（图 3-33）位置及 435 线是否为黑色。

（12）关闭自动过分相设备。

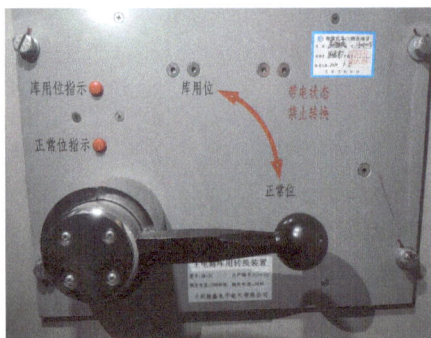

图 3-31　主电路库用开关 QS3、QS4

图 3-32　辅机库用接触器 KM10

图 3-33　原边过流继电器 KC1

（13）在微机显示屏上查看确认主变压器温度，不应超过 105 ℃。

（14）检查紧急制动开关位置及 806 线是否为黑色。

（15）按"复位"键后，能合上主断，提手柄后即跳主断，这时微机显示屏会显示故障，应将相应的故障部件（如 CI1 等）切除，再按"复位"键，合主断，主断就能合上。

（16）检查布赫继电器是否有 Ⅰ／Ⅱ 级报警，634、644 线是否为黑色。如途中Ⅱ级报警，可打开排气阀排气，直到有新油流出后，关闭阀门，并按压"复位"按钮，一次达不到复位的可多次按压按钮，确认 634、644 线为黑色后，即能合上主断。Ⅰ级报警在屏幕上有显示，Ⅱ级报警跳主断。

（17）列供发出跳主断指令，切除相应的列供柜。

3.5.10　主断断不开故障处理

运行中主断断不开，可采取降弓过分相方法。第一次如果来不及，可能要带电过分相。第二次过分相前，可采取断风源方法，即将管路柜上 U43.14 塞门关闭，或是用木柄轻击微机柜内 VCB-ON 中间继电器，如能断开，则继续运行；如还不能断开，则采取机车最轻载过分相方法。具体方法是：

在过分相前，主手柄回零，手动切除 APU1、APU2，可降弓过分相，也可不降弓过分相，具体由各机务段自行决定。过完分相后恢复 APU1、APU2，使机车维持运行。在主断断不开时，主断灯继续显示红色以及 VCB-ON 中间继电器吸合，说明微机没有送出断主断的指令，是微机的原因，在适当的站停时间内，对机车进行"大复位"，主断断不开现象可能消失。

如 VCB-ON 中间继电器是断开状态，说明是主断主触头粘连，这时无论怎样处理也没有办法，只能带电过分相或降弓过分相，维持机车运行。如果主断一直断不开，不要急于断蓄电池，要立即查找故障，蓄电池断开后，故障有可能会消失，不利于故障的查找。主断断不开故障可能是主断故障，也可能是微机故障。

检查 4 个机车重联插座，确保插头内无水等导电物质且干净，如图 3-34 所示。

图 3-34　机车重联插座

3.5.11　主断异常故障处理

报主断异常是由于微机没有收到主断正常的主断辅助触点信号。逻辑设定：主断闭合后，主断辅助触点闭合，431 线给出高电平信号，在微机显示屏能查看到 431 线是绿色；主断断开，主断辅助触点也断开，431 线给出低电平信号，431 线是黑色，如图 3-35 所示。

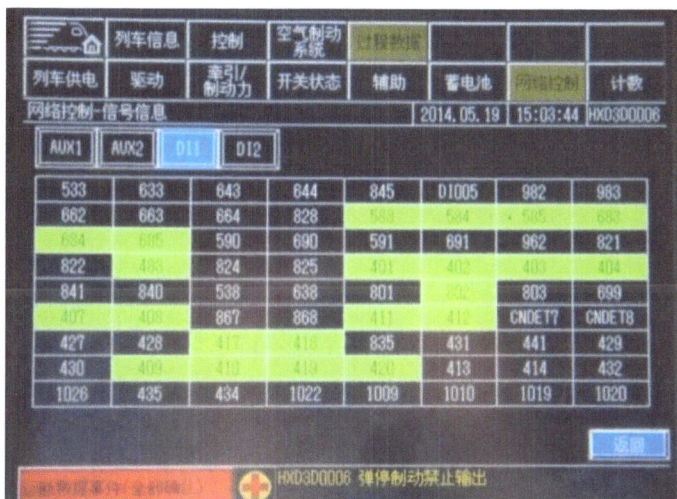

图 3-35　TCMS 网络控制界面

主断异常有两种情况：第一种是机车行车时，一直报主断异常，只有在过分相断开主断时，或人为断开主断时才不报故障。这种情况是微机一直没有收到431线的高电平信号，情况有两种可能：一是传输信号的线路断了；二是主断故障，即主断辅助触头故障。线路查找简单办法是测量连接主断插头的355线，如不带110 V电，是此前的355线路故障；如有110 V电，短接355与431线，如微机显示屏中431线变绿色，说明431线路正常；当短接431线时，微机显示屏中431线没有变绿，仍然是黑色时，说明此处到微机的431线路有故障。当短接355与431线时，微机显示屏中431线变绿色，说明主断故障。

第二种是机车正常行车时，不报故障，在过分相时，或断开主断时，才报故障。故障也有两种情况：一是线路短路了，在431线路中串入了110 V的电源；二是主断故障，辅助触点一直闭合，431线一直给微机送出主断闭合的信号。查找方法同上。

3.5.12　DC 110 V电源装置PSU不工作故障处理

（1）观察充电装置实际工作是否正常，若不影响机车正常充电，则可维持运行，回段后再做相应处理。

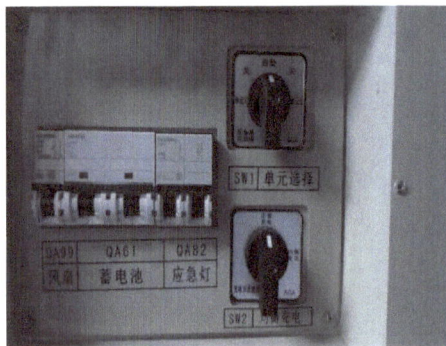

（2）断主断，确认QA47、QA67、QA63是否跳开，也可重新闭合QA47、QA67、QA63后再合主断，观察控制电压显示110 V且不下降后，继续运行。

（3）PSU装有单元转换开关：

① 断主断。

② 将电源柜单元选择开关SW1打至"单元1"或"单元2"运行，如图3-36所示。

③ 合主断，观察控制电压显示110 V且不下降后，继续运行。

图3-36　单元选择开关SW1

（4）经转换如果两组充电装置都不工作，采用"大复位"处理。

3.5.13　提主手柄无牵引力输出故障处理

（1）确认总风缸压力应在600 kPa以上，"停车制动"按钮灯灭。

（2）牵引变流器控制单元MPU1～6中，保证1台以上运转正常。

（3）制动显示屏如有"动力切除"显示（图3-37），确认非操纵端大闸是否在"重联"位，无人警惕装置是否动作。

（4）制动显示屏如显示"惩罚制动"时（图3-38），大闸置"抑制"位1 s，待惩罚制动消除后，继续运行。

（5）进入微机显示屏的"过程数据"界面中"辅助"栏确认各风机、油泵、水泵起动是否完毕（图3-39）。确认风机全部起动后，按压"微机复位"按钮后再提手柄。还可通过微机显示屏开关状态确认KM11、KM12是否吸合。KM11不吸合，切除APU1；KM12不吸合，切除APU2。

（6）如上述方法处理无效，应急时可将KP60插头拔下，重新提手柄试验，如图3-40所示。

（7）如过分相后，加载无牵引力，可将主手柄回"0"位后重新加载，但要注意手柄的级位与机车速度是否相符。

（8）上述处理无效，则停车采取断电"大复位"的办法处理。

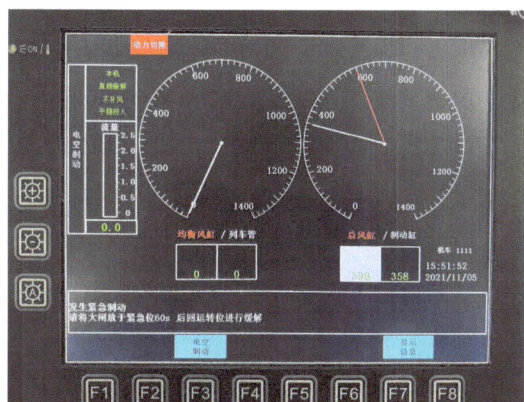

图 3-37　制动显示屏

图 3-38　显示"惩罚制动"时

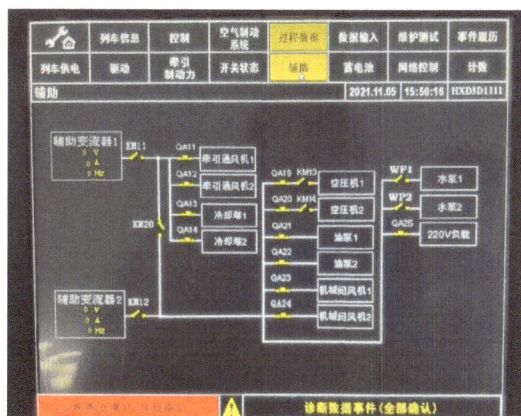

图 3-39　微机显示屏的"过程数据"界面

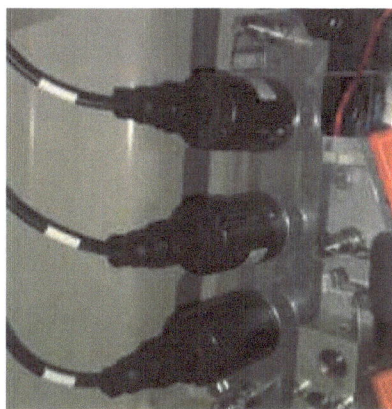

图 3-40　KP60 插头

3.5.14　空压机不工作故障处理

空压机分为两种工作模式：间歇式模式，同其他直流机车工作方式相同；连续式模式，主要是为了防止空压机机油乳化而设计，当空压机需要频繁起动（如牵引客车需要大量风源）或发生轻微的机油乳化现象时，可以操作微机显示屏将空压机设置为连续工作模式。连续工作模式可以有效减少由于空压机频繁起动造成对电机及机头的损害，同时可以减缓空压机机油乳化现象。连续式模式最主要的一个特点就是：空压机打满风后，不停机，而是继续工作 20 min，但总风压力不会升高。

（1）自动不打风时，改用手动打风，维持机车运行。

（2）自动、手动均不打风时，查看空气压缩机自动开关 QA19、QA20 状态，应为闭合状态，如图 3-41 所示。

（3）检查空压机油位是否正常，空压机有

图 3-41　空气压缩机自动开关 QA19、QA20

无漏油，以及温度是否过热。

（4）初次起动时，在寒冷地带，由于气温过低，空压机不会起动，要用低温预热对空压机进行加热，当温度达到要求时，空压机才会起动。

当以上检查均正常时，要对电气信号进行检查，具体如下。

（1）手动闭合强泵扳键开关，在微机显示屏中查看461、462线颜色状态，应依次变为绿色。如是黑色，说明微机没有给出让空压机工作的指令，没有满足空压机工作条件。

（2）查看417、419、418、420线颜色状态，应为绿色。417线为Ⅰ空压机低温保护信号，419线为Ⅰ空压机温度、压力保护信号，418线为Ⅱ空压机低温保护信号，420线为Ⅱ空压机温度、压力保护信号。如颜色状态为黑色，则应处理相应的故障。首先应检查空压机上的温度、压力开关的接线、插头，看是否接触牢靠。

（3）如以上均正常，可以手动按压微机柜内的 COMP1 或 COMP2 中间继电器，如能打风，按照各自机务段要求处理，基本判定为微机故障，机车回段后更换微机。如不能打风，机车进行一次"大复位"，"大复位"后还不能打风，寻求救援。

（4）如空压机运行正常，只是不打风，时间在 20 min 内，可能是将空压机设置为连续模式导致，可继续运用，也可更改为间歇模式，空压机即能打风。如果超过 20 min 还是不打风，则是微机没有输出 445（446）线高电平信号或是线路断了。此时查找相应的线路，如线路正常则更换微机，更换微机还不能正常打风，则更换微机继电器输出板。

为防止损坏辅助空压机，TCMS 自动控制辅助空压机运行时间不超过 10 min，再次投入工作需间隔 20 min。

3.5.15 机车中、高速运行时严重抖动故障处理

当机车从低速运行到中速时，或机车在高速时，突然抖动严重，可立即将手柄回零。如手柄回零后抖动消失，机车正常，这时再提手柄到相同级位，查看 6 个电机的牵引力矩，如其中一个力矩特别大，说明电机转速信号中断，是电机速度传感器故障或是连接插头松动，或是线路断裂。这时切除故障 CI，机车再次加载，抖动就会消失，机车可维持运行。

3.5.16 辅助回路接地故障处理

HXD$_{3D}$ 型电力机车对辅助接地在程序方面进行了优化，当出现辅助回路一点接地时，微机显示屏会报故障，但机车不会跳主断，机车可维持运行。查找接地方法：逐个断开各辅机空气开关，断开时，接地故障消失，则故障点就是断开的那个辅机。故障找出后，按具体情况处理。

3.5.17 主变压器原边过流故障处理

机车在运行中出现主变过流并跳主断，这时要查看故障记录，根据不同的故障记录，做出不同的处理。

原边电流在 300～400 A 之间，可合一次主断。合主断时，观察网压，如无异常，可提手柄继续运行。当出现多次跳主断，并且每次都能合上主断，机车都能运行时，故障点为原边过流继电器 KC1。原因是：KC1 没有达到 800 A 时动作。处理方法：打开控制电器柜后面方形的盖门，将 KC1 的旋钮调至最大超过 12（10 对应是 800 A），并用木柄轻轻振动 KC1，目

的是让触头间隙大一点，或拆除 435 线，做好绝缘处理，就是切除保护功能。此种方法需要司机格外注意观察机车，防止故障扩大，可维持机车运行。

原边电流在 800 A 以上，说明原边过流继电器 KC1 保护动作（图 3-42），可合一次主断，提手柄。如正常，观察运行；如合主断就跳，或提手柄就跳，说明原边电路存在问题，寻求救援。

原边电流在 10 A 以下跳主断，可再合一次主断，在合主断的同时观察网压。如在主断合上的

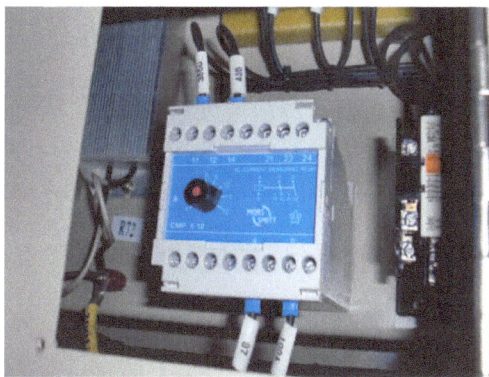

图 3-42　原边过流继电器 KC1

瞬间，网压由正常变为 0，并且跳主断，然后网压又由 0 变为正常，说明原边在合主断的时候短路，使供电网接地并保护断电，2 s 后电网又自动恢复供电。

3.5.18　空压机打风排风不止故障处理

空压机打风排风不止分两种情况：一是刚打风就排风，二是风打到 900 kPa 左右时排风不止。

刚打风就排风多是干燥器故障，具体是干燥器上的电控阀故障或是排泄阀故障。处理办法是将相对应的空压机空气自动开关断开，使用一台空压机维持运行。

打风到 900 kPa 左右时排风不止，故障一般为安全阀故障。处理办法是手动控制风压低于 900 kPa，或将故障安全阀相对应的空压机空气自动开关断开，使用一台空压机维持运行。

3.5.19　油泵故障处理

当两个油泵有一个故障时，先断合几次故障油泵的空气自动开关，如能恢复继续运行，411、412 线正常应为绿色。如仍有故障，TCMS 检测到信号后会自动将相应的三组变流器隔离，即切除一个转向架的动力。当出现这种故障时，牵引、电制动力将降低一半。

3.5.20　油流继电器故障处理

当出现油流继电器故障后，主变流器 CI 检测到信号后会自动将相应的三组变流器隔离，即切除一个转向架的动力，538、638 线正常应为绿色。如两个油泵正常运转，可将Ⅱ号端子柜中的 538（XT71-34）与 355（XT71-6）线短接；可将Ⅰ号端子柜中的 638（XT63-80）与 355（XT62-11）线短接（油泵Ⅰ线号是 538，油泵Ⅱ线号是 638），短接后应注意观察油泵的运行情况，经常检查，用手触判断两个复合冷却器的油温，机车可维持运行。

3.5.21　牵引风机故障处理

当一组风机故障时，可断合几次相应的空气自动开关，同时 TCMS 会自动将相应的三组变流器的 CI 切除，即切除一个转向架的动力。当出现这种故障时，牵引、电制动力将降低一半，401、402 线正常应为绿色。

3.5.22　复合冷却器风机故障处理

当一组复合冷却器风机故障时，可断合几次相应的空气自动开关，同时 TCMS 会自动将相应的三组变流器的 CI 切除，即切除一个转向架的动力。当出现这种故障时，牵引、电制动力将降低一半，407、408 线正常应为绿色。

3.5.23　微机显示屏报牵引电机过流、PG 输出异常故障处理

运行中牵引电机发生过流时，微机显示屏显示故障。如不跳主断，将司控器主手柄回"0"位，按"复位"按钮，再提手柄就正常了。如跳主断，应将司控器主手柄回"0"位，按"复位"按钮，合主断，如能合上主断，手柄能提到位，观察牵引电机牵引力，如正常说明故障消除。如合不上主断，或是提手柄后就跳主断，应立即隔离对应的变流器 CI，按"复位"按钮，然后才能合上主断，提手柄机车有部分的牵引力，机车可维持运行。在前方站停时，检查电机输出端和自由端的温度，如正常可继续运行；如异常则要确定电机轴承状态。运行中出现 PG 输出异常，将相对应的 CI 隔离，机车可维持运行。

3.5.24　机车行驶中，停车制动红灯亮起、无动力输出故障处理

此种故障是弹停制动信号被输入到 TCMS 中，由 TCMS 发出禁止动力输出。这时已经没有动力输出了，应停车检查。

可能是风路问题，检查弹停风管有无漏风，如漏风，可将制动柜上的 B40.06 塞门关闭，手动缓解车下 4 个弹停机构，即切除停车制动，弹停制动、缓解送入微机信号正常，机车可继续运行。

如弹停机构工作正常，只是红灯亮起，经检查确认后，可将Ⅱ号端子柜内的 835 与 899 线短接（短接要可靠），弹停指示灯灭，机车可继续运行。

注意：关闭制动柜上的 B40.06 塞门，在按"缓解"按钮后，停车制动指示灯会熄灭，机车能够加载。但机车运行时，一、三、四、六轮还是上的弹停，可能会擦伤，机车动车时一定要注意！

3.5.25　按压停放制动按钮不能制动、按压停放缓解按钮不能缓解故障处理

当按压停放制动按钮不能制动、按压停放缓解按钮不能缓解时，要检查操纵端的按钮机械性能，电气触点 3、4 点及 851、852 线的通断情况，按下时变绿，松开时变黑。如颜色不受按钮控制，一定要检查确认非操纵端的按钮情况。如停放制动按钮粘连，停放制动能缓解，但不能制动，只有断蓄电池后才能制动；如停放缓解按钮粘连，只要机车停放制动一次，机车就不会缓解，机车就不能加载。

3.5.26　不撒砂或打换向手柄后一直撒砂故障处理

不撒砂，总风压力在 750 kPa 以上时，确认制动柜上 F41.02 塞门处于"开启"位，如图 3-43 所示。换向手柄置"向前"或"向后"位，脚踩撒砂脚踏开关，正常时能听到电磁阀吸合的声音，并有空气流动声音。如电磁阀没有吸合，查看 803 线，应得电为绿色。如是黑色，则为脚踏开关故障或 803 线路断路。如 803 线是绿色，502、602、504、604 线中其中一个

是绿色，查看810（820）线颜色：如810（820）线是黑色，则是微机故障，需更换微机；如810（820）线是绿色，说明微机正常输出，检查微机下面的SAND1/SAND2中间继电器状态及810（820）线路、撒砂电磁阀。如撒砂风路、电路正常，而且撒砂管出砂口有风，说明砂箱下面的撒砂阀故障或砂路被异物堵住，拆下撒砂阀并清理周围异物，如图3-44所示。

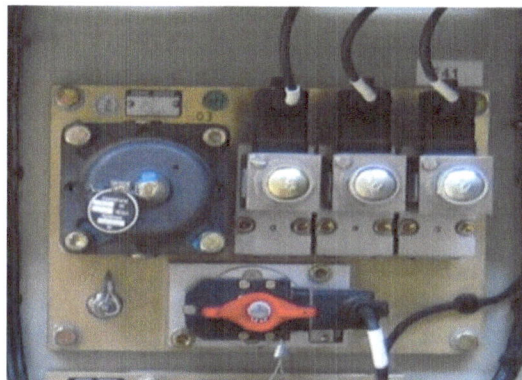

图3-43　制动柜上F41.02塞门

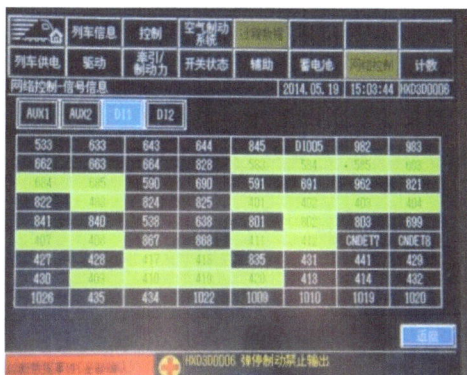

图3-44　电磁阀

打换向手柄后一直撒砂，说明撒砂受微机控制，查看803线，如803线为绿色，则查找脚踏开关是否粘连或803线是否短接了110 V正电源。如803线是黑色，则是微机故障，需更换微机。机车在运行时，可将制动柜上F41.02塞门关闭，需要撒砂时，再适时开启此阀，维持机车运行，如图3-45所示。

图3-45　TCMS相关显示

3.5.27　警惕装置故障处理、检查

警惕功能是当机车速度≥3 km/h，并且司机控制器的换向手柄不在零位时，无人警惕功能被激活。无人警惕按钮、警惕脚踏开关、撒砂开关、鸣笛按钮、主司控器级位、EBV（包括大闸、小闸）状态变化都可复位无人警惕功能。无人警惕报警间隔周期为60 s，报警时间为10 s，报警结束后机车将实施惩罚全制动。如果在60 s时间内，司机无相应的复位操作，警惕功能将点亮警惕指示灯（微机显示屏右上角），并同时语音箱发声进行声音（播报"无人警惕"）报警，10 s后实施惩罚制动。在机车实施惩罚制动停车前，司机可根据各段规定复位

警惕功能。机车在运行中警惕装置出现故障，根据各段规定进行切除。

机车回段后，主要检查无人警惕按钮、警惕脚踏开关是否粘连，尤其是警惕脚踏开关。经厂家测算，此开关要在一年时进行解体检查并更换部分配件，才能保证正常使用。脚踏开关控制 531、631 线颜色，正常为黑色，踩下时为绿色。多次快、慢踩下，快、慢松开，观察 531、631 线颜色，如出现一次颜色无变化，即说明脚踏开关故障。如 531 或 631 线一直得电为绿色，就相当于警惕装置一直没有操作，操作警惕按钮、警惕脚踏开关也是没有作用的，直至产生惩罚制动、停车。其中，无人警惕按钮线号是 521、621。

3.5.28　110 V 充电装量 PSU1、PSU2 故障处理

（1）PSU 有两组，正常时同时工作，当有一组出现故障，微机会自动转换。

（2）若微机没有自动转换，则到电源柜处将面板上单元选择开关 SW1 置"单元 1"或"单元 2"位，如图 3-46 所示。

（3）如两组 PSU 转换无效，仍然不能充电，机车可短时间维持运行至前方站，但要随时观察控制电压，不应低于 77 V，88 V 报警，77 V 全车断电。在站停时对机车进行"大复位"，"大复位"后若充电装置正常，则继续运用；如仍有故障，寻求救援。

（4）PSU 故障时，可以查看微机显示屏的辅助电源界面，检查 PSU1、PSU2 状态，红色为故障，绿色为运转正常，黑色为未使用，如图 3-47 所示。

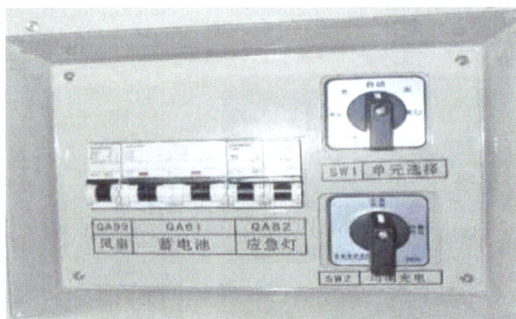

图 3-46　单元选择开关 SW1　　　　图 3-47　PSU1、PSU2 状态

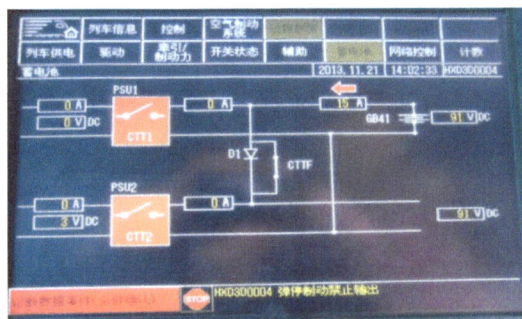

（5）充电装置工作正常，充电柜上的电压表低于操纵台上电压表指示值，说明蓄电池亏电，可在微机显示屏上查看蓄电池界面，上面有电压的数值显示，长时间升弓充电可解决蓄电池亏电问题。当解决不了问题时，要检查蓄电池性能，必要时进行均衡充电或更换蓄电池。

3.5.29　列供电故障处理

（1）当列供电集控无输出时，改用强供，即将扭子开关打到"隔离"位，如有输出，机车可继续运行，回段机车报修。

（2）两个供电柜 A 组无输出时，改用 B 组，如有输出，机车可继续运行，回段机车报修。

（3）当出现列供故障时，除查找列供柜外，还应查找机车问题。列供一直无输出，要查找电钥匙机械性能及触点导通情况、线路通断情况。主要查找电钥匙的 3、4 点及 1065、1066 线的通断情况，以及电钥匙 1、2 点及 1044 线的通断情况。如列供供电正常，微机显示屏报列供Ⅰ或列供Ⅱ故障，则要查找电钥匙的 3、4 点及 522、622 线的通断情况。

3.5.30　制动显示屏 LCDM 故障处理

（1）不影响制动机能时，可通过观察机械表维持运行。

（2）打开操纵台左边柜门，检查制动显示屏后通信插头插接状态（图 3-48），显示屏仍无法恢复，维持运行。

（3）制动显示屏亮但无指针显示时，检查制动显示屏分线盒插头是否脱落，如图 3-49所示。

图 3-48　制动显示屏后通信插头

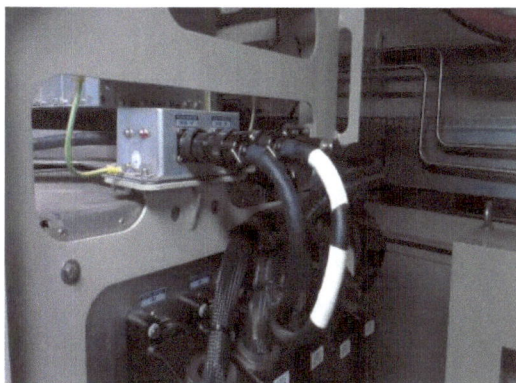

图 3-49　制动显示屏分线盒插头

（4）以上处理无效时，采取"大复位"的方法处理。

（5）有条件时，可将前后端显示屏倒换。更换完成后，按以下方法设置：

按 F7"显示信息"键，再按 F3"机车号"键，使用 F4 键将光标移动到机车号最后一个字母下方（Ⅰ端为 A，Ⅱ端为 B），然后按 F1"递增"键，使车号及字母与 TCMS 的"Ⅰ、Ⅱ端"匹配，再按 F6"接受"键，按 F8"退出"键，最后确认显示屏右下方新设置的 A/B端正确。

防止弓网事故"十二"禁止

（1）弓网安全是大事，严格执行无小事。

（2）带病出库是隐患，感应网压是凭证。

（3）低于五百不升弓，严禁运行升双弓。

（4）运行待开开电空，跳闸通知后升弓。

（5）升弓好了合主断，严禁带电过分相。

（6）办理停电须验电，挂好地线再作业。

（7）库内站场有八跨，停车不停禁停处。

（8）值乘电力要注意，附挂运行要求多。

（9）二位以后禁升弓，本务内燃不升弓。

（10）调车作业进出库，附挂机车不升弓。

防弓网故障的措施：

（1）加强后部瞭望：除站前、站后及分相前、分相后须后部瞭望外，每个区间至少瞭望两次。

（2）充分利用监控视频：认真且频繁确认受电弓状态。

（3）采取措施果断：发现受电弓、接触网异状时及时采取正确措施，宁可错停误停也不盲目运行。

（4）运行中司机要加强接触网的瞭望确认，发现接触网摆动大或失压时，要及时降弓并采取停车措施。万吨组合列车，主控机车司机发现接触网摆动大或失压时，要及时降弓并采取初制动停车；从控机车司机发现接触网摆动大或失压时，要及时降弓并通知主控机车司机采取停车措施，待接触网恢复正常后再开车。起车过程中，学习司机须进行后部瞭望，密切注意弓网状态，发现拉弧立即汇报司机；司机须根据情况果断采取措施，杜绝烧网事故的发生。

发生弓网故障后汇报程序、方式、内容：

（1）汇报程序：弓网故障发生后，立即停车。检查完毕后 5 min 内必须做出初步判断，确认弓网设备损坏程度和具体部件。本务（如万吨列车后小列机车发生弓网故障）机车司机应立即向就近车站、列车调度员、机务值班室及行管干部做详细汇报。

（2）汇报方式：利用车载列车无线调度电话、区间通话柱或是手机等一切通信设备及时上报，任何人不得延误和中断上报。

（3）汇报内容：

① 发生弓网故障的机车、司机、车次、时间、区间公里标。

② 弓网故障概况及原因的初步判断。

③ 受电弓、接触网的损坏情况，是否需上车顶处理。

④ 如果需要上车顶时，及时向就近车站请求停电命令。

⑤ 司机判断弓网故障后，发现妨碍邻线时，应按《技规》（普速铁路部分）第293条的规定对邻线进行防护。

防车辆伤害"八牢记"

（1）横越线路必须严格执行"一站、二看（确认左右侧无车）、三确认（呼唤）、四通过（手比），垂直穿越"制度，严禁在移动中的机车车辆前方抢越线路。

（2）横越有机车车辆停留的线路时，必须先确认机车车辆暂不移动，然后在距该机车车辆10 m以外绕行。不准从两停留车距离小于3 m的天窗处穿越。

（3）遇必须横越列车车辆时，严禁钻车，应先确认列车车辆暂不移动，从机车司机室处要抓紧蹬稳，并注意邻线有无机车车辆运行。

（4）沿线路行走时，严禁走道心、轨枕木和侵入限界。横越线路时不准脚踏钢轨面、道岔连接杆、尖轨、可动心辙叉等处所。严禁扒乘机车车辆和以车代步。

（5）乘务员在邻近正线整备作业时，必须加强瞭望，注意来往车辆，必要时一人作业一人防护。

（6）严禁在钢轨上、轨枕头、车底下、道心、车端部、站台边站立、坐卧，以及避风、雨、雪或乘凉。

（7）上、下机车须面向机车，站稳抓牢，稳上稳下，防止滑跌。

（8）禁止跨越地沟，禁止跳下、爬上地沟或站台。

模块 4
机车乘务员一次乘务作业

简介

机车乘务员一次乘务作业

　　我国《铁路机车操作规则》(简称《操规》)第一条指出机车乘务员是铁路运输的主要技术工种,担负着驾驶机车、维护列车安全正点的责任。为使机车乘务员操纵列车规范化、标准化,特制定《操规》。

　　同时机车乘务员和各级机务管理人员必须认真学习和严格执行本规则的规定,树立良好的职业道德,做到遵章守纪、爱护机车、平稳操纵、安全正点。同时还应采用先进的科学技术手段,逐步实现机车运行远程监控,完善机车操纵运行信息分析,配备模拟驾驶装置,加强日常培训,规范和提高机车乘务员操纵水平。铁路局集团公司按规则制定了作业标准,也要定期组织检查。

任务 4.1　段内作业

"毛泽东号"——领跑时代的火车头

蒸汽机车 304 号被命名为"毛泽东号"

HXD$_{3D}$ 型 1893 号电力机车被命名为"毛泽东号"

"毛泽东号"机车精神
★★★
报效祖国　忠于职守
艰苦奋斗　勇当先锋

学习寄语

　　1946 年，为了支援解放战争，缓解铁路运输运力不足的困难，哈尔滨机务段的工人们在中国共产党的领导下，开展了"死机复活"运动。1946 年 10 月，在哈尔滨机务段的肇东站，经过 27 个昼夜奋战，终于抢修出了一台蒸汽机车。经当时上级批准同意，这台机车被命名为"毛泽东号"。

　　2014 年 7 月 1 日起，安全行驶 954 万 km 后，"毛泽东号"蒸汽机车正式告别货运历史。于当年 12 月 12 日换型 HXD$_{3D}$ 型 1893 号电力机车，12 月 25 日起牵引北京—长沙 T1 次旅客列车，加入客运的运输行列。

段内作业之出勤

段内作业之接车整备

布置任务

（1）了解机车乘务员待乘的注意事项。
（2）认识机车乘务员出勤作业。
（3）掌握机车乘务员接车及整备作业。
填写学习任务单，如表 4-1 所示。

表 4-1　学习任务单

任务 4.1	机车乘务员段内作业		
学习小组		姓名	
● 学习任务（1）机车乘务员待乘的注意事项			
● 学习任务（2）机车乘务员出勤作业			
● 学习任务（3）机车乘务员接车及整备作业			

相关资料

4.1.1　待乘

1. 相关《操规》

第五条　出乘前必须充分休息，严禁饮酒，按规定着装，准时出勤。

2. 待乘作业标准

出乘前充分休息，按运行图规定的 20:00—6:00 开车的各次列车，均为夜间车次（图定零点前到达的除外）。担当夜间车次乘务时，距叫班时间不少于 4 h 30 min 测酒、签到，卧床休息不少于 4 h，外公寓有计划的机班按规定待乘，待乘室如图 4-1 所示。无待乘计划的机班 21:00 必须卧床休息；21:00 以后入寓的机班，签到 1 h 后必须卧床休息。待乘时手机关机，集中管理时须上交，如图4-2所示。

图4-1　待乘室

图4-2　手机关机上交

违章项点：

（1）未待乘、待乘晚点、未到叫班点早起、待乘期间读书、看报、玩手机等。

（2）入住待乘公寓期间，不遵守相关纪律，在待乘点大声喧哗影响他人休息。

4.1.2　出勤

1. 相关《操规》

第六条　出勤时，机车乘务员应携带工作证、驾驶证、岗位培训合格证（鉴定期间由机务段出具书面证明）和有关规章制度，到机车调度员处报到，接受指纹影像识别、酒精含量测试，按规定领取司机报单、司机手册、列车时刻表、运行揭示等行车资料和备品。

第七条　认真阅读核对运行揭示及有关安全注意事项，结合担当列车种类、天气等情况，做好安全预想，并记录于司机手册。认真听取出勤指导，将司机手册交机车调度员审核并签认。

第八条　办理运行揭示和列车运行监控装置专用IC卡（以下简称"IC卡"）交付时，必须实行出勤机班与出勤调度员双审核、双确认的检验签认把关制度。

2. 报到

准时出勤，按规定着装，携带工作证、机车驾驶证、铁路岗位培训合格证书（鉴定期间由机务段出具书面证明），如图4-3所示，以及《技规》《行规》《LKJ操作使用手册》等有关规章制度，准时出勤，接受指纹影像识别、测酒，如图4-4所示。领取司机手册、运行揭示、IC卡（图4-5）、司机报单（图4-6）、时刻表，根据实际需要领取手持电台、手持终端等行车备品，了解使用机车情况。

领取备品司机用语：报告（调度员起立）××次，司机×××、副司机×××，出勤。

图4-3　工作证、机车驾驶证、铁路岗位培训合格证书

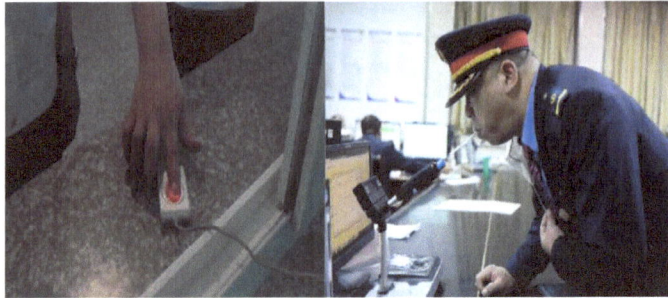

图 4-4　指纹影像识别、测酒

图 4-5　IC 卡

编号 K 20230712211853 25

司机报单

运转值班员
复查报单签章

竞赛用　　车型：　　　车号　　　　　　年　月　日

一、机车乘务员						二、机车出入段时分		三、机车领取燃料						四、机车领取油脂		
职名	编号	出勤时分	接车时分	交车时分	退勤时分	出本段时　分	入外段时　分	领取	地点	往路	复路	交接	往路	复路	领取	复路	往路
司机									日期			运转用电量				
副司机						—						接班收电量				
												交进交出电量				
司机						出外段时　分	入本段时　分	名称及数量				五、补机、重联和有动力附挂机车				
副司机						—						机型号	区间或公里	机车所属段		
												—	—	—		

六、列车运行及编组情况

车次	站名	到达时分	出发时分	停车时分包括调车	调车时分	机外停车时分	早点	晚点	原因	区间公里	牵引重量		客车辆数	货车辆数				其他	合计	列车换长	记事
											总重	载重		重车	空车	非用运车	其中代客				
1	2	3	4	5	6	7	8	9	10	11	12	13	14	15	16	17	18	19	20	21	22

图 4-6　司机报单

违章项点：

（1）出勤晚点。

（2）乘前饮酒，出乘时吹响测酒器。

（3）站接车次出勤后擅自回公寓。

3. 核对揭示及 IC 卡数据

（1）全组人员核对运行揭示，如图 4-7 所示。将打印的揭示与公布的揭示内容进行核对，如图 4-8 所示。副司机朗读，司机在涉及本次乘务有关的揭示序号上画"√"号，在有关慢行公里数下划线，在司机手册关系站名下划线，将有效揭示条数填记于司机手册，如图 4-9 所示。

哈尔滨局运行揭示调度命令

2023-02-08

受令处所	受令人	确认时间
三棵树机务段	***	12：00

运行揭示调度命令号码	运行揭示调度命令	备注
311005	02 月 06 日 12 时至 02 月 08 日 14 时齐哈线肇东站至安达站 65～68 km 处积雪，限速 45 km/h。	
605011	02 月 08 日 14 时 30 分至 02 月 08 日 15 时 30 分，因齐哈线万乐站Ⅰ道及其两侧岔区下行线封锁施工。施工期间：上行进、出站信号停用，上行直股通过列车进、出站执行施工特定行车办法。列车凭特定引导手信号的显示，以不超过 60 km/h 速度进站，车站使用列车无线调度通信设备（其语音记录装置须作用良好）将绿色许可证编号/调度命令号码通知司机，列车凭通过手信号通过作业站。	施工计划第 39 项
315121	02 月 08 日 14 时 15 分至 02 月 08 日 18 时 30 分，因绥佳线庆安站至铁力站间 3 号下行线停用基本闭塞法。改用电话闭塞法。庆安站上行列车凭路票发车。	

调度员姓名	***	联系电话：	***－****	传真电话：	***－****
	***	批准人姓名：	***		

图 4-7　运行揭示

图 4-8　将打印的揭示与公布的揭示内容进行核对

155

月	机车		型			号	调度员签章	
出勤		时		司机			出勤	退勤
退勤	日	时	分	学习司机				
添乘		天气		学员				
票据交接				直供电钥匙交接				
揭示命令								
出退勤会								
运行问题								
记事								

图 4-9　司机手册

（2）司机将 IC 卡数据输入验卡设备，检查 IC 卡条数和内容是否正确，如图 4-10 所示。副司机在运行揭示上圈画限速值，做到不错不漏。

司机将 IC 卡数据输入验卡设备　　　　IC 卡信息查询

图 4-10　检查 IC 卡条数和内容

（3）调度员按照原簿与司机核对运行揭示，由调度员在有效运行揭示前加盖有效章；全部核对无误后，双方相互签认盖章；核对 IC 卡数据正确后，司机填写《机务派班室 LKJ 临时数据录入登记簿》，双方相互签认盖章，严格执行双审核、双确认制度，如图 4-11 所示。

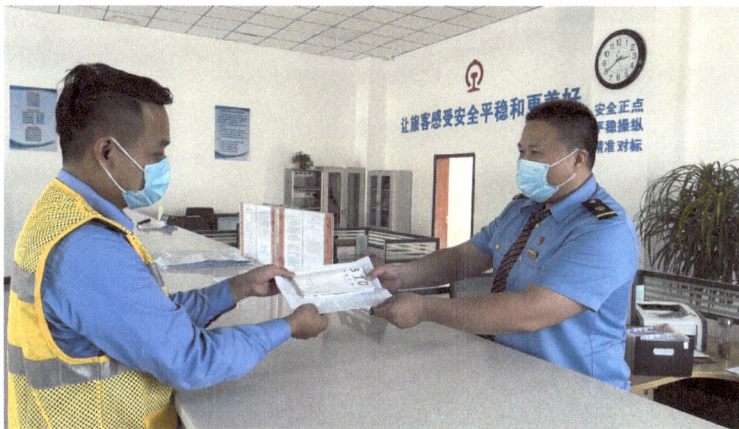

图 4-11　双方相互签认盖章

（4）遇有重要施工，领取施工行车明示图，模拟行车办法和监控操作方法。

违章项点：

（1）二人不共同核对揭示，核对运行揭示时精力不集中。

（2）运行有关揭示未做标注，重要揭示掌握不清楚。

（3）IC 卡数据丢失、数据错误、内容与揭示不符，机车乘务员未及时发现。

4. 班前预想

结合担当列车种类、天气等情况，做好安全预想，如图 4-12 所示。制定运行安全注意事项，并记入司机手册，如图 4-13 所示。

图 4-12　做好安全预想

月	机车		型			号		调度员签章
出勤	时			司机			出勤	退勤
退勤	日	时	分	学习司机				
添乘		天气		学员				
票据交接			直供电钥匙交接					
揭示命令								
出退勤会								
运行问题								
记事								

图 4-13　司机手册

5. 出勤审核

听取机车调度员出乘指导，将填记好的司机手册（图 4-14）、核对勾划后的交付揭示交机车调度员；机车调度员检查司机手册，填写出勤时间，盖名章和测酒章。

图 4-14　填记司机手册

违章项点：

（1）小组计划未按实际情况制订。

（2）不认真听取出勤指导。

4.1.3　使用出勤一体机出勤

（1）发放录音笔，录音笔处在解锁、开机状态插入一体机数据线。出勤一体机如图 4-15

所示。点击屏幕下方最右侧【录音笔发放】，识别身份，点击发放录音笔，如图 4-16 所示。

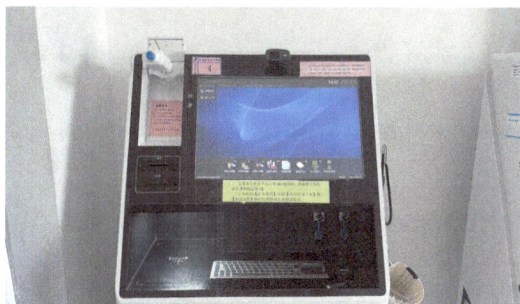

图 4-15　出勤一体机

图 4-16　发放录音笔

（2）点击【本段出退勤】→【出勤登记】按钮（图 4-17），靠近虹膜测酒仪，两眼注视虹膜检测装置内的小红点，完成虹膜识别。

图 4-17　出勤登记

（3）身份识别成功后，获取出勤计划。如果系统提示"没有出勤计划"，则需要联系出勤机调员进行处理。查阅完成后，点击【下一步】按钮。

（4）核对完成出勤计划单之后，开始饮酒检测。先进行虹膜识别，识别成功后系统语音提示"请测酒"，听到语音提示后开始吹气完成测酒。吹气过程系统实时监测虹膜，应避免闭眼或向下看引起测酒失败。

（5）打开机班出勤提示预览窗口，点击【打印】按钮打印出勤提示，打印成功后，在弹出的对话框中点击【确定】按钮进入下一步。

（6）打印完成出勤提示之后，顺序进入施工明示图、调车报单、司机手账打印窗口，选择施工明示图、调车报单、司机手账，点击【阅读下一页】按钮开始打印，打印完毕后，在弹出的对话框中点击【确定】按钮进入下一步。

（7）核对交付揭示，直接点击【核对交付揭示】按钮进入交付揭示核对窗口。左侧为公布揭示，右侧为交付揭示预览。逐条点击左侧公布揭示，复核右侧交付揭示与左下角打开的公布揭示必须一致。同时在交付揭示上点击调令号对调令进行打钩，并涂画调令关键要素。

（8）LKJ 临时数据录入，插入 IC 卡，点击【写卡】按钮开始写卡。写卡过程中，不得进行拔卡、点击屏幕和键盘等操作，避免写卡失败或程序卡死。

（9）揭示验卡，进入验卡窗口，确认写卡区段，车辆类型选择"客货"，点击【确定】按钮，根据打印出的交付揭示核对 IC 卡揭示。

（10）出勤传达，逐条阅读出勤传达文件，阅读一个文件之后，点击【阅读下一个】按钮阅读其他文件。当系统提示阅读完成后，点击【下一步】按钮，阅读出勤传达文件。

（11）出勤请求确认，出勤作业完成后，需要提交出勤机调员审核，点击【提交派班室审核】按钮，提交出勤机调员审核同意出勤，如图 4-18 所示。

出勤机调员审核正常同意出勤后，系统弹出"出勤完成，请拔出您的 IC 卡"，表示出勤登记完成，如图 4-19 所示。

图 4-18　提交出勤机调员审核

图 4-19　出勤完成提示

（12）扫码接收电子运统 1 编组顺序表并核对正确后（出勤信息获取不成功或不完整时，手工补全或修正相关信息），机车乘务员离开一体机，开小组会，制定安全预想和措施，到出勤机调员处办理出勤手续。

4.1.4　接车

1. 相关《操规》

第九条　按职责分工进行交接。接车时，认真了解机车运用、检修情况，办理燃料、耗电和工具、备品交接。接车后，确认列车运行监控装置（以下简称"LKJ"）、机车信号、列车无线调度通信设备等行车安全装备合格证齐全、符合规定。将 IC 卡数据载入 LKJ 并确认无误。

2. 领取备品上车作业

出勤后及时接车上车作业，按职责分工进行交接。认真了解机车运用、检修情况，办理燃料、耗电和工具、备品交接。机班同到地（外）勤规范操作智能钥匙充电柜，如图 4-20 所示。

3. 行车安全装备确认

（1）接车后首先将视频转储设备投入使用，LKJ 进入"出入库"模式，核对 LKJ 版本号，如图 4-21 所示。核对正确后，在版本号后面画"√"号；版本号不一致时，通知出勤所在地派班室。全组输入各种有关数据并核对，发现 IC 卡内容与运行揭示不符时，立即报告派班室。

（2）确认电务车载设备检测合格证符合规定，不符合时通知派班室。

图 4-20　智能钥匙充电柜

图 4-21　核对 LKJ 版本号

违章项点：

（1）未执行劳动人身安全各项规定。

（2）未认真阅读机车运行日志。

（3）机车应更换版本号却未更换，机车乘务员未能及时发现，造成监控数据错误。

（4）IC 卡数据错误、缺失，机车乘务员未能及时发现。

4. LKJ 参数设定

（1）将 IC 卡内 LKJ 临时数据文件导入 LKJ，拔出 IC 卡后，对照交付揭示，对载入的 LKJ 临时数据文件条数和相关命令号进行查询、核对，如图 4-22 所示。

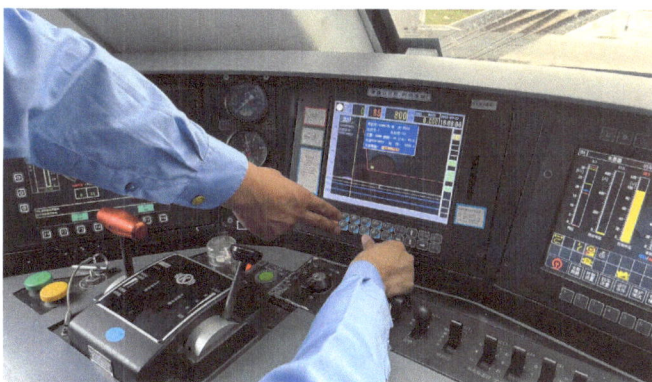

图 4-22　LKJ 临时数据查询、核对

（2）根据担当机车局别和 LKJ 数据版本，逐项输入（选择）乘务员代号、交路号、车站号、车次、列车种类、车速等级等数据参数，确认 LKJ "开车" 灯亮。

4.1.5　整备

1. 相关《操规》

第十条　机车检查按附件 1 规定的项目和标准进行。

第十一条　电气动作试验、电力机车高低压试验按附件 2 规定的项目和标准进行。

2. 机车静态检查

确认各仪表显示数据正常，对司机室相关设备进行检查。按各机型检查项目检查机车，如图 4-23 所示。因整备线条件限制，检查顺序可以串动，检查方向不准改动，各机型电力机车检查作业范围与标准如后续表所示。

图 4-23　检查机车

1）SS$_9$型电力机车乘务员机车检查作业范围与标准

（1）出库检查作业。

① 机车检查作业范围与标准，如表 4-2 所示。

表 4-2　机车检查作业范围与标准

序号	检查部位	检查内容及要求	检查方法	非单司机	单司机
1	头灯、标志灯	机车头灯及标志灯作用良好	目视	√	√
2	制动主管、软管	（1）折角塞门在关闭位、无漏泄； （2）制动主管、软管连接器胶圈无丢失	目视	√	√
3	车钩及缓冲装置	（1）车钩圆销开口销完好； （2）车钩三态作用良好，无抗劲，摆动灵活	目视、锤检	√	√
4	排障器	机车排障器安装牢固，扫石胶皮距轨面高度 20～30 mm	目视、锤检	√	√
5	基础制动装置	（1）闸瓦不偏磨，无金属镶嵌，厚度不小于 15 mm（粉末冶金闸瓦）； （2）各销及开口销完好，闸瓦与轮箍踏面缓解间隙 6～8 mm	目视	√	√
6	停车制动装置	检查装置作用良好	目视	√	√
7	齿轮箱	安装牢固，无明显甩脂、泄漏	目视、锤检	√	√
8	轮对	踏面擦伤深度不超过 0.7 mm，踏面上缺陷或剥离长度不超过 40 mm，深度不超过 1 mm	目视	√	√
9	撒砂装置	撒砂管支架无裂纹，安装螺栓无松动。砂管距轨面距离 30～55 mm	目视、锤检	√	√
10	驱动装置	检查六连杆传动机构连杆、销状态良好	目视	√	√
11	牵引电机	检查孔盖安装牢固，牵引电机吊杆穿销及开口销状态良好	目视	√	√

续表

序号	检查部位	检查内容及要求	检查方法	非单司机	单司机
12	空压机	（1）螺杆式空气压缩机运转检查无异响和异常振动；外观检查各部，无漏油，润滑油油位应正常（1/2～2/3 之间）。（2）辅助压缩机起动试验性能良好	目视	√	√
13	主变压器	确认主变压器、油流表显示正常	目视	√	√
14	速度传感器、机车信号接收器、过分相装置	速度传感器、机车信号接收器、过分相装置安装牢固，安装支架无开焊	目视	√	√
15	走行部车载检测装置	性能良好，显示正确	目视	√	√
16	安全防护用品及消防器材	响墩、火炬、信号旗、短接线等安全防护用品齐全（有专用备品箱仅需检查箱门铅封良好）；消防器材配置齐全，铅封无破损	目视	√	√
17	备品、工具	行车备品、工具齐全	目视	√	√

② 机能试验范围与标准，如表 4-3 所示。

表 4-3　机能试验范围与标准

序号	检查部位	检查内容及要求	检查方法	非单司机	单司机
1	制动机试验	按机车制动机试验程序标准（附件2）进行试验，风表、仪表显示正常	目视	√	√
2	各交流辅机	运转时检查有无异常声响、振动	耳听	√	√
3	电气动作试验	进行升弓试验、主断试验、微机转换试验、110 V 电源转换试验、劈相机和空压机试验、牵引通风机试验、机车逻控更换试验及列车供电试验，结果应正常	目视、耳听	√	√
4	走车试验	进行两端司机室前、后走车试验		√	√

（2）继乘站检查作业。

① 继乘站机车检查作业范围与标准，如表 4-4 所示。

表 4-4　继乘站机车检查作业范围与标准

序号	检查部位	检查内容及要求	检查方法	非单司机	单司机
1	制动主管、总风管	检查机车间及机车与车辆间风管连接状态应良好	目视	√	√
2	车钩	检查机车间及机车与车辆间车钩连接状态应良好	目视	√	√
3	基础制动装置	检查制动器缓解正常，闸瓦无异常（正线、高站台侧除外）	目视	√	√

序号	检查部位	检查内容及要求	检查方法	非单司机	单司机
4	主变压器	确认主变压器油温表、油流表显示正常	目视	√	√
5	异常设备交接	对交班司机反映的异常设备、部件进行检查（含行车安全装备）	目视	√	√

② 继乘站机能检查、试验范围与标准，如表4-5所示。

表4-5　继乘站机能检查、试验范围与标准

序号	检查部位	检查内容及要求	检查方法	非单司机	单司机
1	各交流辅机	运转时检查有无异常声响、振动	耳听	√	√
2	制动机试验	按《操规》进行列车自动制动机试验，并符合要求	目视	√	√

（3）运行途中巡检作业范围与标准，如表4-6所示。

表4-6　运行途中巡检作业范围与标准

序号	检查部位	检查内容及要求	检查方法	非单司机	单司机
1	各交流辅机	运转时检查有无异常声响、振动	目视、耳听	√	
2	脱扣开关	检查电源柜、低压柜和供电柜各脱扣开关应在正常位	目视	√	
3	主变压器	确认主变压器油温表、油流表显示正常	目视	√	
4	机械室其他部件	外观无明显异常	目视	√	

（4）机车入库检查作业。

① 对途中行车安全装备不良的情况，应及时预报；配合做好行车安全装备测试检验工作，并签字换取合格证。

② 填好机车运行日志，按规定进行交接，做到三交清：机车预报修理项目交接清，机车质量交接清，机车防护用品、备品、工具（含钥匙）交接清。

2）HXD$_{1D}$型电力机车乘务员机车检查作业范围与标准

（1）出库检查作业。

① 机车检查作业范围与标准，如表4-7所示。

表4-7　机车检查作业范围与标准

序号	检查部位	检查内容及要求	检查方法	非单司机	单司机
1	头灯、副灯、标志灯	机车头灯、副灯及标志灯作用良好	目视	√	√
2	制动主管、软管	（1）折角塞门在关闭位，无漏泄。（2）制动主管、软管连接器胶圈无丢失	目视	√	√

续表

序号	检查部位	检查内容及要求	检查方法	非单司机	单司机
3	车钩及缓冲装置	（1）车钩圆销开口销完好。 （2）车钩三态作用良好，无抗劲；车钩摆动灵活	手检 锤检	√	√
4	排障器	机车排障器安装牢固，扫石胶皮距轨面高度 20～30 mm	目视 锤检	√	√
5	基础制动装置	（1）闸片（摩擦体采用粉末冶金）安装良好、无裂纹，闸片卡簧良好，闸片厚度不得小于 16 mm（其中摩擦体磨耗极限为 6 mm）。制动盘无裂纹及明显变色。 （2）单元制动缸间隙调整器作用良好，闸片与制动盘缓解间隙 3 mm。 （3）单元制动缸作用良好，能正常制动、缓解	目视	√	√
6	弹停装置	作用良好，指示器显示正确	目视	√	√
7	轮对	踏面擦伤深度不超过 0.7 mm，踏面上缺陷或剥离长度不超过 40 mm，深度不超过 1 mm	目视	√	√
8	撒砂装置	撒砂管支架无裂纹，安装螺栓无松动。砂管末端距轨面高度（40±10）mm	目视 锤检	√	√
9	驱动装置	齿轮箱无裂纹、漏油。齿轮箱合口螺栓、安装螺栓无松动	目视 锤检	√	√
10	空压机、空气干燥器	螺杆式空压机运转检查无异响和异常振动。外观检查各部，无漏油，润滑油油位应正常（1/2～2/3 之间）	目视	√	√
11	主变压器及主变流器	确认主变压器副油箱油位及主变流器水位正常，主变压器安装牢固。T 型终端接地线外套无损坏，压力释放阀无漏油	目视	√	√
12	脱扣开关、转换开关	检查低压柜、控制电源柜各脱扣开关、转换开关应在正常位	目视	√	√
13	6A 系统	通电检查显示正常，自检正常	目视	√	√
14	速度传感器、机车信号接收器、过分相装置	速度传感器、机车信号接收器、过分相装置安装牢固，安装支架无开焊	目视	√	√
15	安全防护用品及消防器材	响墩、火炬、信号旗、短接线等安全防护用品齐全（有专用备品箱仅需检查箱门铅封良好）；消防器材配置齐全，铅封无破损	目视	√	√
16	备品、工具	行车备品、工具齐全	目视	√	√

② 机能试验范围与标准，如表 4-8 所示。

表 4-8　机能试验范围与标准

序号	检查部位	检查内容及要求	检查方法	非单司机	单司机
1	制动机试验	按机车制动机试验程序标准（附件 2）进行试验，风表仪表显示正常	目视	√	√
2	电气动作试验	进行微机显示屏试验、受电弓升降试验、主断路器试验、空压机试验、撒砂试验、警惕装置试验、列车供电空载试验	目视	√	√
3	各交流辅机	运转时检查有无异常声响、振动	耳听	√	√
4	加载试验	进行两端司机室前、后静态加载试验		√	√

（2）继乘站检查作业。

① 继乘站机车检查作业范围与标准，如表 4-9 所示。

表 4-9　继乘站机车检查作业范围与标准

序号	检查部位	检查内容及要求	检查方法	非单司机	单司机
1	制动主管、软管	检查机车间各连接软管、机车与车辆间软管连接状态，应良好	目视	√	√
2	车钩	检查机车间及机车与车辆间车钩连接状态，应良好	目视	√	√
3	基础制动装置	检查单元制动器缓解正常，制动盘无明显变色（正线侧除外）	目视	√	√
4	主变压器及主变流器	确认主变压器副油箱油位及牵引变流器水位正常	目视	√	√
5	6A 系统	装置外观及音视频显示终端各界面显示无异常，各子系统监测部件显示无异常	目视	√	√
6	异常设备交接	对交班司机反映的异常设备、部件进行检查（含行车安全装备）	按部位	√	√

② 继乘站机能检查、试验范围与标准，如表 4-10 所示。

表 4-10　继乘站机能检查、试验范围与标准

序号	检查部位	检查内容及要求	检查方法	非单司机	单司机
1	各交流辅机	运转时检查有无异常声响、振动	耳听	√	√
2	制动机试验	按《操规》进行列车自动制动机试验，并符合要求	目视	√	√

（3）运行途中巡检作业范围与标准，如表 4-11 所示。

表4-11　运行途中巡检作业范围与标准

序号	检查部位	检查内容及要求	检查方法	非单司机	单司机
1	各交流辅机	运转时检查有无异常声响、振动	耳听	√	
2	脱扣开关	检查低压柜、控制电源柜、列供柜各脱扣开关，应在正常位	目视	√	
3	机械室、司机室其他部件	外观无明显异常，无异响、异状、异味	目视、耳听、鼻闻	√	
4	主变压器	油温、油位正常	目视	√	
5	空压机	工作正常	目视	√	

（4）机车入库检查作业。

① 对途中行车安全装备不良的情况，应及时预报；配合做好行车安全装备测试检验工作，并签字换取合格证。

② 填好机车运行日志，按规定进行交接，做到三交清：机车预报修理项目交接清，机车质量交接清，机车防护用品、备品、工具（含钥匙）交接清。

3）HXD₃C型电力机车乘务员机车检查作业范围与标准

（1）出库检查作业。

① 机车检查作业范围与标准，如表4-12所示。

表4-12　机车检查作业范围与标准

序号	检查部位	检查内容及要求	检查方法	非单司机	单司机
1	头灯、标志灯	机车头灯及标志灯作用良好	目视	√	√
2	制动主管、软管	（1）折角塞门在关闭位、无漏泄；（2）制动主管、软管连接器胶圈无丢失	目视	√	√
3	车钩及缓冲装置	（1）车钩圆销开口销完好；（2）车钩三态作用良好，无抗劲；车钩摆动灵活	手检、锤检	√	√
4	排障器	机车排障器安装牢固，扫石胶皮距轨面高度25～35 mm	目视、锤检	√	√
5	基础制动装置	（1）闸片安装良好、无裂纹，闸片卡簧良好，闸片厚度不得小于5 mm，制动盘无裂纹及明显变色；（2）单元制动缸间隙调整器作用良好，闸片与制动盘缓解间隙3 mm；（3）单元制动缸作用良好，能正常制动、缓解	目视	√	√
6	弹停装置	作用良好，指示器显示正确	目视	√	√
7	轮对	踏面擦伤深度不超过0.7 mm，踏面上缺陷或剥离长度不超过40 mm，深度不超过1 mm	目视	√	√
8	走行部车载检测装置	确认性能良好，显示正确	目视	√	√

序号	检查部位	检查内容及要求	检查方法	非单司机	单司机
9	撒砂装置	撒砂管支架无裂纹，安装螺栓无松动，撒砂管距轨面高度35～60 mm	目视、锤检	√	√
10	驱动装置	（1）齿轮箱箱体无裂纹、漏油，齿轮箱合口螺栓、安装螺栓无松动；（2）抱轴箱无甩油，有走行部车载检测装置的，确认性能良好，显示正确	目视、锤检	√	√
11	电机悬挂装置	悬挂装置安装螺栓紧固良好	目视	√	√
12	空压机	（1）螺杆式空气压缩机运转检查无异响和异常振动；外观检查各部，无漏油，润滑油油位应正常（1/2～2/3 之间）；（2）辅助压缩机起动试验，性能良好	目视	√	√
13	主变压器及主变流器	确认主变压器油温及主变流器水位正常	目视	√	√
14	脱扣开关	检查系统柜、辅助控制柜及列供柜各脱扣开关应在正常位	目视	√	√
15	速度传感器、机车信号接收器、过分相装置	速度传感器、机车信号接收器、过分相装置安装牢固，安装支架无开焊	目视	√	√
16	安全防护用品及消防器材	响墩、火炬、信号旗、短接线等安全防护用品齐全（有专用备品箱仅需检查箱门铅封良好）；消防器材配置齐全，铅封无破损	目视	√	√
17	备品、工具	行车备品、工具齐全	目视	√	√

② 机能试验范围与标准，如表4-13 所示。

表4-13　机能试验范围与标准

序号	检查部位	检查内容及要求	检查方法	非单司机	单司机
1	制动机试验	按机车制动机试验程序标准（附件 2）进行试验，风表仪表显示正常	目视	√	√
2	电气动作试验	进行机车、警惕装置试验、撒砂试验、受电弓升降试验、辅助变流器起动试验、主断路器试验、列车供电装置空载试验	目视、耳听	√	√
3	各交流辅机	运转时检查有无异常声响、振动	耳听	√	√
4	加载试验	进行两端司机室前、后静态加载试验		√	√

（2）继乘站检查作业。

① 继乘站机车检查作业范围与标准，如表4-14 所示。

表4-14 继乘站机车检查作业范围与标准

序号	检查部位	检查内容及要求	检查方法	非单司机	单司机
1	制动主管、软管	检查机车间各连接软管、机车与车辆间风管连接状态，应良好	目视	√	√
2	车钩	检查机车间及机车与车辆间车钩连接状态，应良好	目视	√	√
3	基础制动装置	检查单元制动器缓解正常，制动盘无明显变色（正线侧除外）	目视	√	√
4	机械间检查	通过微机显示屏对相应参数进行检查	目视	√	√
5	6A系统	装置外观及音视频显示终端各界面显示无异常，各子系统监测部件显示无异常	目视	√	√
6	异常设备交接	对交班司机反映的异常设备、部件进行检查（含行车安全装备）	按部位	√	√

② 继乘站机能检查、试验范围与标准，如表4-15所示。

表4-15 继乘站机能检查、试验范围与标准

序号	检查部位	检查内容及要求	检查方法	非单司机	单司机
1	各交流辅机	运转时检查有无异常声响、振动	耳听	√	√
2	制动机试验	按《操规》进行列车自动制动机试验，并符合要求	目视	√	√

（3）运行途中巡检作业范围与标准，如表4-16所示。

表4-16 运行途中巡检作业范围与标准

序号	检查部位	检查内容及要求	检查方法	非单司机	单司机
1	各交流辅机	运转时检查有无异常声响、振动	耳听	√	
2	脱扣开关	检查系统柜、辅助控制柜及列供柜各脱扣开关应在正常位	目视	√	
3	机械室其他部件	外观无异常	目视	√	

（4）机车入库检查作业。

① 对途中行车安全装备不良的情况，应及时预报；配合做好行车安全装备测试检验工作，并签字换取合格证。

② 填好机车运行日志，按规定进行交接，做到三交清：机车预报修理项目交接清，机车质量交接清，机车防护用品、备品、工具（含钥匙）交接清。

4）HXD$_{3D}$型电力机车乘务员机车检查作业范围与标准

（1）出库检查作业。

① 机车检查作业范围与标准，如表4-17所示。

表 4-17　机车检查作业范围与标准

序号	检查部位	检查内容及要求	检查方法	非单司机	单司机
1	头灯、标志灯	机车头灯及标志灯作用良好	目视	✓	✓
2	制动主管、软管	（1）折角塞门在关闭位，无漏泄； （2）制动主管、软管连接器胶圈无丢失	目视	✓	✓
3	车钩及缓冲装置	（1）车钩圆销开口销完好； （2）车钩三态作用良好，无抗劲；车钩摆动灵活	手检、锤检	✓	✓
4	排障器	机车排障器安装牢固，扫石胶皮距轨面高度25～30 mm	目视	✓	✓
5	基础制动装置	（1）闸片安装良好、无裂纹，闸片卡簧良好，闸片厚度不得小于 5 mm，制动盘无裂纹及明显变色； （2）单元制动缸间隙调整器作用良好，闸片与制动盘缓解间隙 3 mm； （3）单元制动缸作用良好，能正常制动、缓解	目视	✓	✓
6	弹停装置	作用良好，指示器显示正确（纳入低压试验）	目视	✓	✓
7	轮对	踏面擦伤深度不超过 0.7 mm，踏面上缺陷或剥离长度不超过40 mm，深度不超过1 mm	目视	✓	✓
8	撒砂装置	撒砂管支架无裂纹，安装螺栓无松动，撒砂管距轨面高度35～60 mm	目视	✓	✓
9	驱动装置	齿轮箱箱体无裂纹、漏油，齿轮箱合口螺栓、安装螺栓无松动	目视	✓	✓
10	电机悬挂装置	悬挂装置安装螺栓紧固良好	目视	✓	✓
11	空压机	（1）螺杆式空气压缩机运转检查无异响和异常振动；外观检查各部，无漏油，润滑油油位应正常（1/2～2/3 之间）； （2）辅助压缩机起动试验，性能良好	目视	✓	✓
12	主变压器及主变流器	确认主变压器油温及主变流器水位正常，主变压器安装牢固。T型终端接地线外套无损坏，压力释放阀无漏油	目视	✓	✓
13	脱扣开关	检查系统柜、辅助控制柜及列供柜各脱扣开关，应在正常位	目视	✓	✓
14	速度传感器、机车信号接收器、过分相装置	速度传感器、机车信号接收器、过分相装置安装牢固，安装支架无开焊	目视	✓	✓
15	安全防护用品及消防器材	响墩、火炬、信号旗、短接线等安全防护用品齐全（有专用备品箱仅需检查箱门铅封良好）；消防器材配置齐全，铅封无破损	目视	✓	✓
16	备品、工具	行车备品、工具齐全	目视	✓	✓

② 机能试验范围与标准，如表 4-18 所示。

表 4-18　机能试验范围与标准

序号	检查部位	检查内容及要求	检查方法	非单司机	单司机
1	制动机试验	按机车制动机试验程序标准（附件2）进行试验，风表仪表显示正常	目视	√	√
2	电气动作试验	进行微机显示屏试验、辅助压缩机试验、受电弓升降试验、主断路器试验、空压机试验、撒砂试验、警惕装置试验、列车供电空载试验	目视、耳听	√	√
3	各交流辅机	运转时检查有无异常声响、振动	耳听	√	√
4	加载试验	进行两端司机室前、后静态加载试验		√	√

（2）继乘站检查作业。

① 继乘站机车检查作业范围与标准，如表 4-19 所示。

表 4-19　继乘站机车检查作业范围与标准

序号	检查部位	检查内容及要求	检查方法	非单司机	单司机
1	制动主管、软管	检查机车间各连接软管、机车与车辆间风管连接状态，应良好	目视	√	√
2	车钩	检查机车间及机车与车辆间车钩连接状态，应良好	目视	√	√
3	基础制动装置	检查单元制动器正常，制动盘无明显变色（正线侧除外）	目视	√	√
4	机械间检查	通过微机显示屏对相应参数进行检查	目视	√	√
5	6A 系统	装置外观及音视频显示终端各界面显示无异常，各子系统监测部件显示无异常	目视	√	√
6	异常设备交接	对交班司机反映的异常设备、部件进行检查（含行车安全装备）	按部位	√	√

② 继乘站机能检查、试验范围与标准，如表 4-20 所示。

表 4-20　继乘站机能检查、试验范围与标准

序号	检查部位	检查内容及要求	检查方法	非单司机	单司机
1	各交流辅机	运转时检查有无异常声响、振动	耳听	√	√
2	制动机试验	按《操规》进行列车自动制动机试验，并符合要求	目视	√	√

（3）运行途中巡检作业范围与标准，如表 4-21 所示。

表4-21　运行途中巡检作业范围与标准

序号	检查部位	检查内容及要求	检查方法	非单司机	单司机
1	各交流辅机	运转时检查有无异常声响、振动	耳听	√	
2	脱扣开关	检查系统柜、辅助控制柜及列供柜各脱扣开关，应在正常位	目视	√	
3	机械室其他部件	外观无异常	目视	√	

（4）机车入库检查作业。

① 对途中行车安全装备不良的情况，应及时预报；配合电务部门做好行车安全装备测试检验工作，并签字换取合格证。

② 填好机车运行日志，按规定进行交接，做到三交清：机车预报修理项目交接清，机车质量交接清，机车防护用品、备品、工具（含钥匙）交接清。

3. 升弓作业

检查确认车顶高压设备绝缘状态良好（无高压检测设备时查看机车感应网压），如图4-24所示。受电弓工作风压不低于600 kPa（具备辅助压缩机自动泵风功能的机车除外）。

具备升弓条件后，向司机室外高声呼唤"升弓（注意）"，鸣笛（限鸣区段除外，下同），确认无异常，如图4-25所示。升弓后应及时确认网压显示正常并闭合主断。

图4-24　查看机车感应网压

图4-25　确认升弓无异常

4. 机能试验

1）进行相关机型电力机车电气动作试验

机班确认防窜车措施已实施，由司机进行高压电气试验。

（1）HXD$_{3C}$型电力机车低压试验前的检查确认。

① 确认车顶无人、车顶门锁闭。

② 确认接地开关QS10在正常位，高压柜门锁闭，钥匙箱正常。

（管路柜上设置了一把蓝钥匙，用来控制受电弓的气路。受电弓气路在开通位，蓝钥匙无法拔出。要取出蓝钥匙，首先保证受电弓在降弓位、主断路器在断开位，旋转蓝钥匙至横位，受电弓气路被切断，拔下蓝钥匙插入高压柜下部的高压接地开关QS10，旋转蓝钥匙并将接地开关转换到接地位，此时蓝钥匙无法拔出，可将黄钥匙取出并插入钥匙箱，此时绿钥匙可被取出。绿钥匙可以打开车顶门、高压柜门、变流器门等。需要特别注意的是，为了确保机车操作人员及检修人员的安全，严禁在接触网通电状态下打开车顶门。）

③ 检查各管路塞门在正常位，各开关在正常位，总风压力不低于 700 kPa，机车制动缸压力 300 kPa，做好防溜。

④ 按状态指示灯自检按钮，状态指示灯亮。

⑤ 确认司控器在"0"位，换向手柄在"中立"位。

（2）准备工作。

① 闭合蓄电池自动开关 QA61，蓄电池电压表显示电压不低于 90 V。

② 闭合电钥匙开关 SA49（SA50），通过微机显示屏确认 MPU（CI）/APU 和制动系统的状态是否正常，输入信号是否正确。

（3）试验。

① 辅助压缩机动作试验。

按动控制电器柜上的辅压机开关，辅助压缩机开始工作。观察空气管路柜处的压力表，当气压达到（735±20）kPa 时，辅助压缩机自动停止工作。

注意：辅助压缩机不宜长时间和频繁起机，打风时间应在 10 min 内，若超过 10 min 还没有停机，应断开机车控制自动开关 QA45 和辅助设备自动开关 QA62，检查相应空气管路是否泄漏。

② 受电弓动作试验。

将受电弓扳钮开关分别置"前受电弓"、"后受电弓"位，进行受电弓试验，检查动作情况。要求：上升时间＜5.4 s，下降时间＜4 s，接触压力（70±5）N。

③ 高压隔离开关动作试验。

受电弓隔离开关试验：正常位时，高压隔离开关 QS1、QS2 闭合；隔离 I 时，QS1 断开；隔离 II 时，QS2 断开。

④ 主断路器动作试验。

控制电器柜上 CI 试验开关 SA75 置"试验"位，主断路器扳键开关 SB43（SB44）置"合"位，主断路器闭合，操纵台上的状态模块显示灯"主断分"灭，微机显示屏上也有主断闭合的指示。

主断路器扳键开关 SB43（SB44）置"分"位，主断路器断开。此时操纵台上的状态模块显示灯"主断分"亮，微机显示屏上也有主断断开的指示。

⑤ 牵引变流器静态模拟试验。

控制电器柜上 CI 试验开关 SA75 置"试验"位，司控器调速手柄在牵引模式下由零位逐级增加，直至最高级位 13 级，通过微机显示屏确认随着输出级位增大，每个牵引变流器输出的牵引力也在逐级加大，直至达到货运模式下的最大值 95 kN（25 t 轴重）或 87 kN（23 t 轴重）及客运模式下的 87 kN。司控器调速手柄移至制动区域，观察状态显示模块上"电制动"灯亮。

通过微机显示屏进入主变流器界面，确认可以实施牵引变流器的隔离与恢复。

⑥ 其他静态试验。

CI 试验开关 SA75 在"正常"位下，进入微机显示屏检修状态界面，输入密码即可进入试验界面。试验界面出现主司控器试验、起动试验、零级位试验、辅助电源试验、显示灯试验、无人警惕试验、轮喷试验等试验项目，依次点击试验项目，分别按照屏幕提示信息进行。如试验通过，则进行下一项。

⑦ 机车照明检查及试验。

闭合各照明灯开关，照明正常。

（4）HXD_{3C}型电力机车高压试验前的检查确认。

① 确认车顶无人、车顶门锁闭。

② 确认接地开关 QS10 在正常位，高压柜门锁闭，钥匙箱正常。

③ 检查各管路塞门在正常位，各开关在正常位，总风压力不低于 700 kPa，机车制动缸压力 300 kPa，做好防溜。

④ 按状态指示灯自检按钮，状态指示灯亮。

⑤ 确认司控器在"0"位，换向手柄在"中立"位。

（5）准备工作。

① 闭合蓄电池自动开关 QA61，电压不低于 90 V。

② 通过微机显示屏将 6 组 CI 全部隔离。

③ 与试验工作无关人员撤离现场，作业人员到安全处所，方可联系升弓试验。

（6）试验。

① 闭合电钥匙开关 SA49（SA50），通过微机显示屏确认 MPU（CI）/APU 和制动系统的状态是否正常，输入信号是否正确。

② 升弓试验。

受电弓扳键开关 SB41（SB42）置"前受电弓"或"后受电弓"位，受电弓升起，网压表 PV1（PV2）显示原边网压，同时微机显示屏上也有原边网压显示和受电弓升起的指示。

如果机车辅助风缸压力低于 480 kPa，即压力开关 KP58 在断开状态，则机车辅助压缩机自动开始打风。待风压达到 735 kPa 时，辅压机停止打风，受电弓升起；如果压力开关 KP58 在闭合状态，则受电弓直接升起。

当辅助风缸压力不满足升弓要求时，也可在发出升弓指令之前，直接到空气管路柜前按下辅压机按钮 SB97，使 KMC1 闭合，辅助压缩机 U80 直接起动，对辅助风缸进行打风。TCMS 自动控制辅助压缩机运行时间不超过 10 min，再次投入工作需间隔 20 min。

③ 主断试验。

主断路器扳键开关 SB43（SB44）置"合"位，听主断路器闭合声，操纵台上的状态模块显示灯"主断分"灭。微机显示屏上也有主断闭合的指示。辅助变流器 APU2 开始起动运行，油泵、水泵均投入工作。注意观察油流方向、水流方向均正常，并确认冷却介质的流量。

主断路器闭合后，辅助变流器 APU2 采用软起动方式投入运行，并以定频定压方式向油泵、水泵、车体通风机及辅助加热等装置开始供电。

DC 110 V 电源装置检测到 DC 750 V 直流输入电压后，自动起动，向机车提供 DC 110 V 控制电源。

④ 空压机试验。

压缩机扳键开关 SB45（SB46）置"合"位，当总风缸压力低于（680±20）kPa 时，机车两台压缩机依次起动，投入工作；当总风缸压力低于（750±20）kPa 时，只有非操纵端压缩机投入工作（即Ⅰ端为操纵端时，空压机 2 工作；Ⅱ端为操纵端时，空压机 1 工作）；当总风缸压力升至（900±20）kPa 时，压缩机自动停止工作。将压缩机扳键开关置"强泵"位，两台压缩机依次起动，此时不受总风缸压力开关的控制。待总风缸压力升至（950±20）kPa时，高压安全阀动作并连续排气，此时应停止压缩机工作，将扳键开关扳离"强泵"位。

空气压缩机的工作方式分为间歇式和连续式两种模式，通过微机显示屏进入检修模式下的功能选择界面，可进行压缩机模式选择。间歇式为压缩机的常规运行模式，连续式主要是为了防止压缩机机油乳化、压缩机频繁起动等问题的发生，在间歇运行模式的基础上，增加压缩机的空载运行功能。压缩机空载运行时只进行内部循环，不再向总风缸进行供风。）

⑤ 变频变压辅助变流器 APU1 的起动控制。

机车为货运模式时，换向手柄在"前"或"后"位，从微机显示屏可以观察到主变流器 CI1、CI2、CI3、CI4、CI5、CI6 均被隔离，辅助变流器 APU1 采用软起动方式投入工作，向牵引电机用通风机和复合冷却器用通风机开始供电。当手柄级位为 4 级时，APU1 输出电源频率为 33 Hz；当手柄级位高于 4 级时，APU1 输出电源频率为 50 Hz。

机车为客运模式时，主控制器换向手柄在"0"位时，只要主断路器闭合，辅助变流器 APU1 就采用软起动方式投入工作，输出电源频率为 33 Hz。手柄级位为 4 级时，APU1 输出电源频率为 33 Hz；手柄级位高于 4 级时，APU1 输出电源频率为 50 Hz。

⑥ 通过微机显示屏开放界面，分别开放 APU1、APU2，实现由另一组辅助变流器对全部辅助机组供电。

⑦ 试验低压电源柜单元选择功能。

将电源装置面板的单元选择开关 SW1 由"自动"位打到"单元 1"，此时充电单元 UR1 工作，观察面板上的电压值和充电电流值，应在正常允许范围内。再由"单元 1"打至"单元 2"，此时充电单元 UR2 工作，观察面板上的电压输出值和充电电流值，应在正常允许范围内。

⑧ 客车供电空载试验。

将集控器故障隔离开关打至"故障隔离"位，升弓，合主断，辅助变流器 APU2 投入运行。

闭合操纵端列车供电钥匙 SA105（SA106），确认微机显示屏指示的供电电压为 DC（600±30）V。

A 组试验完毕后，再将供电控制箱转至 B 组试验，试验步骤同上。试验完毕后将集控器故障隔离开关打至"运行"位。

⑨ 牵引、制动控制试验。

（a）牵引变流器静态试验。

确认机车制动状态良好。分别对 6 组牵引变流器的输出工况及 6 台牵引电机产生的力矩与机车运行的方向逐个进行确认（其他变流器通过微机显示屏隔离），各牵引电机及轮对转向均应符合 I、II 端司机控制器的控制方向。

（b）制动试验。

将调速手柄置制动区，微机显示屏显示制动及级位，制动风机全速运行。

（c）牵引动态试验。

通过微机显示屏的点击开关，使 6 组牵引变流器均恢复正常运行状态，缓解停车制动器，操纵司机控制器调速手柄，使机车以小于 10 km/h 低速运行，观察司机室各信息显示屏和故障显示单元显示正常；各仪表指针正常，指示数值正确；各风速继电器、风压继电器、油流继电器及有关电器动作正常；运行中仔细确认机车整体状态。

2）进行相关机型电力机车制动机试验

制动机试验如图4-26所示。

图4-26 制动机试验

（1）DK-1型制动机试验检查方法。

DK-1型电空制动机的检查、试验，主要用来检查各项作用是否正常，通过电空制动控制器、空气制动阀手柄在各工作位置间的顺序转换，同时观察压力表指针的变化情况，来分析、判断DK-1型电空制动机及其各部件是否处于良好状态。DK-1型电空制动机试验分为装车前试验和装车后试验。其中，装车前试验是在DK-1型电空制动机试验台上进行；而装车后试

验通常是在单机上试验，主要包括检修试验（即"八步闸"试验）和日常试验（即"五步闸"试验）。

"五步闸"试验检查要求具体如下。

① 制动管、均衡风缸、总风缸均为规定压力；制动缸压力为0，如图4-27所示。

② 制动管压力3 s内降为0；制动缸压力5 s内升至400 kPa，最高压力达到450 kPa，如图4-28所示；自动撒砂；有级位时切除主断。

图4-27 制动缸压力为0

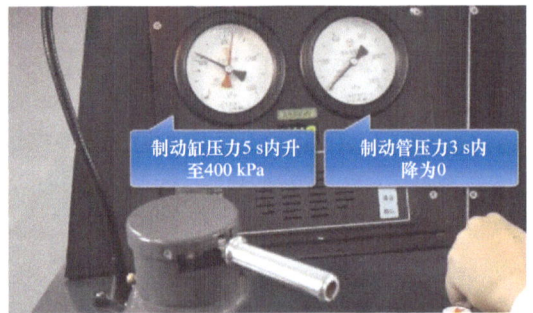

图4-28 制动管及制动缸压力变化

③ 同时下压空气制动阀手柄，制动缸压力应缓解到0，如图4-29所示。

④ 制动缸压力不得回升。

⑤ 制动管充压至480 kPa的时间在9 s内，如图4-30所示。

⑥ 均衡风缸减压140 kPa的时间为5～7 s；制动缸压力升至（360±20）kPa的时间为6~8 s，如图4-31所示。

⑦ 均衡风缸、制动管的漏泄量分别不大于5 kPa/min、10 kPa/min。

⑧ 均衡风缸压力为定压，制动管压力为过充压力〔定压+（30～40）kPa〕，制动缸压力不变，如图4-32所示。

⑨ 120～180 s左右过充压力消除，制动管恢复定压，制动缸压力应缓解为0。

图 4-29　制动缸压力缓解到 0

图 4-30　制动管充压

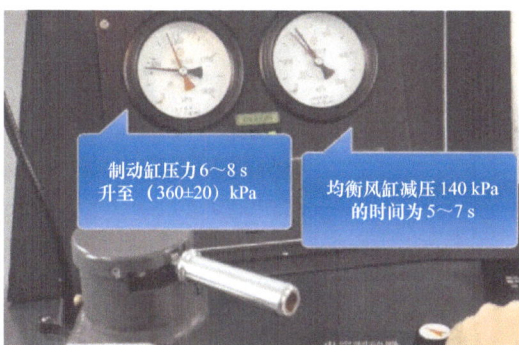

制动缸压力6～8 s
升至（360±20）kPa

均衡风缸减压 140 kPa
的时间为 5～7 s

图 4-31　均衡风缸及制动缸压力变化

均衡风缸定压，
制动管超过规定
压力30～40 kPa

图 4-32　过充试验

⑩ 制动缸压力由 0 升至 280 kPa 的时间在 4 s 内，最终达到 300 kPa，如图 4-33 所示。

⑪ 制动缸压力不变。

⑫ 制动缸压力由 300 kPa 降至 40 kPa 的时间在 5 s 内，如图 4-34 所示。

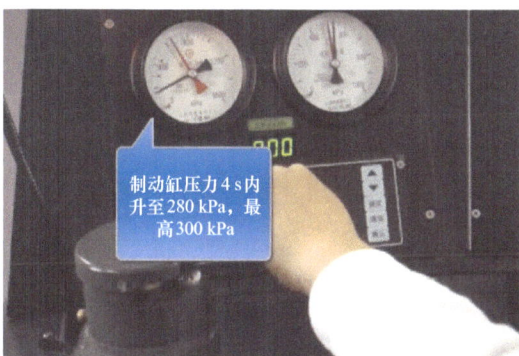

制动缸压力4 s内
升至280 kPa，最
高300 kPa

图 4-33　制动缸压力上升变化

制动缸压力5 s
内下降至40 kPa

图 4-34　制动缸压力下降变化

⑬ 同时下压空气制动阀手柄，制动管、均衡风缸皆为定压，制动缸压力为 0。

⑭ 均衡风缸减压 140 kPa 的时间为 5～7 s，如图 4-35 所示。

⑮ 均衡风缸、制动管、制动缸的漏泄量分别不超过 5 kPa/min、10 kPa/min、10 kPa/min。

⑯ 均衡风缸、制动管恢复定压。

DK-1 型电空制动机"五步闸"试验程序，如图 4-36 所示。

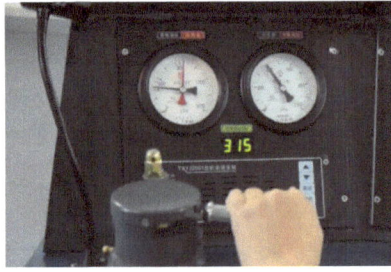

图 4-35　空气位试验

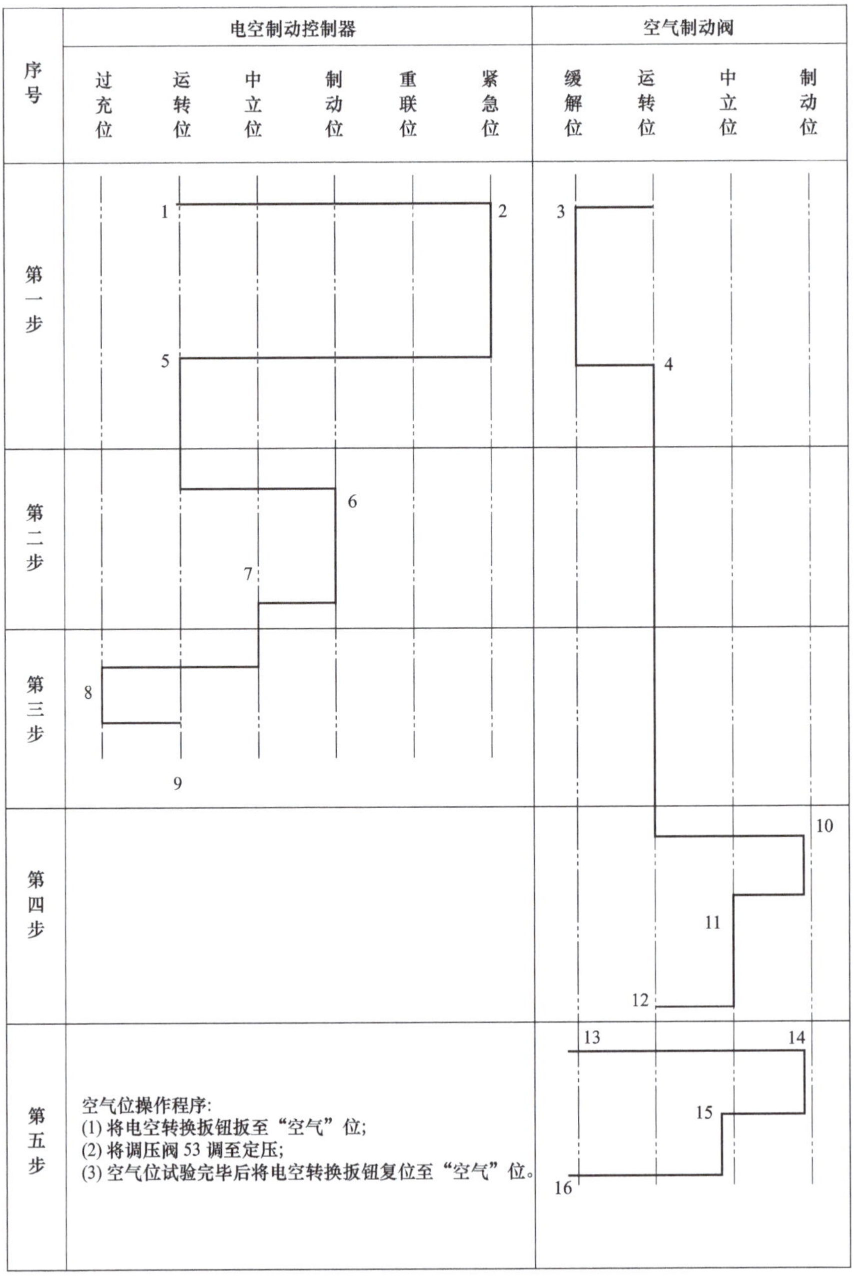

序号	电空制动控制器						空气制动阀			
	过充位	运转位	中立位	制动位	重联位	紧急位	缓解位	运转位	中立位	制动位
第一步		1━━━━━━2					3━━━━			
		5━━━━━━━━━━━					━4			
第二步		━━━━━━6								
		7━━━								
第三步	8━━									
	9									
第四步								━━10		
								11		
							12━━			
第五步	空气位操作程序: (1) 将电空转换扳钮扳至"空气"位; (2) 将调压阀 53 调至定压; (3) 空气位试验完毕后将电空转换扳钮复位至"空气"位。						13━━━━━14			
								15━━		
							16━━			

图 4-36　DK-1 型电空制动机"五步闸"试验程序

CCBⅡ型制动机五步闸试验

（2）CCBⅡ型制动机五步闸试验。

检查要求具体如下。

① 总风压力750～900 kPa，制动缸压力0，均衡风缸压力500 kPa，列车管压力500 kPa，如图4-37所示。

② 制动管压力在3 s内降为0，制动缸压力在3～5 s内升至200 kPa，并继续增压至450 kPa，均衡风缸压力降为0，紧急制动倒计时60 s开始，如图4-38所示。

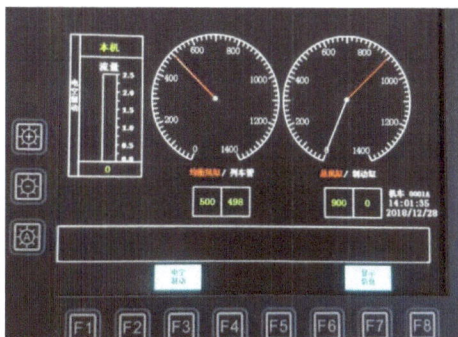

图4-37 准备工作

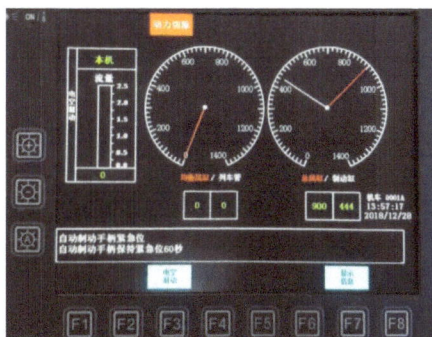

图4-38 紧急制动试验

③ 制动缸压力下降为0，手柄复位后制动缸压力恢复。

④ 60 s倒计时结束后操作，制动管、均衡风缸、制动缸压力不变。

⑤ 均衡风缸增压至500 kPa，制动管增压至480 kPa时间不大于9 s，制动缸压力下降为0。

⑥ 等60 s使系统各风缸充满风。

⑦ 均衡风缸在5～7 s减压到360 kPa，制动管减压到均衡风缸压力±10 kPa，制动缸6～8 s增压到360 kPa。

⑧ 保压1 min，均衡风缸压力泄漏不大于7 kPa，制动管压力泄漏不大于10 kPa，制动缸压力变化不大于25 kPa，如图4-39所示。

⑨ 各压力无变化。

⑩ 均衡风缸增压至500 kPa，制动管增压至500 kPa，制动缸压力下降为0。

⑪ 充满风后，均衡风缸减压50 kPa，制动管减压到均衡风缸压力的±10 kPa，制动缸增压到70～110 kPa。

⑫ 制动缸压力下降为0，手柄复位后制动缸压力不恢复，如图4-40所示。

⑬ 均衡风缸以常用制动速率降为0，制动管减压至55～85 kPa后保持，制动缸增压至450 kPa，如图4-41所示。

⑭ 均衡风缸增压至500 kPa，制动管增压至500 kPa，制动缸压力下降为0。

⑮ 阶段制动，制动缸压力阶段上升，全制动制动缸压力300 kPa。

⑯ 阶段缓解，制动缸压力阶段下降，运转位制动缸压力下降为0。

⑰ 制动缸压力在2～3 s上升到280 kPa，最终为（300±15）kPa，如图4-42所示。

179

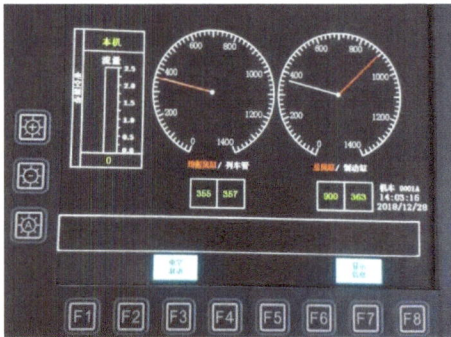

图 4-39　常用制动试验

图 4-40　初制试验

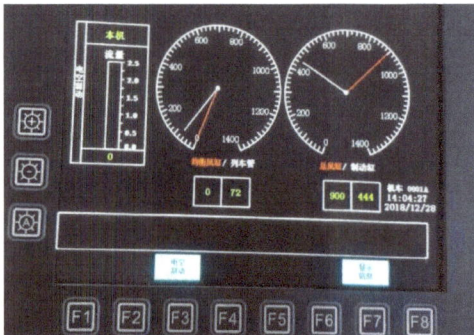

图 4-41　重联位试验

图 4-42　单独制动试验

⑱　制动缸压力在 3～5 s 降到 35 kPa 以下。

⑲　均衡风缸减压 100 kPa，制动管减压到均衡风缸压力的±10 kPa，制动缸增压到230～250 kPa。

⑳　均衡风缸减压 140 kPa，制动管压力保持不变，制动缸压力保持不变。

㉑　制动缸压力下降为 0，手柄复位后制动缸压力不恢复。

㉒　均衡风缸增压至 500 kPa，制动管压力保持不变，制动缸压力保持不变。

㉓　制动缸压力在 2～3 s 上升到 280 kPa，最终为 300 kPa。

㉔　制动缸压力在 3～5 s 降到 35 kPa 以下。

CCBⅡ型制动机"五步闸"试验程序，如图 4-43 所示

（3）进行相关机型电力机车车顶高压绝缘检测试验。

高压绝缘检测试验前提条件具体如下。

①　确认机车处于安全操作状态，库内停留或在线运行时确认降弓停车。

②　确认主断断开，确认高压连接器连接状态，确认车顶及地沟无人。

③　打雷、闪电等恶劣天气禁止进行检测。

④　检测不正常禁止升弓。

（4）HXD$_3$型电力机车高压绝缘检测试验方法。

①　在测试前必须确认机车车顶无人作业且处于降弓状态，首先从 2 端司机室间壁旁的总风管道的机车蓝色锁芯上拔下蓝钥匙。

②　再将蓝钥匙插到 6A 系统的绝缘测试窗口打开的绝缘检测箱上的钥匙开关处，如图 4-44 所示。

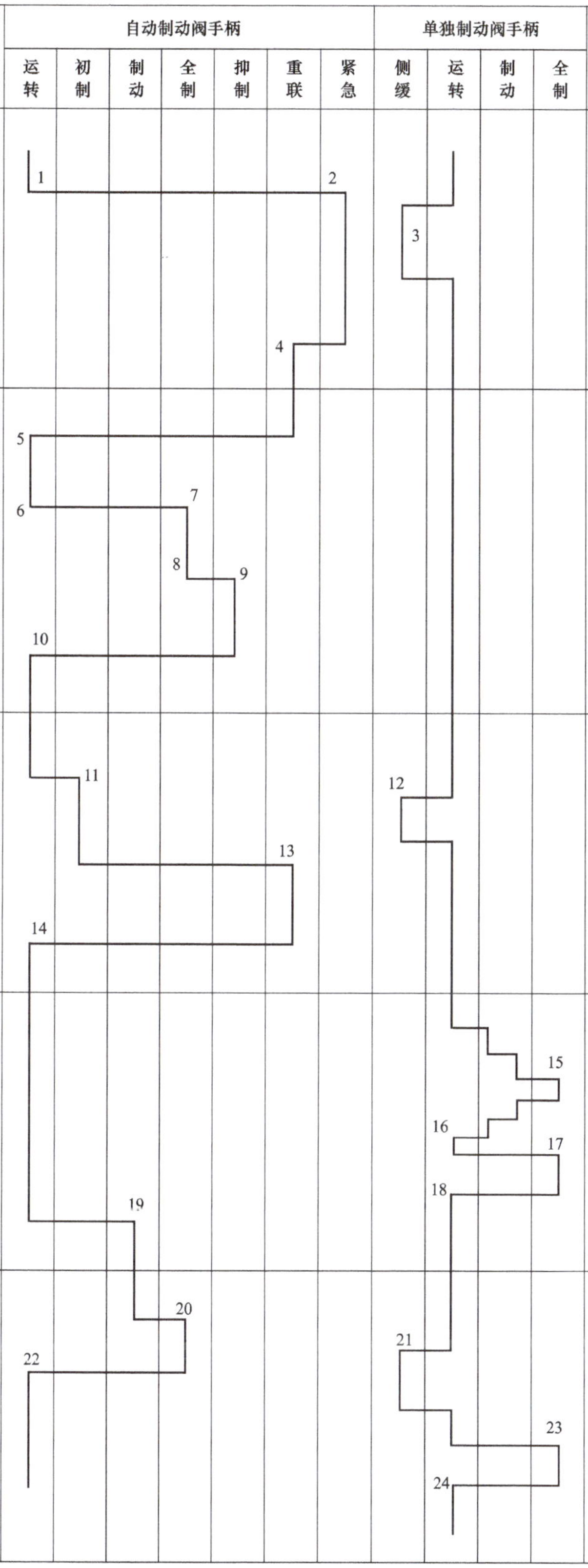

步骤	设置	自动制动阀手柄							单独制动阀手柄				检查内容
		运转	初制	制动	全制	抑制	重联	紧急	侧缓	运转	制动	全制	
1	本机/不补风	1					4	2	3				(1) 总风压力750～900 kPa，制动缸压力0，均衡风缸压力500 kPa，列车管压力500 kPa； (2) 列车管压力在3 s内降为0，制动缸压力在3～5 s内升至200 kPa，并继续增压至450 kPa，均衡风缸压力降为0，紧急制动倒计时60 s开始； (3) 制动缸压力下降为0，手柄复位后制动缸压力恢复； (4) 60 s倒计时结束后操作，列车管、均衡风缸、制动缸压力不变；
2	本机/不补风	5 10			8 9						6 7		(5) 均衡风缸增压至500 kPa，列车管增压至480 kPa不大于9 s，制动缸压力下降为0； (6) 等60 s使系统各风缸充满风； (7) 均衡风缸在5～7 s减压至360 kPa，列车管减压到均衡风缸压力±10 kPa，制动缸6~8 增压到360 kPa； (8) 保压1 min，均衡风缸压力泄漏不大于7 kPa，列车管压力泄漏不大于10 kPa，制动缸压力变化不大于25 kPa； (9) 各压力无变化； (10) 均衡风缸增压至500 kPa，列车管压力500 kPa，制动缸压力下降为0；
3	本机/不补风	14	11			13			12				(11) 充满风后，均衡风缸减压50 kPa，列车管减压到均衡风缸压力的±10 kPa，制动缸增压到70～110 kPa； (12) 制动缸压力下降为0，手柄复位后制动缸压力不恢复； (13) 均衡风缸以常用制动速率降为0，列车管减压至55～85 kPa后保持，制动缸增压至450 kPa； (14) 均衡风缸增压至500 kPa，列车管压力500 kPa，制动缸压力下降为0；
4	本机/不补风			19					18	16		15 17	(15) 阶段制动，制动缸压力阶段上升，全制动制动缸压力300 kPa； (16) 阶段缓解，制动缸压力阶段下降，运转位制动缸压力下降为0； (17) 制动缸在2～3 s上升到280 kPa，最终为(300±15) kPa； (18) 制动缸压力在3～5 s降到35 kPa以下； (19) 均衡风缸减压100 kPa，列车管减压到均衡风缸压力的±10 kPa，制动缸增压到230～250 kPa；
5	单机	22		20					21 24			23	(20) 均衡风缸减压140 kPa，列车管压力保持不变，制动缸压力保持不变； (21) 制动缸压力下降为0，手柄复位后制动缸压力不恢复； (22) 均衡风缸增压至500 kPa，列车管压力保持不变，制动缸压力保持不变； (23) 制动缸压力在2～3 s上升到280 kPa，最终为300 kPa； (24) 制动缸压力在3～5 s降到35 kPa以下。

图 4-43 CCBⅡ型制动机"五步闸"试验程序

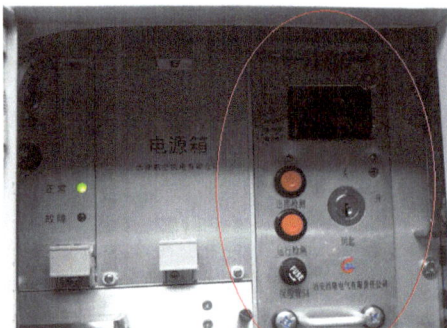

图 4-44 绝缘检测箱

③ 顺时针右旋 45°，将蓝钥匙打到"开"位，设备加电开始自检，进入自检状态，自检灯闪烁。若此时机车电钥匙打开或未降受电弓，该装置电联锁将启动，相应故障指示灯常亮，向 6A 系统发送故障信息，并有蜂鸣器报警。同时检测装置不能进入测试状态，遇到这种情况应降下受电弓，检查机车电钥匙状态，打到"关"位。自检通过时，显示窗口显示"自检正常"。

④ 自检通过后就可以进行绝缘测试，再次确认机车车顶无人作业，根据机车出库或正在线路运用的情况，按下"出库检测"或者"运行检测"按钮进行检测。

⑤ 确认防溜措施已解除，如图 4-45 所示。要道还道，确认信号，全组联系好，鸣笛动车，如图 4-46 所示。

图 4-45 撤除铁鞋（止轮器）

图 4-46 鸣笛动车

⑥ 检查车载设备合格证填记是否齐全，无合格证时通知出勤调度员。

违章项点：

① 机车检查不细致、简化作业、漏检。

② 分体动轮不检查轮箍迟缓线，走行部等重要部件检查不认真。

③ 违反劳动人身安全相关规定，作业中造成人身伤亡。

④ 起机时飞车，导致责任机故。

⑤ 接车后发现影响运用的故障，处置流程不当、信息反馈不及时。

⑥ 制动机试验、电气动作试验不标准，不确认各仪表显示。

⑦ 制动机试验时，未拧紧手制动机（弹簧停车未在作用位）。

⑧ 机车乘务员未按规定配合检测人员作业。

⑨ 车载设备合格证不全、无合格证或合格证超期机车出段。

4.1.6 继乘接车

（1）继乘机班出勤作业按规定办理出勤作业。进出车站应主动出示证件，接受安全检查。在站内须严格按照固定径路行走，确保人身安全，如图 4-47 所示。

（2）交班司机进行 LKJ 数据转储，拔出音视频转储 U 盘；接班机班按《机车乘务员一次乘务作业规程》中继乘站检查作业范围与标准进行检查，对交班司机反映的异常设备、部件进行检查（含行车安全设备）。

图 4-47　严格按照固定径路行走，确保人身安全

（3）认真做好调度命令、电量、工具箱铅封及机车钥匙、质量情况、电务车载设备检测合格证、运统 1（电子运统 1 或纸质运统 1）、货运票据交接，查阅机车运行日志。

（4）接班机班将音视频转储 U 盘插入数据转储装置，确认工作正常；核对粘贴在 LKJ 显示器上的数据"版本标识"和 LKJ 显示的数据版本号一致，并将 LKJ 数据版本号等记录在司机手册上。由司机将 IC 卡内 LKJ 临时数据文件导入 LKJ，拔出 IC 卡后机班对照交付揭示，对载入的 LKJ 临时数据文件条数和相关命令号进行查询、核对。根据担当机车局别和 LKJ 数据版本，逐项输入（选择）乘务员代号、交路号、车站号、车次、列车种类、车速等级、列车编组等数据参数，降级状态时确认 LKJ "开车"灯亮，输入数据时做到边输入、边呼唤、边确认，确保数据完整正确，如图 4-48 所示。

图 4-48　边输入、边呼唤、边确认

（5）折角继乘时，交班司机挂车完毕后，在连挂端司机室内与接班机班进行交接班作业。接班机班与列检作业人员（车辆乘务员）进行电（供电）钥匙、列尾 ID 信息联络卡的交接。

（6）由接班司机负责列车自动制动机简略试验时，应及时实施单阀全制动，缓解列车制动，按规定进行制动机简略试验。

183

任务 4.2　出段发车

学习寄语

1978 年 1 月，上海铁路局上海机务段 DF₃型机车 0058 号，被党中央、国务院正式命名为"周恩来号"机车，是当时唯一担当旅客列车牵引任务的"伟人号"机车。"周恩来号"机车组传承周恩来总理全心全意为人民服务的宗旨，践行"人民铁路为人民"的铮铮誓言，坚持冲锋在前，穿梭行驶在江南大地，始终保持与时代同呼吸，与人民心连心，为革命、建设、改革开放作出了巨大贡献。

2015 年 5 月 4 日，第四代"周恩来号"机车 HXD₁D 1898 号正式担当 T7606/7605 次特快旅客列车上海—南京段的牵引任务。2018 年春运期间，"周恩来号"机车又担当 K1555/K1556 次旅客列车上海—南京段的牵引任务。

出段发车

布置任务

（1）了解机车乘务员机车出段作业标准。

（2）认识机车乘务员走行挂头作业标准。

（3）掌握机车乘务员发车准备作业标准。

填写学习任务单，如表 4–22 所示。

表 4–22　学习任务单

任务 4.2	机车乘务员出段发车		
学习小组		姓名	
● 学习任务（1）机车乘务员机车出段作业标准			
● 学习任务（2）机车乘务员走行挂头作业标准			
● 学习任务（3）机车乘务员发车准备作业标准			

相关资料

4.2.1　机车出段

1. 相关《操规》

第十二条　机车整备完毕机班全员上车后，要道准备出段。

（1）确认调车信号或股道号码信号、道岔开通信号、道岔表示器显示正确，厉行确认呼唤（应答），鸣笛动车（限鸣区段除外，下同）。确认呼唤（应答）标准见附件 7。

（2）移动机车前，应确认相关人员处于安全处所，防溜已撤除，注意邻线机车、车辆的移动情况。段内走行严守速度规定。

（3）机车到达站、段分界点停车，签认出段时分（单班单司机签点办法由铁路局集团公司规定），了解挂车股道和经路，执行车机联控，按信号显示出段。

2. 出库作业

（1）副司机立岗，机班共同确认调车信号或股道号码信号、道岔开通信号、道岔表示器显示正确。

（2）认真执行确认呼唤（应答）制度。确认相关人员处于安全处所，注意邻线机车、车辆的移动情况，鸣笛动车。机班全员由近及远，依次逐架确认经路上的每一架信号机、道岔

图 4-49 探头手比、确认呼唤

表示器；对首架信号机（非集中区为股道号码信号、道岔表示器），必须在信号显示侧"探头手比、确认呼唤"，如图 4-49 所示。

（3）严格按信号显示要求运行，严守限制速度。

（4）通过自动过分相测试点处，确认车载自动过分相装置作用良好。

（5）机车到达站、段分界点一度停车，确认出段时分，按压 LKJ"出入库"键，将出段时分记录在司机手册上。与车站值班员进行联系，了解挂车股道、走行经路等事项；按规定执行"问（指）路式"联控，确认首架信号机开放后，按信号显示出段。

（6）执行车机联控，确认首架信号机开放，按压 LKJ"出入库"键，按信号显示出段，并将出段时分记录在司机手册上。

（7）执行 7 个时机学习（随乘）司机站立瞭望制度：

① 单机出库及挂头；

② 单机摘头至回库；

③ 单机站折走行转线作业时；

④ 单机在段内或折返点库内走行时；

⑤ 在区间会车时；

⑥ 列车进站至出站或进站至停车时；

⑦ 通过关键处所或道口。

3. 出库走行

（1）穿越正线前，必须执行"问（指）路式"调车的有关规定（开通 CIPS/SAM 系统的车站除外）。在得到进路准备好的通知后，记录通知时间和股道，并确认信号开放后方可动车，如图 4-50 所示。在穿越正线前的最后一架调车信号机前的适当位置（便于确认信号，应不少于 30 m，下同），机班须再次"手比呼唤"确认调车信号显示，按压 LKJ"定标"键打点。

（2）占用正线调车，且进路末端开通至进站信号机（站界标）不需越出站界时，机班确认已掌握站界标位置后方可作业，如图 4-51 所示。联控时应听清并复诵车站"注意站界"提示用语，作业时应严格控制速度，在最外方道岔处一度停车，警惕呼唤确认站界标位置后，以不超过 5 km/h 速度运行。机车停车位置不得近于站界标 10 m；特殊情况必须近于 10 m 时，应严格控制运行速度，严禁越出站界。

图 4-50 确认信号开放

图 4-51 站界标位置

（3）机车停车位置距运行方向首位调车信号机距离不足 10 m，司机须下车确认调车信号机的显示（可在机车外走廊上确认信号时除外），下车前做好机车防溜，下车确认时加强劳动安全互控，不得侵入限界。

（4）电力机车调车作业必须加强接触网终点标位置的呼唤确认，如图 4-52 所示。应与接触网终点标保持不少于 10 m 处停车；遇特殊情况必须近于 10 m 时，须执行一度停车，并严格控制速度。

（5）进入尽头线调车。

① 自进入尽头线距离车挡 300 m 时起，速度控制在 15 km/h 以下，并按监控装置"定标"键打点。

② 副司机（非操纵司机）立岗瞭望，执行警惕呼唤。

图 4-52 接触网终点标

③ 尽头线调车作业，机车运行距尽头线车挡 30 m 时，运行速度不得超过 5 km/h。机车与线路终端（车挡）应有 10 m 的安全距离；遇特殊情况必须近于 10 m 时，须执行一度停车，再按不超过 5 km/h 速度前移。

违章项点：

① 动车时防溜措施未撤除，手制动机未缓解。
② 未确认库内调车信号与走行经路，盲目动车。
③ 库内盲目动车，导致人员伤亡。
④ 未逐个确认信号与道岔开通状态。
⑤ 调车作业中间断瞭望。
⑥ 要道还道、确认信号时，精力不集中，误认信号。
⑦ 段内走行超速。
⑧ 走行经路不清，盲目动车。

4. 机车出段信号确认

具体确认步骤如下。

道岔开通信号（表示进路道岔准备妥当）

昼间——拢起的黄色信号旗高举头上左右摇动。

夜间——白色灯光高举头上。

机车出入段进路道岔准备妥当后，显示如下道岔开通信号：

昼间——拢起的黄色信号旗高举头上左右摇动。

夜间——白色灯光高举头上。

股道号码信号：要道或回示股道开通号码

一道：昼间——两臂左右平伸；夜间——白色灯光左右摇动。

二道：昼间——右臂向上直伸，左臂下垂；
夜间——白色灯光左右摇动后，从左下方向右上方高举。

股道号码信号：要道或回示股道开通号码

三道：昼间——两臂向上直伸；夜间——白色灯光上下摇动。

四道：昼间——右臂向右上方，左臂向左下方各斜伸45°角；
夜间——白色灯光高举头上左右小动。

股道号码信号：要道或回示股道开通号码

五道：昼间——两臂交叉于头上；夜间——白色灯光作圆形转动。

六道：昼间——左臂向左下方，右臂向右下方各斜伸45°角；
夜间——白色灯光作圆形转动后，再左右摇动。

股道号码信号：要道或回示股道开通号码

七道：昼间——右臂向上直伸，左臂向左平伸；
夜间——白色灯光作圆形转动后，左右摇动，
然后再从左下方向右上方高举。

八道：昼间——右臂向右平伸，左臂下垂：
夜间——白色灯光作圆形转动后，再上下摇动。

九道：昼间——右臂向右平伸，左臂向右下斜45°角；
夜间——白色灯光作圆形转动后，再高举头上左右小动。

十道：昼间——左臂向左上方，右臂向右上方各斜伸45°角；
夜间——白色灯光左右摇动后，再上下摇动作成十字形。

股道号码信号：要道或回示股道开通号码

十一至十九道：须先显示十道股道号码，
再显示所要股道号码的个位数信号。

二十道及其以上的股道号码：各站根据需要自行规定，
并纳入《站细》。

189

4.2.2　走行挂头

1. 相关《操规》

第十三条　进入挂车线后，应严格控制机车速度，执行十、五、三车和一度停车规定，确认脱轨器、防护信号及停留车位置。

（1）距脱轨器、防护信号、车列 10 m 前必须停车。

（2）确认脱轨器、防护信号撤除后，显示连挂信号，以不超过 5 km/h 的速度平稳连挂。

（3）连挂时，根据需要适量撒砂，连挂后要试拉。

第十四条　挂车后，机车保持制动，司机确认机车与第一位车辆的车钩、软管连结和折角塞门状态。多机重联时，机车与车辆连挂状态的检查由连挂司机负责；列车本务司机应复检机车与第一位车辆的车钩、软管连结和折角塞门状态。

（1）正确输入机车综合无线通信设备（以下简称"CIR"）、LKJ 有关数据。采用微机控制制动系统的机车，核对制动机设定的列车种类。向车站值班员（助理值班员）了解编组情况、途中甩挂计划及其他有关事项。

（2）货运票据、列车编组顺序表需由机车乘务组携带时，应按规定办理交接，并妥善保管。

（3）司机应在列车充风或列车制动机试验时，检查本务机车与列尾装置主机是否已形成"一对一"关系。

（4）制动主管达到定压后，司机按规定及检车人员的要求进行列车制动机试验，装有防折关装置的机车应确认制动主管贯通情况。

（5）发现充、排风时间短等异常或制动主管漏泄每分钟超过 20 kPa 时，及时通知检车人员（无检车人员时通知车站值班员）。

（6）制动关门车辆数超过规定时，发车前应持有制动效能证明书。

（7）列车制动机进行持续一定时间的保压试验，应在试验完毕后，接受制动效能证明书。

（8）司机接到制动效能证明书后，应校核每百吨列车重量换算闸瓦压力，不符合《铁路技术管理规程》（以下简称《技规》）及本区段的规定时，应向车站值班员报告。

（9）直供电列车连挂后，司机拔出供电钥匙与客列检（或车辆乘务人员）按规定办理交接、供电手续，电力机车还需断开主断路器。

2. 挂车

进入挂车线后，严格按十、五、三车距离控制运行速度（十车距离限速 15 km/h、五车距离限速 10 km/h、三车及以内距离限速 5 km/h），认真执行一度停车和确认呼唤（应答）制度。

（1）在挂车线警冲标外方确认脱轨表示器显示状态、防护信号设置及车列停留位置，在距显示遮断状态的脱轨表示器、防护信号 10 m 前停车。

（2）确认脱轨器、防护信号撤除，在车列 10 m 前停车，具备连挂条件后，根据副司机在连挂处显示的连结信号（单司机单班应根据列检人员、车辆乘务员或车站人员的连结信号连挂），如图 4-53 所示，以不超过 3 km/h 的速度平稳连挂。

（3）挂车时根据需要适量撒砂，连挂后试拉确认机车与第一位车辆连挂妥当，如图 4-54 所示，按规定更换机车操纵台。

图 4-53　连结信号

图 4-54　确认机车与第一位车辆连挂妥当

3. 直供电线连接

牵引由机车供电的旅客列车时：

（1）司机应在确认供电系统在断开位（电力机车应降下受电弓）后，在机车与客车连接处，将电（供电）钥匙交给客列检作业人员（车辆乘务员）。

（2）司机与客列检作业人员（车辆乘务员）在《机车供电旅客列车供电作业签认簿（机车）》上相互签认，如图 4-55 所示。待电气连接线连接，拿到电（供电）钥匙并签认后，方可向列车供电，确认机车供电状态正常。

4. 更换机车操纵台

（1）换端时按"换室操纵"作业要求执行。

（2）换端后退出 LKJ 调车工作状态，如图 4-56 所示。

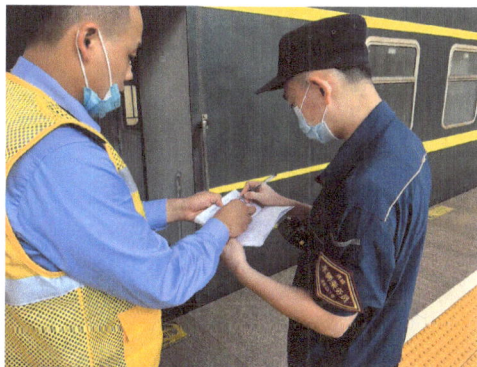

图 4-55　相互签认

图 4-56　确认退出 LKJ 调车工作状态

（3）多机连挂时，机车与车辆连挂状态的检查由连挂司机负责；列车本务机车司机应检查运行端所有机车之间的连挂状态，并复检机车与第一位车辆的车钩、车钩防跳装置、软管连接及折角塞门和机车走行部状态正常。

5. 编组交接及 LKJ 设定

（1）接收签认电子运统 1，确认列车出发车站、车次等信息。遇未接收到电子运统 1 信息时，汇报车站，按规定与车站办理交接。与车站办理交接的纸质运统 1、货运票据，应妥善保管。

（2）掌握列车编组情况，根据开行列车车次、列车编组，正确设定 LKJ 列车种类、制动类型和车速等级，准确输入列车编组等有关数据。

（3）正确选定 CIR 通信模式和运行线路；在 GSM-R 区段，正确注册 CIR 车次功能号并确认车次功能号注册成功。遇 CIR 故障时，及时使用 GSM-R 手持终端按规定注册车次功能号，并按规定汇报车站值班员（列车调度员）。

（4）在 GSM-R 区段运行时，CIR、GSM-R 手持终端按规定注册列车车次，并确认正确。

（5）采用微机控制制动系统的机车，须核对制动机设定的列车种类。

（6）参数设定时按照以下流程：

① 逐项输入。司机对照相关资料依次输入各项 LKJ 参数，要输入一项、呼唤一项、确认一项，做到"边输入、边呼唤、边确认"。司机输入时，副司机（非操纵司机）移位司机侧，依次复诵核对。

② 查询复核。参数输入完毕退出设定界面，司机按【查询】+【6】键查询设定参数，对照相关资料逐项参数手比确认、呼唤，副司机（非操纵司机）复诵确认。退出查询界面后，机班共同复核确认 LKJ 显示屏显示的车站名称。

③ 参数对照要求。交路号、车站号、车速等级输入：旅客列车对照《乘务员携带时刻表》；货物列车、单机，以及担当救援、图定机车交路变更等非正常情况时，对照 LKJ 操作提示卡、LKJ 操作手册资料；列车编组参数输入对照列车编组信息单（表）。

6. 列尾设定

旅客列车、特快货物班列列尾装置操作：本务机车司机根据车辆乘务员提供的客列尾 ID 信息联络卡进行输号操作，如图 4-57 所示，确认本务机车与列尾装置主机形成"一对一"关系，并与车辆乘务员联系确认列尾装置显示的机车号。

图 4-57　根据客列尾 ID 信息联络卡进行输号操作

7. 试风作业

（1）司机应根据试风作业人员的手信号或试风通知（由司机负责进行简略试验的，具备试验条件后，应及时缓解列车制动），确认制动主管达到定压后，对列车自动制动机进行全部或简略试验。

（2）试验时，司机应掌握制动主管充、排风时间（将排风起、止时间及减压量、泄漏量记录在司机手册上，在排风结束和充风缓解时按压 LKJ"定标"键打点），确认制动主管漏泄量 1 min 不超过 20 kPa。

（3）列车制动机试验情况应作为本次列车操纵和制动机使用的参考依据。装有列尾装置的列车，进行列尾风压查询；装有防折关装置的机车，注意观察其状态。CCBⅡ、法维莱等微机控制的制动机，注意观察显示屏上充风流量信息。

（4）试验完毕，确认防护信号撤除。在试风缓解至定压后，司机应及时将自阀减压不少于 100 kPa，使列车处于制动保压状态。

（5）列车进行制动机试验时（含全部试验和简略试验）必须检查 6A 系统"防折关系统"贯通辆数，发现误差超过技术标准时应立即处置。

（6）在列检作业后，挂有列尾装置的列车自动制动机简略试验由司机负责（挂有列尾装置的旅客列车，始发前、摘挂作业开车前及在途中换挂机车站、客列检作业站，有列检作业的由列检人员负责，无列检作业的由车辆乘务员负责）。试验时，司机须确认列尾风压显示与制动主管充、排风变化相一致（制动主管风压稳定时，一般不应超过±20 kPa）。

（7）回送客车底列车的列车自动制动机的简略试验，在无客（货）列检的车站（场）由司机负责（无法使用客车列尾装置时，图定回送客车底列车由车辆乘务员负责，非图定回送客车底列车由车站负责）。站折的旅客列车（通勤列车按规定车次）终到折返站后，需使用到达机车进行制动机试验时，司机应按规定配合客列检（车辆乘务员）进行制动机试验。

图 4-58　查验、登记添乘（登乘）机车人员证件

8. 登乘要求

按规定查验、登记添乘（登乘）机车人员证件或调度命令并做好记录，如图 4-58 所示。

违章项点：

（1）十、五、三车不控速，不确认机车停留位置。

（2）调车作业中做与工作无关的事情，间断瞭望。

（3）不确认脱轨器及防护信号状态。

（4）换端时无人留守。

（5）换端时未执行防溜措施，简化作业程序。

（6）不试拉，未确认车钩、风管连挂状态，或确认不彻底。

（7）折角塞门关闭未及时发现。

（8）直供电机车，未按规定检查电器连线连接状态。

（9）试闸不标准，手账未记录充、排风时间。

（10）未及时发现制动机漏风、失效、风管断开、折角塞门关等现象。

（11）监控未及时进入降级状态，造成调车模式开车。

（12）制动机性能掌握不清，影响运行中的正常操纵。

9. 走行挂头信号确认

具体确认步骤如下。

连结信号：表示连挂作业

昼间——两臂高举头上，使拢起的手信号旗杆成水平末端相接；

夜间——红、绿色灯光（无绿色灯光的人员，用白色灯光）交互显示数次。

减速信号：要求列车降低到要求的速度

昼间——展开的黄色信号旗；

夜间——黄色灯光。

减速信号：要求列车降低到要求的速度

昼间无黄色信号旗时，用绿色信号旗下压数次；

夜间无黄色灯光时，用白色或绿色灯光下压数次。

停车信号：要求列车停车

昼间——展开的红色信号旗；

夜间——红色灯光。

停车信号：要求列车停车

昼间无红色信号旗时，两臂高举头上向两侧急剧摇动；

夜间无红色灯光时，用白色灯光上下急剧摇动。

指挥机车向显示人方向来的信号

昼间——展开的绿色信号旗在下部左右摇动；

夜间——绿色灯光在下部左右摇动。

指挥机车向显示人方向稍行移动的信号

昼间——拢起的红色信号旗直立平举，
再用展开的绿色信号旗左右小动；

夜间——绿色灯光下压数次后，再左右小动。

指挥机车向显示人反方向去的信号

昼间——展开的绿色信号旗上下摇动；

夜间——绿色灯光上下摇动。

指挥机车向显示人反方向稍行移动的信号

昼间——拢起的红色信号旗直立平举，
再用展开的绿色信号旗上下小动；

夜间——绿色灯光上下小动。

10. 列车制动机试验

1）相关《操规》

第十五条 全部试验

列检作业场无列车制动机的地面试验设备或该设备发生故障时，机车对列车充满风后，司机应根据检车员的要求进行试验：

（1）自阀减压 50 kPa（编组 60 辆及以上时为 70）kPa 并保压 1 min，对列车制动机进行感度试验，全列车必须发生制动作用，并不得发生自然缓解，司机检查制动主管漏泄量，每分钟不得超过 20 kPa；手柄移至"运转"位后，全列车须在 1 min 内缓解完毕。

（2）自阀施行最大有效减压（制动主管定压 500 kPa 时为 140 kPa，定压 600 kPa 时为 170 kPa），对列车制动机进行安定试验，以便检车员检查列车制动机，要求不发生紧急制动，并检查制动缸活塞行程或制动指示器是否符合规定。

2）相关《技规》

（1）全部试验。

① 货车列检对解体列车到达后施行一次到达全部试验，对编组列车始发前施行一次始发全部试验，对有调车作业中转列车到达后首先施行到达全部试验，发车前只施行始发全部试验中的漏泄试验；

② 货车特级列检和安全保证距离在 500 km 左右的一级列检对无调车作业中转列车始发前施行一次始发全部试验；

③ 无列检作业场车站始发的列车，在途经第一个列检作业场进行无调车中转技术检查作业时施行一次始发全部试验；

④ 列检作业场对运行途中自动制动机发生故障的到达列车；

⑤ 旅客列车库内检修作业；

⑥ 在有客列检作业的车站折返的旅客列车。

站内设有试风装置时，应使用列车试验器试验，连挂机车后只做简略试验。对装有空气弹簧等装置的旅客列车，应同时检查辅助用风系统的泄漏。

（2）简略试验。

制动主管达到规定压力后，自阀减压 100 kPa 并保压 1 min，检查制动主管贯通状态，检车员、车站值班员或车站有关人员检查确认列车最后一辆车发生制动作用；司机检查制动主管漏泄量，每分钟不得超过 20 kPa。

4.2.3 发车准备

1. 相关《操规》

第十六条 司机根据发车时间，做好发车准备工作。货物列车起动困难时，可适当压缩车钩，但不应超过总辆数的三分之二。压缩车钩后，在机车加载前，不得缓解机车制动。

第十七条 起动列车前，必须二人及以上（单司机值乘区段除外）确认行车凭证、发车信号显示正确，准确呼唤应答，执行车机联控，鸣笛起动列车。

（1）起动列车前，使用列尾装置检查尾部制动主管压力是否与机车制动主管压力基本一致。

（2）列车起动时，应检查制动机手柄是否在正常位置及各仪表的显示状态，做到起车稳、加速快、防止空转。

（3）内燃机车提手柄、电力机车进级时，应使柴油机转速及牵引电流稳定上升。当列车不能起动或起动过程中空转不能消除时，应迅速调整主手柄位置，重新起动列车。

（4）列车起动后，应进行后部瞭望确认列车起动正常。单司机单班值乘的不进行后部瞭望。

2. 相关《技规》

动车组以外的列车司机在列车运行中，应做到：列车在出发前输入监控装置有关数据；按规定对列车自动制动机进行试验，在制动保压状态下列车制动主管的压力 1 min 内漏泄不得超过 20 kPa，确认列尾装置作用良好。

装备机车综合无线通信设备的机车，开车前司机要选定机车综合无线通信设备通信模式

图 4-59　联控

和运行线路。在 GSM-R 区段运行时，机车综合无线通信设备、GSM-R 手持终端按规定注册列车车次，并确认正确。

3. 发车准备作业标准

全组人员核对机车信号方向开关位置，LKJ、CIR 数据输入正确，直供电正常。确认行车凭证、命令，执行手比确认、呼唤应答后，再进行车机联控。执行手信号发车时，必须全组人员确认发车手信号 3 圈显示正确；执行电台发车时，司机、副司机使用标准用语联控，如图 4-59 所示，联控后进行互控。挂有重联、补机机车时，本务机车司机与重联、补机机车司机进行联控，联系确认是否具备开车条件。

违章项点：

（1）行车凭证、命令未确认。

（2）行别开关未确认。

（3）监控数据未确认。

（4）发车信号未确认便盲目联控。

（5）未与重联机车进行车机联控。

4.2.4　发车

1. 发车作业标准

（1）始发列车开车前进行后部瞭望，确认防护信号已撤除。列车起动后，进行后部瞭望，确认列车起动正常，在规定地点对标。

（2）装有列尾装置的列车出发前、进站前、进入长大下坡道前、停车站出站后，使用列尾装置对制动主管的压力变化情况进行检查。

2. 发车信号确认

确认步骤具体如下。

发车信号：要求司机发车

昼间——展开的绿色信号旗上弧线向列车方面作圆形转动；

夜间——绿色灯光上弧线向列车方面作圆形转动。

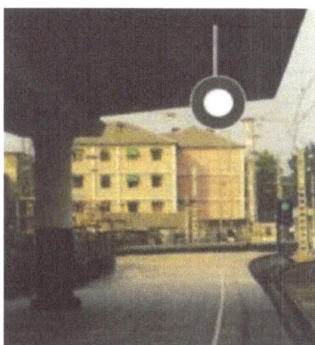

在设有发车表示器的车站，按发车表示器显示发车。

发车表示器常态不显示，显示一个白色灯光表示车站人员准许发车。

违章项点：

（1）发车前未执行后部瞭望或后部瞭望执行不彻底。

（2）对标地点不准确，造成监控不控、误控。

3. 操纵要点及安全事项

（1）根据列车速度，选择适当的手柄位置。牵引电机电压、电流不得超过额定值。

（2）解除机车牵引力时，牵引手柄要在接近"0"位前稍作停留再退回"0"位。

（3）机车不得在"电力机车禁停区"停车，遇突发情况造成机车停在"电力机车禁停区"时，司机应立即降下受电弓，请求救援牵引出该区。

（4）发现接触网挂有异物，不危及行车安全时，要迅速断开主断路器、降下受电弓，并及时向车站值班员或列车调度员汇报。

（5）附挂两台及以上电力机车运行时，第三辆及后部机车不得升弓运行。遇降弓手信号或接触网异常等情况，须降弓时，本务机车司机应在断主断、降弓的同时，立即通知（鸣示途中降弓信号）后部机车司机降弓；后部司机得到降弓指令后，须立即断电降弓并回示。确认升弓手信号后，通知后部机车司机升起受电弓。

（6）遇"降"、"升"受电弓标或临时降、升弓手信号时，应及时降下或升起受电弓。

（7）电力机车乘务员需要登上机车顶部检查弓网状态或处理故障时，应断开主断路器，降下受电弓，必须向车站值班员或列车调度员申请办理登顶作业，接到列车调度员发布"接触网已停电，准许登顶作业"的调度命令后，验电、接地并采取安全防护措施后方准作业。

（8）正常情况下，在同一列车运行方向，使用同一受电弓；遇雾霾等恶劣天气，具备不降弓条件的要保持升弓状态，禁止换弓作业；运行途中及站停时，禁止关闭或隔离牵引通风机；发生机车车顶设备闪络，在未判明原因前，禁止盲目二次升弓。

（9）电力机车及电力机车牵引的列车被迫停在两断口锚断关节式电分相或器件式接触网电分相关系区时，应立即断电、降弓，保持列车制动，并按规定向两端站车站值班员（列车调度员）报告停车地点（机车对应 LKJ 公里数、前后受电弓所处的两个接触网支柱号）和原因，有车辆乘务员时还应通知车辆乘务员。根据供电调度员通知，确认机车车顶绝缘状态良好后，进行升弓验电，并将验电结果报告供电调度员。使用闭合接触网上开关向无电区供电进行救援时，在开车前，司机须关闭机车自动过分相装置。

（10）遇雾雪等天气，受电弓或接触网被冰雪包裹，在站内停留如发现弓网产生打火放电现象时，站内起动列车，应控制牵引电流不得过大，避免受电弓与接触网间产生拉弧导致烧网。

任务 4.3　途中运行

蒸汽机车 1083 号被命名为"朱德号"

HXD$_{3D}$ 型电力机车 1886 号被命名为"朱德号"

学习寄语

　　在 1946 年的"死机复活"运动中，1083 号蒸汽机车"朱德号"诞生并开始了它光辉的传奇历程。在解放战争中，"朱德号"机车组饱经炮火硝烟洗礼，有力地保证了人民解放军在重大战役中的运输需要，为解放东北发挥了重要作用。在抗美援朝战争中，"朱德号"机车把一列列军用物资运送到志愿军战士手中，立下了赫赫战功。在新中国建设中，"朱德号"机车踊跃参加"满超五"运动，安全正点、多拉快跑，不辱使命，始终走在全路运输战线的前列。

　　75 载岁月烟云，"朱德号"机车历经蒸汽、内燃、电力机车 5 次换型、6 次换车，但"敢挑重担，勇当先锋"的初心从未改变，也成为了机车人的重要精神体现。

途中运行

布置任务

（1）了解机车乘务员列车操纵作业标准。
（2）认识机车乘务员列车操纵安全注意事项。
（3）掌握机车乘务员严寒地区操纵及注意事项。

填写学习任务单，如表4-23所示。

表4-23　学习任务单

任务4.3	机车乘务员途中运行		
学习小组		姓名	
● 学习任务（1）机车乘务员列车操纵作业标准			
● 学习任务（2）机车乘务员列车操纵安全注意事项			
● 学习任务（3）机车乘务员严寒地区操纵及注意事项			

相关资料

4.3.1　列车操纵

1. 相关《操规》

第十八条　机务段应根据担当的牵引区段、使用机型、牵引定数、区间运行时分等编制列车操纵示意图、列车操纵提示卡。在编制过程中，应利用LKJ运行数据对其进行校核优化。

第十九条　列车操纵示意图应包括以下内容：

① 列车速度曲线；② 运行时分曲线；③ 线路纵断面和信号机位置；④ 站场平面示意图；⑤ 提、回手柄地点；⑥ 动力制动使用和退回地点；⑦ 空气制动减压量和缓解地点及速度；⑧ 区间限制速度及区段内各站道岔的限制速度；⑨ 机械间、走廊巡视时机；⑩ 接触网分相区地点；⑪ 各区间注意事项。

第二十条　铁路局按照列车操纵示意图相关内容，针对担当区段的安全关键，编制操纵提示卡，明确区间公里、运行时分、平均速度、具体提回手柄地点、提回手柄级位或柴油机转速、制动机使用操作、电力机车过分相操作、特殊困难区段操作，以及含到发线有效长度、道岔限速、站中心公里、股道有无接触网等内容的中间站站场示意图等内容和安全注意事项。

第二十一条　机车司机在运行中必须严格执行"彻底瞭望、确认信号、准确呼唤、手比眼看"的"十六字令"，依照机车乘务员一次出乘作业标准、列车操纵示意图、列车操纵提示卡正确操纵列车，并规范执行确认呼唤（应答）和车机联控制度。

严格遵守每百吨列车重量换算闸瓦压力限制速度，列车限制速度，线路、桥隧、信号容许速度，机车车辆最高运行速度，道岔、曲线及各种临时限制速度，以及LKJ速度控制模式设定的限制速度的规定。

列车运行中，当列尾装置主机发出电池欠压报警、通信中断等异常情况时，司机应及时通知就近车站值班员或列车调度员，旅客列车应同时通知车辆乘务员。

第二十二条　设有两端司机室的机车，司机必须在运行方向前端司机室操纵（调车作业推进运行时除外）。机车信号转换开关置于正确位置。非操纵端与行车无关的各开关均应置于断开位并锁闭，取出制动机手柄或置于规定位置；列车无线调度通信设备和列尾装置司机控制盒置于关闭位。安装双套LKJ主机的机车，非操纵端LKJ应关闭。

第二十三条　操纵机车时，未缓解机车制动不得加负荷（特殊情况除外）；运行中或未停稳前，严禁换向操纵。设有速度工况转换装置的机车，车未停稳，不准进行速度工况转换。

机车负载运行中，内燃机车提手柄、电力机车进级时，应使柴油机转速及牵引电流稳定上升，遇天气不良时应实施预防性撒砂，当机车出现空转不能消除时，应及时调整主手柄位置；具有功率自动调节控制功能的和谐型电力机车运行在困难区段出现空转时，不得盲目退回手柄。

第二十四条　内燃机车提、回手柄应逐位进行，使牵引电流、柴油机转速稳定变化。负载运行中，当柴油机发生喘振、共振时，司机应及时调整主手柄位置。退回手柄时，主手柄回至"1"位需稍作停留再退回"0"位。

主手柄退回的过程中，若柴油机转速不下降，为防止柴油机"飞车"，禁止手柄回"0"位，立即采取停止燃油泵工作、打开燃油系统排气阀、按下紧急停车按钮等措施。

第二十五条　电力机车运行中应注意以下事项：

（1）根据列车速度，选择适当的手柄位置。牵引电机电压、电流不得超过额定值。

（2）解除机车牵引力时，牵引手柄要在接近"0"位前稍作停留再退回"0"位。

（3）使用磁场削弱时，要在牵引电机端电压接近或达到额定值，电流还有相当余量时，逐级进行。

（4）通过分相绝缘器时严禁升起前后两受电弓，一般不应在牵引电机带负荷的情况下断开主断路器。按"断"、"合"申标，断开、闭合主断路器（装有自动过分相装置除外）。货物列车若通过分相绝缘器前，列车速度过低时（速度值由铁路局规定），允许快速退回牵引手柄。

（5）遇接触网故障或挂有异物，降、升受电弓标或临时降、升弓手信号时，及时降下或升起受电弓。

（6）接触网临时停电或异常时，要迅速断开主断路器、降下受电弓，立即采取停车措施，检查弓网状态。装有车顶绝缘检测装置的机车，司机要检查确认机车绝缘情况，确认机车绝缘装置故障或绝缘不良时，不得盲目升弓。

第二十六条　运行中应确认制动缸压力表压力。装有EL-14型制动机的机车，应在列车起动前，以及每运行1～3个区间和施行制动前，使用自阀瞬间缓解；单阀缓解每个区间不得少于1次。

第二十七条　装有列尾装置的列车出发前、进站前、进入长大下坡道前和停车站出站后，应使用列尾装置对制动主管的压力变化情况进行检查，发现制动主管的压力异常时，应立即停车，停车后，查明原因妥善处理，并通知就近车站值班员或列车调度员。

第二十八条 施行常用制动时，应考虑列车速度、线路坡道、牵引辆数和吨数、车辆种类及闸瓦压力等条件，保持列车均匀减速，防止列车冲动。进入停车线停车时，提前确认 LKJ 显示距离与地面信号位置是否一致，准确掌握制动时机、制动距离和减压量，应做到一次停妥。牵引列车时，不应使用单阀制动停车，并遵守以下规定：

（1）初次减压量，不得少于 50 kPa。长大下坡道应适当增加初次减压量，具体减压量由铁路局制定。

（2）追加减压一般不应超过两次；一次追加减压量，不得超过初次减压量。

（3）累计减压量，不应超过最大有效减压量。

（4）单阀缓解量，每次不得超过 30 kPa（CCB Ⅱ、法维莱型制动机除外）。

（5）减压时，自阀排风未止不应追加、停车或缓解列车制动。

（6）货物列车运行中，自阀减压排风未止，不得缓解机车制动。

（7）禁止在制动保压后，将自阀手柄由中立位推向缓解、运转、保持位后，又移回中立位（牵引采用阶段缓解装置的列车除外）。

（8）货物列车速度在 15 km/h 以下时，不应缓解列车制动。长大下坡道区段因受制动周期等因素限制，最低缓解速度不应低于 10 km/h。重载货物列车速度在 30 km/h 以下，不应缓解列车制动。

（9）少量减压停车后，应追加减压至 100 kPa 及以上。

（10）站停超过 20 min 时，开车前应进行列车制动机简略试验。

2. LKJ 校正

（1）按压"开车"键后，根据地面第一架可进行 LKJ 数据校核的信号机、进站信号机前一架通过（接近）信号机和进站（接车进路、线路所通过）信号机位置及时核对、校正 LKJ 距离，运行中发现距离误差及时校正，如图 4-60 所示。

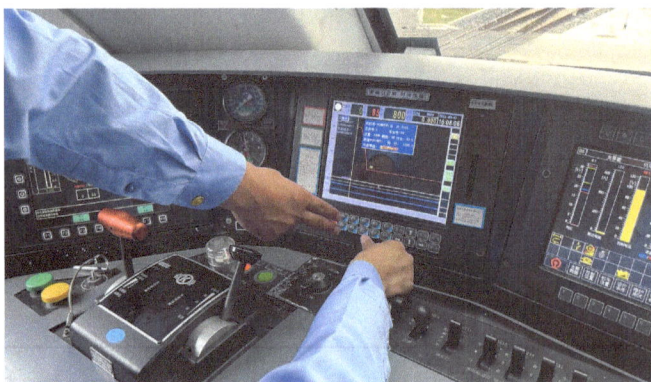

图 4-60　距离误差校正

（2）遇地面（机车）信号变化应呼唤确认，发现机车空转、滑行可能造成 LKJ 距离有误差时，应及时确认校核；遇在规定的时机无法确认地面信号时，应及时呼唤确认机车信号显示，运行至能确认地面信号显示地点，再呼唤确认。

（3）旅客列车变更径路运行时，必须得到列车调度员发布变更列车径路的调度命令，在停车状态下，根据担当机车局别和 LKJ 数据版本，查定并正确设置 LKJ 交路号和车站号。开车后，准确按压 LKJ "开车"键，确认 LKJ 调用数据正确并处于通常工作状态。

3. 列车制动力试验

列车开车后，司机应根据线路纵断面、接触网电分相等实际情况，选择合适的地点（原则上列车尾部过岔后在第一区间，旅客列车运行速度 45～60 km/h）使用空气制动进行制动力试验，如图 4-61 所示。确认列车降速不低于 5 km/h 方可缓解，同时司机应注意风表压力及列车充、排风时间和列车制动力。

4. 列车进、出站

（1）列车进站前，按规定进行车机联控或确认签收 CIR 进路预告信息，如图 4-62 所示。确认进站信号机显示，严格按信号显示要求控制列车运行速度。

图 4-61　制动力试验

图 4-62　车机联控

（2）列车运行至进站（接车进路）信号机处，应确认 LKJ 显示的信号机位置、距离与实际一致。

（3）列车越过反向进站信号机处或站界标后（停站列车起动后），客运列车司机确认早晚点时分并报点。

（4）列车通过站中心（停站列车起动后），司机报点；出站后确认呼唤机车总风缸、制动缸压力、控制电压值显示。站停列车，应记录列车停、开时分（单司机值乘的应在停车后、开车前记录），运行中单阀缓解每个区间不得少于 1 次。

（5）自进站信号机起至反向进站信号机或站界标止（线路所以站界为准），副司机应立岗瞭望。

（6）进站停车取得所进股道号后，进行 LKJ 侧线股道号输入操作。列车进入接车股道时，机班共同核对输入股道号与进入股道一致，发现错误立即修正。遇车机联控不清无法获得股道号时，应在列车进入站内股道，确认所进股道号后输入，无法确认所进股道号不得输入（若站内停车输入侧线时，比照执行）。

（7）中间站停车必须坚守岗位，不得擅自离开机车。需检查机车时，操纵端司机室应留有 1 人（机班或单司机离开司机室检查机车时要锁闭车门），应在站台侧或非邻近正线侧下车，检查行走应紧靠机车侧，严禁侵（邻）线作业。

（8）等会列车时应按规定显示列车标志，夜间应将机车头灯灯光减弱或熄灭。换向手柄（方向选择开关）置"中立"位，不得关闭空气压缩机。电力机车不准降弓、断主断及关闭劈相机。

（9）遇能够实现列车进路预告时或自动闭塞区段非多方向车站，列车正线通过时不联控。

5. 进站手信号确认

确认步骤具体如下。

通过手信号：准许列车由车站（场）通过

昼间——展开的绿色信号旗；　　　　　　　　夜间——绿色灯光。

引导手信号：准许列车进入车场或车站

昼间——黄色灯光高举头上左右摇动；　　　夜间——展开的黄色信号旗高举头上左右摇动。

特定引导手信号显示方式

昼间——展开绿色信号旗高举头上左右摇动；　　夜间——绿色灯光高举头上左右摇动。

6. 运行揭示控制

复诵（关系站前预报）前方运行揭示内容，如图4-63所示。

（1）在列车接近临时限速地段减速地点起始位置 6～4 km 时，按压 LKJ"定标"键打点确认。

（2）LKJ 显示屏出现临时限速信息时，确认限速信息与运行揭示（调度命令）、关系站联控限速内容、地面减速信号牌标注的限速值一致。

（3）运行中须严格按照信号显示的要求和规定的速度行车，严禁违规使用支线功能，防止监控失控。遇地面有临时限速或停车信号（牌）时，必须立即采取减速或停车措施。遇地面慢行地点或限速值、运行揭示（调度命令）、关系站核对信息、LKJ 控制信息不一致时，须立即按照最低速度、最长距离的原则控制列车运行，并向车站值班员（列车调度员）汇报。

图 4-63　复诵（关系站前预报）前方运行揭示内容

（4）在运行途中接到临时限速调度命令或口头指示，司机要亲自接收（签收）临时限速调度命令，并与列车调度员（车站值班员）认真核对，核对后记入司机手账。机班要共同核对确认限速开始和结束时间、区段、限速条件、起止和终止里程、限速值等内容，双班单司机值乘时要立即恢复双班共同值乘。进入限速运行地点前，发现与车站值班员联控的限速运行内容不一致时，应在进入限速运行地点前的车站停车并向车站值班员（列车调度员）报告，经列车调度员核实后方可继续运行。

（5）LKJ 显示屏出现临时限速信息时，确认限速地段目标速度应与运行揭示或调度命令一致，确认地面限速牌限速值。列车越过临时限速地段后，在交付揭示命令号打×划销，如图 4-64 所示。发现限速值信息不一致时，立即按照最低速度和最长距离的原则控制列车运行，并立即报告车站值班员（列车调度员）。

7. CIR 调令签收

运行途中接收到调度命令无线传送系统传输的调度命令时，除对命令内容确认外，还须重点对接收的调度命令发令时间（年、月、日、时、分）进行确认，如图 4-65 所示。确认无误后方可签收，并及时打印进行再复核。如对发令时间、车次、内容等有疑问时，须立即向车站值班员（列车调度员）询问。

图 4-64　在交付揭示命令号打×划销

图 4-65　CIR 调令签收

8. 区间运行

严格执行呼唤应答制度，精心操纵，安全正点。

（1）列车运行中，LKJ 提示前方列车运行限制速度有变化时，必须在变速点前，对变化的速度值及时进行确认呼唤。

（2）列车运行中，司机应根据 CIR 设备操作显示终端的提示信息或"通信转换"标志提示，正确转换 CIR 设备通信模式。CIR 设备自动转换的通信模式与实际运行线路不一致时，司机应进行手动转换。

9. 司控器操作事项

（1）操纵机车时，未缓解机车制动不得加负荷（特殊情况除外）；运行中或未停稳前，严禁移动换向手柄或进行换向操作。设有速度工况转换装置的机车，车未停稳，不准进行速度工况转换。

（2）机车负载运行中，电力机车进级时，应使牵引电流稳定上升；遇天气不良时，应实施预防性撒砂；当机车出现空转不能消除时，应及时调整牵引主手柄位置；具有功率自动调节控制功能的和谐型电力机车运行在困难区段出现空转时，不得盲目退回手柄。

（3）解除机车牵引力时，牵引手柄要在接近"0"位前稍作停留再退回"0"位。

10. 制动机操作事项

施行常用制动时，应根据目标速度（距离）、列车速度、线路纵断面、牵引辆数和吨数、车辆种类及制动性能等条件，准确掌握制动时机、制动距离和减压量，保持列车均匀减速，防止列车冲动。牵引列车时，不应使用单阀制动停车，并遵守以下规定：

（1）初次减压量不得少于最小有效减压量（以客车底编入的"小编组"列车，原则上不少于 60 kPa），长大下坡道初次减压量不得少于 70 kPa。追加减压一般不超过两次，一次追加减压量不得超过初次减压量，累计减压量不应超过最大有效减压量。

（2）减压时，自阀排风未止不应追加、停车和缓解列车制动。单阀缓解量，每次不得超过 30 kPa（CCB Ⅱ、法维莱型制动机除外）。

（3）禁止在制动保压后，将自阀手柄由中立位推向缓解、运转、保持位后，又移回中立位（牵引采用阶段缓解装置的列车除外）。

（4）列车停车后须保持制动状态，减压量不少于 100 kPa；停车超过 20 min 时，在出站（进路）信号机开放或得到试风的通知后，方可进行列车制动机的排风试验、简略试验（由车站负责简略试验时，得到车站试验通知后方可缓解列车制动；由司机负责简略试验时，应根据站停时间及时缓解列车制动）。确认发车条件具备后，方可起动列车。

（5）遇紧急情况，立即采取紧急停车措施（特殊运输要求除外）。

（6）列车运行中，发现制动主管压力急剧下降、波动，空气压缩机不工作或长时间泵风不止，列尾装置发出制动主管压力不正常报警等异常情况时，应迅速停止向制动主管充风，解除机车牵引力，及时采取停车措施，并立即向车站值班员（列车调度员）报告。

（7）列车遇线路塌方、道床冲空等危及行车安全的突发情况，被迫停车可能妨碍邻线，在区间被迫停车后不能继续运行需要防护时（机车故障常用制动停车时除外），司机应立即使用列车无线调度通信设备通知两端站、列车调度员及随车机械师，报告停车原因和停车位置，首先使用列车防护报警装置进行防护。

11. 过电分相操作注意事项

（1）电力机车应使用自动过分相装置，严禁机车同时升起前、后两架受电弓通过接触网电分相。

（2）司机应熟悉所担当区段内的接触网电分相位置及关键分相的最低入口速度。

（3）原则上不应在牵引电机带负荷的情况下断开主断路器。列车运行至接触网电分相前，应提前将牵引主手柄退回"0"位。

① 电力机车牵引的列车首次过分相时，应确认自动过分相装置的作用状态，发现自动过分相装置作用不良或遇自动过分相装置故障时，须在"断"电标前，及时断开主断路器，并向车站值班员（列车调度员）和机务段机车调度室报告。

② 遇自动过分相装置作用不良和故障时，须进行手动过分相操作。列车运行至接触网电分相前，应及时解除牵引力，严格按"断"电标，断开主断路器。通过接触网电分相，确认网压上升并稳定后再合电。

（4）通过接触网电分相前、后应呼唤确认机车总风缸压力值，机车越过接触网电分相后还应呼唤确认网压表电压值显示。

12. 升降弓手信号

发现接触网故障，需要机车临时降弓通过时，发现的人员应在规定地点显示下列手信号。

降弓手信号

昼间——左臂垂直高举，右前伸并左右水平重复摇动；

夜间——白色灯光上下左右重复摇动。

升弓手信号

昼间——左臂垂直高举，右臂前伸并上下重复摇动；

夜间——白色灯光作圆形转动。

13. 列车操纵作业标准

（1）起车时，全列缓解后加负荷（特殊情况除外），全列起动后再加速，做到起车稳、加速快、不空转、无冲动；紧急制动未停稳，严禁移动自、单阀手柄（投入动力制动时，单阀除外）。少量减压停车后，要追加减压至 100 kPa 及以上；在任何地点停车，均须使列车保持制动状态，开车前（信号开放或得到车站通知开车时）缓解。接触网临时停电或异常时，电力机车要迅速断开主断路器、降下受电弓，立即采取停车措施，检查弓网状态。装有车顶绝缘检测装置的机车，司机要检查确认机车绝缘情况，确认机车绝缘装置故障或绝缘不良时，不得盲目升弓。

（2）随时注意各仪表、显示屏、指示灯、机车走行部监测装置显示状态，副司机按规定巡视检查，发现异常应迅速判明原因，按规定处理，并记入机车运行日志。

（3）机车负载运行中，内燃机车提手柄、电力机车进级时，应使柴油机转速及牵引电流稳定上升，做到准确及时，使牵引电流、柴油机转速变化稳定。运行时做好预防性撒砂，防止空转。解除机车牵引力时，牵引手柄回至"1"位或接近"0"位前稍作停留再退回"0"位。电力机车运行中，通过分相绝缘器时严禁升起前后两受电弓，一般不应在牵引电机带负荷的情况下断开主断路器。按"断"、"合"电标，断开、闭合主断路器（装有自动过分相装置的电力机车且作用良好时，应使用自动过分相装置通过分相区，运行中第一个分相区应手动防护）。货物列车若通过分相绝缘器前，列车速度低于 30 km/h 时，允许快速退回牵引手柄。

（4）熟知线路纵断面和区段操纵作业过程。按图行车不超速，分段记时不晚点，充分利用动能闯坡，做到上坡不运缓、下坡不抢点，保持列车安全正点、平稳运行。开车前、通过列车出站后、停车后，选择合适时机副司机记点。

（5）正确使用制动机，列车在长大下坡道运行调速时，应采用动力制动为主、空气制动为辅的操纵方法。

（6）多机牵引时，机车操纵由行进方向的前部机车负责，重联机车必须服从前部机车指挥，并执行鸣笛及应答回示的规定（在限鸣区域内，应使用电笛）。

（7）严禁关闭行车安全装备。电力机车必须开启自动过分相装置。客列尾装置异常无法使用时，司机应及时通知车辆乘务员，在列车进行贯通试验、列车制动机试验、列车出发前、停车站进站前、进入长大下坡道前和停车站出站后，按规定核对风压。不得使用列车无线调度通信设备进行与行车无关的通话，并应遵守保密的规定。

（8）按规定对运行揭示进行销号，每过一处，副司机在运行揭示"有效"章前面打"×"；担当多次往返的交路，在乘务作业完毕时一次集中销号。

违章项点：

（1）运行中间断瞭望，未判明接车人员手信号。

（2）运转室处不采点，不注意运行时间。

（3）运行中操纵不当，导致列车超速。

（4）未及时确认、校正车位，造成监控不控、误控，引发行车事故。

（5）运行中错误解锁揭示，漏输、错输股道号。

（6）运行中野蛮操纵，高转数断电、高转数带载、违反制动机使用规定等。

（7）空转引发监控距离不准，乘降所不控、误控。

（8）增压器故障处理措施不当，造成故障升级。

4.3.2　瞭望及呼唤

（1）运行中必须严格执行"彻底瞭望、确认信号、手比眼看、准确呼唤"的呼唤（应答）和车机联控制度。接近鸣笛标、道口、桥梁、隧道、行人、施工地点、作业标时或天气不良时按规定鸣笛（在限鸣区域内，司机应开启灯显示警设备或使用电笛，遇危及行车安全情况除外，下同）。

（2）副司机在进站信号机至出站信号机间、列车交会至整列通过后、临时慢行处所起始标至终止标间、电力机车通过分相区时站立瞭望。

（3）通过列车运转室处采点、报点。

4.3.3　中间站停车

1. 相关《操规》

第二十九条　施行紧急制动时，应迅速将自阀手柄推向紧急制动位，并立即解除机车牵引力，期间柴油机不得停机，电力机车不得断主断路器、降弓，动力制动应处在备用状态。列车未停稳，严禁移动自阀、单阀手柄（投入动力制动时，单阀除外）。无自动撒砂装置或自动撒砂装置失效时，停车前应适当撒砂。

第三十条　单机（包括双机、专列回送的机车，下同）在自动闭塞区间紧急制动停车后，具备移动条件时司机须立即将机车移动不少于 15 m，再按照先防护后报告的原则，在轨道电路调谐区外使用短路铜线短接轨道电路，然后向就近车站值班员或列车调度员报告停车位置和原因。

单机被迫停在调谐区内时，司机须立即在调谐区外使用短路铜线短接轨道电路，然后向就近车站值班员或列车调度员报告停车位置和原因。

第三十一条　列车运行中，发现制动主管压力急剧下降、波动，空气压缩机不工作或长时间泵风不止，列尾装置发出制动主管压力不正常报警等异常情况时，应迅速停止向制动主管充风，解除机车牵引力，及时采取停车措施。

第三十二条　列车停车再开车后，应选择适当地点进行贯通试验。司机确认制动主管排风结束、列车速度下降方可缓解，同时司机应注意风表压力及列车充、排风时间（万吨及以上重载列车除外）；装有列尾装置的列车还应使用列尾装置查询列车尾部制动主管风压。

第三十三条　装有动力制动装置的机车在列车调速时，要采用动力制动为主、空气制动为辅、相互配合使用的方法，并应做到：

（1）内燃机车在提、回动力制动阀手柄时，要逐位进行，至"1"位时应稍作停留。电力机车给定制动励磁电流时，电流的升、降要做到平稳。

（2）制动电流不得超过额定值。

（3）动力制动与空气制动配合使用时，应将机车制动缸压力及时缓解为 0（设有自动控制装置的机车除外）。

（4）需要缓解时，应先缓解空气制动，再解除动力制动。

（5）多机牵引使用动力制动时，前部机车使用后，再通知后部机车依次使用；需要解除动力制动时，根据前部机车的通知，后部机车先解除，前部机车后解除（装有重联线和同步装置机车运行时除外）。

第三十四条　当发现列车失去空气制动力或制动力减弱危及行车安全时，紧急制动可以同步投入动力制动的机车，司机应立即使用紧急制动，并将动力制动投入达到最大值，在确认动力制动发挥作用后，使用单阀缓解制动缸压力至 150 kPa 以下（设有自动控制装置的机车可不进行单阀缓解操作）。有车辆乘务人员值乘的列车，司机迅速通知车辆乘务人员，使用车辆紧急制动阀停车；装有列尾装置的列车，司机应采取列尾装置主机排风制动措施使列车停车，停车前适当撒砂。

第三十五条　装有动力制动的机车在使用动力制动调速过程中发生紧急制动或需紧急制动时，司机应保持机车动力制动，同时立即用单阀缓解机车制动缸压力至 150 kPa 以下（设有自动控制装置的机车可不进行单阀缓解操作）。

2. 中间站停车作业标准

（1）第一个停车站要提早试闸或使闸，列车按规定位置停车。货物列车进站停车严禁使用两段制动。严格执行超长列车运行办法及监控装置"特殊前行"的规定。列车停车再开后在适当地点进行贯通试验。

（2）停车 4 min 及以上，司机检查走行部、牵引装置、基础制动装置、各轴温度及风管连接和塞门开放状态，检查机车时身体不得侵入邻线界限，副司机做好防护。停车 8 min 以上，副司机还须检查机械间，机车乘务员不得擅自离开机车。停车超过 20 min，再开车前进行制动机简略试验。

（3）车站更换乘务组时，接班人员按时到达指定地点接班，列车进站后全组排成一列，面向来车方向立正接车。交接班人员实行对口交接，按职责分工检查机车，办理工具备品、货运票据、列车编组顺序表、客列尾 ID 信息联络卡、货列尾 ID 号、调度命令等交接，交班司机向接班司机介绍机车运行状态，进行 IC 卡转录，交接完毕后方可离开。接班司机正确设置 LKJ 数据，进行制动机简略试验。

（4）列车途中在本务机车前部加挂补机、更换本务机车或机车因故不能继续运行请求救援时，司机应在停车后且制动主管减压的情况下，解除列尾装置主机记忆的本务机车号码，加挂机车、更换后机车及救援机车连挂车列后担当本务时，重新建立"一对一"关系。

违章项点：

（1）贯通试验不认真，未掌握制动机性能，导致列车停车位置不当。

（2）列车制动力弱，进站停车时，减压量不足，连续追加。

4.3.4　列车操纵安全注意事项

1. 相关《操规》

第三十六条　列车或单机停留时，不准停止柴油机、劈相机及空气压缩机的工作，并保持制动状态。

（1）进站停车时，应注意车站接车人员的手信号。

（2）货物列车应保压停车，直至发车前出站（发车进路）信号机开放或接到车站准备开车的通知后，方能缓解列车制动。

（3）夜间等会列车时，应将机车头灯灯光减弱或熄灭。

（4）中间站停车，有条件时应对机车主要部件进行检查。

（5）机车乘务员必须坚守岗位，不得擅自离开机车。

第三十七条　内燃、电力机车在附挂运行中，换向器的方向应与列车运行方向相同，主接触器在断开位。禁止进行电气动作试验。

第三十八条　机车各安全保护装置和监督、计量器具不得盲目切（拆）除及任意调整其动作参数。内燃、电力机车各保护电器（油压、水温、接地、过流、柴油机超速、超压等保护装置）动作后，在未判明原因前，不得强迫起动柴油机及切除各保护装置。机车保护装置切除后，应密切注视机车各仪表的显示，加强机械间的巡视。

第三十九条　运行中，应随时注意机车各仪表的显示。发现机车故障处所和非正常情况，要迅速判明原因及时处理，并将故障现象及处理情况填记机车运行日志。

牵引直供电、双管供风的旅客列车时，运行中应注意确认列车供电电压及电流、列车总风管压力的显示，发现异常情况时应及时通知车辆乘务员，按其要求运行或维持到前方车站停车处理，并报告列车调度员或车站值班员。

旅客列车在区间发生故障需双管改单管供风时，司机应掌握安全速度（最高不超过120 km/h）运行至前方站后进行，跨局旅客列车改为单管供风后，司机报告车站值班员转报列车调度员。因列车总风管压力漏泄不能维持运行，应立即停车，关闭机车后部折角塞门判断机车或车辆原因，属车辆原因应立即通知车辆乘务员处理。

第四十条　遇天气恶劣，应加强瞭望和鸣笛，信号机显示距离不足 200 m 时，应立即报告车站值班员或列车调度员。

第四十一条　运行中的安全注意事项：

（1）不得超越机车限界进行作业，电气化区段严禁攀登机车、车辆顶部，途中停车检查时，身体不得侵入邻线限界。

（2）电力机车乘务员需要登上机车顶部检查弓网状态或处理故障时，应断开主断路器，降下受电弓，必须向车站值班员或列车调度员申请办理登顶作业，接到列车调度员发布接触网已停电允许登顶作业的调度命令并验电、接地后方准作业。

（3）外走廊式的内燃机车运行中不得在走廊上作业。

（4）严禁向机车外部抛撒火种，机械间严禁吸烟。

（5）列车在区间被迫停车后不能继续运行时，司机应立即使用列车无线调度通信设备通知两端站、列车调度员及车辆乘务员，报告停车原因和停车位置，根据需要迅速请求救援并按规定设置防护。机车故障后 10 min 内不能恢复运行时，司机应迅速请求救援。

（6）遇天气不良、机车牵引力不足等原因，列车在困难区段可能发生坡停或严重运缓时，司机应提前使用列车无线调度通信设备通知两端站或列车调度员。

（7）单机进入区间担当救援作业，在自动闭塞区间正方向运行时，应使 LKJ 处于通常工作状态，严格按分区通过信号机的显示要求行车；在自动闭塞区间反方向、半自动闭塞区间及自动站间闭塞区间运行时，应使 LKJ 处于调车工作状态。在接近被救援列车 2 km 时，按规定严格控制速度。

（8）运行途中突发难以抵抗的身体急症，要立即报告列车调度员或车站值班员，不能维持驾驶操纵的要立即采取停车措施。

第四十二条　多机牵引时应遵守下列规定：

（1）机车重联后，相邻机车之间连接状态的检查，由相邻机车乘务员实行双确认，共同负责。

（2）机车操纵应由行进方向的前部机车负责。重联机车必须服从前部机车的指挥，并执行有关鸣笛及应答回示的规定。

（3）设有重联装置的机车，该装置作用必须良好，重联运行时应接通重联线。其他各有关装置及制动机手柄的位置按附件 8 执行。

（4）电力机车重联运行中，前部机车应按规定鸣示降、升弓信号，后部机车必须按前部机车的指示，立即降下或升起受电弓。

（5）中部、尾部挂有补机的列车，其具体操纵及联系办法由铁路局规定。

第四十三条 组合列车前部、中部机车必须装有同步操纵装置并保持通信设备良好，其具体操纵及联系办法由铁路局规定。

第四十四条 附挂（重联）机车连挂妥当后，附挂（重联）司机按规定操作制动机、弹停装置、电气设备等，操作完毕、具备附挂（重联）运行条件后，通知本务机车司机。

附挂（重联）机车需与本务机车或前位机车摘开时，必须恢复机车牵引条件后（闭合蓄电池开关、开启 LKJ、升弓或启机、空压机工作、总风缸压力达到定压、机车处于制动状态），方可通知前位机车进行摘挂作业。

无动力回送机车按规定开放无火回送装置，操作有关阀门。

2. 作业标准

（1）停车 4 min 及以上，检查走行部、牵引装置、基础制动装置、各轴温度及风管连接和塞门开放状态（单乘区段除外），机车乘务员不得擅自离开机车。停车超过 20 min，再开车前进行制动机简略试验。

（2）随时注意各仪表、指示灯、轴温报警装置、监控屏幕显示状态，发现异常应迅速判明原因，按规定处理，停车时记入机车运行日志。

违章项点：

（1）停车站检查机车时，违反劳动人身安全相关制度。

（2）检查机车不认真，未及时发现机车故障。

（3）停车超过 20 min 未按规定试闸。

（4）运行中不观察各仪表、指示灯、轴温报警装置、监控屏幕显示状态，发生机车故障未及时发现，造成故障升级，引发危及行车安全的事件、事故。

4.3.5 旅客列车操纵

1. 相关《操规》

第四十五条 牵引旅客列车在确保安全正点的同时，应做到运行平稳、停车准确。

（1）起车时，全列起动后再加速。

（2）进站停车时，应采取保压停车，按机车停车位置标一次稳、准停妥。

第四十六条 列车运行中施行常用制动时，应遵守以下规定：

（1）机车呈牵引状态，柴油机转速控制在 550 r/min 左右或牵引电流控制在 1 000 A 左右，电力机车的牵引电流控制在 200 A 以下。停车制动，自阀减压时，列车产生制动作用并稳定降速（时间原则上应控制在 5 s 以上）后，再解除机车牵引力。特殊情况由铁路局规定。

（2）自阀减压前，应单独缓解机车，使列车制动时机车呈缓解状态。

（3）制动时，追加减压量累计不应超过初次减压量。

第四十七条　列车运行中应根据线路纵断面及限速要求，尽可能不中断机车牵引力。在起伏坡道区段或较小的下坡道运行时，应采用低手柄位或低转速的牵引，尽量避免惰力运行。

第四十八条　列车在长大下坡道运行中，应采用空气、动力制动配合使用的操纵方法，做到：

（1）列车进入下坡道时，投用动力制动，待列车继续增速的同时，再逐步增加制动电流。

（2）当动力制动不能满足控制列车运行速度的要求时，采用空气制动调整列车运行速度。无动力制动或动力制动故障时的空气制动操纵办法，由铁路局制定。

（3）缓解列车制动时，应在缓解空气制动后，再逐步解除动力制动。

2. 旅客列车操纵作业标准

（1）起车时，先加载，后缓解。全列起动后再加速；应做到运行平稳、停车准确；少量减压停车后，要追加减压至 100 kPa 以上；在任何地点停车，均须使列车保持制动状态，开车前（出站信号开放或得到车站通知开车时）缓解。紧急制动列车未停稳，严禁移动自、单阀手柄。

（2）正确使用制动机，列车在长大下坡道运行调速时，应采用动力制动为主、空气制动为辅的操纵方法。

违章项点：

（1）防溜措施采取不当。

（2）未按规定位置停车。

（3）上坡道起车时，由于操纵不当，造成列车向后溜逸。

（4）起车时未闭合机控开关或未及时发现无流无压，盲目缓解。

（5）调速时机掌握不当，下闸晚。

（6）调速时，两段制动充风不足，控速不当。

4.3.6　各种坡道上的操纵

1. 相关《操规》

第四十九条　在较平坦的线路上，列车起动后应强迫加速，达到运行时分所需速度时，适当调整机车牵引力，使列车以均衡速度运行。

第五十条　在起伏坡道上，应充分利用线路纵断面的有利地形，提早加速，以较高的速度通过坡顶。

第五十一条　在长大上坡道上，应采用"先闯后爬，闯爬结合"的操纵方法。进入坡道前应提早增大机车牵引力，储备动能；进入坡道后应进行预防性撒砂，防止空转，并注意牵引电流不得超过持续电流。

2. 各种坡道上的操纵作业标准

按图行车不超速，分段记时不晚点；充分利用动能闯坡，做到上坡不运缓、下坡不抢点，保证列车安全、正点、平稳运行。停车记点。

违章项点：

（1）运行中盲目抢点，未注意监速。

（2）运行中不记点，区间运行时刻掌握不清。

4.3.7　严寒地区操纵及注意事项

1. 相关《操规》

第五十二条　在防寒过冬期间，段内接班后除执行本规则第九条的规定外，还应检查机车有无冻结处所，暖气阀是否按规定开放，防寒罩是否齐全。

2. 注意事项

（1）内燃机车关闭门窗，调整百叶窗开度并装好防寒被，应适时使用非操纵端热风机。打开预热锅炉循环水系统止阀，以防止水管路及预热锅炉冻结。

（2）内燃机车柴油机故障无法再起动时，要及时放尽柴油机、冷却单节、热交换器及管路内的冷却水。

（3）遇雾雪等天气受电弓或接触网被冰雪包裹，在站内停留如发现弓网产生打火放电现象时，站内起动列车，应控制牵引电流不得过大，避免受电弓与接触网间产生拉弧导致烧网。

（4）机车检查、保养及操作的具体注意事项，由铁路局制定。

4.3.8　机械间巡视

1. 相关《操规》

第五十三条　内燃、电力机车机械间及走廊巡视检查，由非操纵司机或学习司机负责，应按下列要求执行：

（1）内燃机车。

① 始发列车出站后；② 列车运行中一般每 30 min 进行一次；③ 发生异响、异状时。

（2）电力机车。

① 始发列车出站后；② 发生异响、异状时。

（3）单司机值乘时，机械间检查时机由铁路局规定。

第五十四条　巡视检查项目

（1）内燃机车检查项目：电气间、柴油机、增压器、牵引发电机、辅助传动装置、空气压缩机、辅助发电机、牵引电机的通风机等状态是否正常；有无电气绝缘烧损气味，油水管路有无漏泄；水箱水位和各仪表显示是否正常。

（2）电力机车检查项目：各辅助机组运转是否正常；各部件有无异响、异状；有无放电和电气绝缘烧损的气味；主变压器油温、油位是否正常，牵引及辅助变流器工作状态、各保护继电器和指示灯、指示件有无异状或动作显示。

2. 机械间巡视作业标准

始发站开车时双人值乘，随乘（学习）司机按规定巡检、休息；换班地点前一站，接班司机负责巡检；终着站或枢纽地区前一站，恢复双人作业。

违章项点：

巡检不规范，假巡检。

任务 4.4　调车作业

1947 年，原昂昂溪机务段修复了缴获来的 1008 号蒸汽机车，并于 1948 年 2 月投入使用，这台机车就是后来的"黄继光号"。

"黄继光号"机车在 2018 年完成了机型的换型，被应用到了 HXD$_{3c}$-A 型机车上。这次换型标志着"黄继光号"机车在保持其原有英勇精神的同时，也融入了新的技术元素，以适应现代铁路发展的需要。

"黄继光号"机车精神

★★★

敢打硬拼　冲锋在前

学习寄语

　　"黄继光号"机车隶属于中国铁路哈尔滨局集团有限公司齐齐哈尔机务段。1947 年，原昂昂溪机务段为支援解放战争，开展了轰轰烈烈的"死机复活"运动。他们修复缴获来的 1008 号蒸汽机车，于 1948 年 2 月投入使用，并组建青年包车组，多次承担专运和军运等特殊任务。1956 年，为纪念学习抗美援朝英雄黄继光的英勇事迹，共青团黑龙江省委将该机车命名为"黄继光号"，成为我国首个以战斗英雄名字命名的机车。青年班组总结出"敢打硬拼、冲锋在前"的"黄继光号"精神，传承至今。

（1）了解机车乘务员调车作业一般要求。

（2）认识机车乘务员连挂车辆作业标准。

（3）掌握机车乘务员专用线岔线作业。

填写学习任务单，如表 4-24 所示。

表 4-24　学习任务单

任务 4.4	机车乘务员调车作业		
学习小组		姓名	
● 学习任务（1）机车乘务员调车作业一般要求			
● 学习任务（2）机车乘务员连挂车辆作业标准			
● 学习任务（3）机车乘务员专用线岔线作业			

4.4.1　调车作业一般要求

1. 相关《操规》

第五十五条　调车机车乘务员要熟悉《车站行车工作细则》（以下简称《站细》）及有关规定，熟记站内线路（包括专用线）、信号机及各种标志等站场情况，严格执行《技规》调车工作有关规定。

采用无线调车灯显设备进行调车时，应使 LKJ 处于调车工作状态与无线调车灯显设备配合使用，并根据信号显示和作业指令的要求进行作业。

中间站利用本务机车调车时，对附有示意图的调车作业通知单的内容和注意事项必须掌握清楚。作业前，应使 LKJ 处于调车工作状态。

在中间站不得利用单司机单班值乘列车的机车进行调车作业，遇特殊情况，必须利用该本务机车对本列进行调车作业时，相关作业人员应加强安全控制。

第五十六条　在车站交接班时，交、接班乘务员应认真对机车走行部、基础制动装置、牵引装置、制动机性能进行重点检查；注意检查调整制动缸活塞行程和闸瓦与轮箍踏面的缓解间隙。

作业间歇时应对其他部件进行检查。停留较长时间后再次作业前，应对制动机机能进行试验。

第五十七条　调车作业中，彻底瞭望，确认信号，正确执行信号显示的要求和呼唤应答制度，没有信号不准动车，信号中断或不清立即停车。穿越正线调车作业时，必须执行车机联控制度。

连挂车辆时，严格按十、五、三车距离和信号要求控制速度，接近被连挂车辆时，速度不得超过 5 km/h。

按《站细》规定连结软管后，动车前应进行制动机简略试验。

单机连挂车辆时，应注意确认车辆停留和脱轨器位置，必须执行"一度停车"制度。

第五十八条　当调车指挥人显示溜放信号时，司机应"强迫加速"满足作业要求；显示减速或停车信号时，应迅速解除机车牵引力，立即制动。

第五十九条　认真执行驼峰调车作业的规定，连挂车列后试拉时，注意不得越过信号机或警冲标。推峰时要严格按信号的要求控制速度。

第六十条　电力机车调车时，机车距接触网终点标应有 10 m 的安全距离，防止进入无电区。

2. 调车作业作业标准

（1）机车乘务员要熟知担当区段内的《站细》及有关规定。中间站担当调车作业时，使 LKJ 降级进入调车工作状态，调车作业结束后退出调车工作状态，开车时重新对标恢复监控状态。装有 STP 设备的机车在已开通 STP 功能的车站调车作业时必须全程使用调监模式。

（2）作业中彻底瞭望、确认信号，正确执行信号显示（作业指令）、调车速度的要求和呼唤应答制度，没有信号（指令）不准动车，信号（指令）中断或不清立即停车。调车作业严格执行联控制度。

（3）严格执行信号显示要求，按规定回示。采用无线调车灯显设备进行调车时，应使 LKJ 处于调车工作状态与无线调车灯显设备配合使用，并根据信号显示和作业指令的要求进行作业。

（4）作业中除登（添）乘人员外，禁止其他人员进入司机室（特殊规定除外）。

（5）按《站细》规定连结软管后，动车前进行制动机简略试验。调车机车停留超过 1 h 再次作业前，司机对制动机自、单阀进行制动、缓解试验。

4.4.2　机车行车安全装备操作

1. 相关《操规》

第六十一条　机车出段前，必须确认 LKJ、机车信号、列车无线调度通信设备、列尾装置司机控制盒、平面灯显接口设备、防折关装置、警惕报警装置、机车走行部监测装置等行车安全装备检测合格证签发符合规定。出段必须开机，按规定正确操作使用，严禁擅自关机。不得使用列车无线调度通信设备进行与行车无关的通话，并应遵守保密的规定。

第六十二条 列车途中在本务机车前部加挂补机、更换本务机车或机车因故不能继续运行请求救援时，司机应在停车后并制动主管减压的情况下，解除列尾装置主机记忆的本务机车号码，加挂机车、更换后机车及救援机车连挂车列后担当本务时，重新建立"一对一"关系。

2. 机车行车安全装备作业标准

严禁关闭行车安全设备。运行中行车安全设备发生故障，必须报告列车调度员，按规定办理。当行车安全设备故障、非正常行车及中间站调车时，必须执行双人作业。

违章项点：

（1）运行中擅自关闭行车安全设备。

（2）行车安全设备发生故障，处理不当，造成设备关机。

（3）车载设备故障判断不准确、未及时发现。

（4）行车安全设备发生故障时，报告不及时。

4.4.3 调车作业计划

（1）中间站利用本务机调车，须使用附有示意图的调车作业通知单（示意图可另附），没有计划、计划不清或作业方法及注意事项不清楚，不准动车。

（2）调车指挥人向机车乘务员传达计划时，由司机复诵计划、副司机核对，必须全组人员清楚计划内容和注意事项。作业中执行钩钩复诵、记点、销号。

（3）一批作业不超过三钩或变更计划不超过三钩时，可用口头方式布置（中间站利用本务机车调车除外）。变更股道时，必须停车传达。

4.4.4 牵出作业

（1）动车前必须全组确认调车指挥人起动信号，没有起动信号不准动车。

（2）要道还道时，全组确认股道信号和道岔开通信号，按规定速度运行。

（3）进入牵出线，副司机站立，易瞭望侧及时呼唤距车挡十、五、三车距离，严格控制速度，距车挡30 m一度停车，接近车挡10 m前必须停车，再动车时速度不得超过3 km/h。电力机车调车时，机车距接触网终点标应有10 m的安全距离，防止进入无电区。必须近于10 m时一度停车，再动车时速度不得超过3 km/h。

4.4.5 连挂车辆

1. 连挂车辆作业标准

（1）牵引挂车时，全组确认调车指挥人的起动信号再动车，易瞭望侧及时呼唤十、五、三车距离，距车辆10 m前一度停车，按调车指挥人的连结信号连挂。

（2）推进连挂前，全组确认调车指挥人的起动信号试拉（试拉时不得越过本线前方关闭的信号机或警冲标），再确认连结信号和十、五、三车距离信号，严守推进速度。

2. 连挂车辆作业信号确认

确认步骤具体如下。

溜放信号：表示溜放作业

昼间——拢起的手信号旗两臂高举头上交叉后，急向左右摇动数次；

夜间——红色灯光作圆形转动。

停留车位置信号：表示车辆停留地点

夜间——白色灯光左右小摇动。

十、五、三车距离信号：表示推进车辆的前端距被连挂车辆的距离

昼间——展开的绿色信号旗单臂平伸；

夜间——绿色灯光，在距离停留车十车（约110 m）时连续下压三次，五车（约55 m）时连续下压两次，三车（约33 m）时下压一次。

取消信号：通知将前发信号取消

昼间——拢起的手信号旗，两臂于前下方交叉后，急向左右摇动数次；

夜间——红色灯光作圆形转动后，上下摇动。

要求再度显示信号：前发信号不明，要求重新显示

昼间——拢起的手信号旗右臂向右方上下摇动；

夜间——红色灯光上下摇动。

告知显示错误的信号：告知对方信号显示错误

昼间——拢起的手信号旗两臂左右平伸同时上下摇动数次；

夜间——红色灯光左右摇动。

在显示手信号时，凡昼间持有手信号旗的人员，应将信号旗拢起，左手持红旗，右手持绿旗（扳道员右手持黄旗），不持信号旗的人员徒手按各该条规定方式显示信号。

4.4.6　专用线岔线作业

（1）单机或牵引挂车时，要清楚停留车位置，去专用线调车作业时，正确选择专用线限速及使用防侵正线模式，注意对标及解锁。不加锁道岔前必须一度停车（《站细》中规定的提前检查完毕并有人监护的道岔除外），按调车指挥人的起动信号运行，距连挂车辆或车挡10 m前一度停车。

（2）区间岔线作业，按列车办理，指定车次，有调度命令。

（3）岔线内调车作业，按专用线作业规定办理。

（4）专用线（岔线）调车返回车站前，须在规定地点前一度停车，确认信号，执行车机联控，按信号显示进入站内。

4.4.7　无线调车灯显设备调车

（1）机车乘务员必须熟知无线调车灯显设备的语音提示、标准用语和信号显示要求。

（2）调车作业前，必须与调车指挥人对无线调车灯显设备显示和语音提示进行全面试验，作用良好方可使用。

（3）用无线调车灯显设备调车作业时，必须听从调车指挥人单一指挥，做到音响、用语、信号三者一致，否则应立即停车，作业中严禁执行电台调车。

任务 4.5　终着交班

学习寄语

　　自 1989 年 5 月命名以来,"雷锋号"先后经历了从蒸汽到内燃再到电力的三次机车换型,速度越来越快,外形越来越美。一代代"雷锋号"机车组成员"做好人,开好车"的初心始终没有变,与雷锋同行的坚定信念固若磐石。

　　干一行、爱一行,钻一行、精一行。35 年来,"雷锋号"机车组坚持"行车育人"理念,用雷锋精神熏陶职工,用"标准严一格"锤炼职工,用"别人做到的努力做到更好,别人做不到的努力去做到"激励着每一个机车人。

终着交班之进站终着

终着交班之整备退勤

布置任务

（1）了解机车乘务员终着入段。

（2）认识机车乘务员中途继乘站及外段（折返段）交接班。

（3）掌握机车乘务员退勤准备。

填写学习任务单，如表 4-25 所示。

表 4-25　学习任务单

任务 4.5	机车乘务员终着交班		
学习小组		姓名	
● 学习任务（1）机车乘务员终着入段			
● 学习任务（2）机车乘务员中途继乘站及外段（折返段）交接班			
● 学习任务（3）机车乘务员退勤准备			

相关资料

4.5.1　终着入段

相关《操规》具体如下。

第六十三条

（1）到达终点站后，摘解机车前不得缓解列车制动。若地面无列车制动机试验设备或该设备临时发生故障时，司机应根据检车员的要求，试验列车制动机。牵引制动主管定压 600 kPa 的货物列车到达机车换挂站后，应对制动主管实施最大有效减压量（减压 170 kPa）。

（2）直供电列车到达后，应保持供电，接到车辆乘务员通知后方可停止供电，拔出供电钥匙，按规定与车辆乘务员办理交接。

（3）机车不能及时入段时，将机车移动至脱轨器外方、信号机前或警冲标内方。机车乘务员应及时检查轴温（装有轴温检测装置的除外）。LKJ 转入调车状态，按调车信号显示运行。

（4）机车到达站、段分界点处应停车，签认入段时分，了解段内走行经路。

（5）确认入段信号、股道号码信号、道岔开通信号、道岔表示器显示正确，厉行确认呼唤（应答），鸣笛动车入段，按规定速度控制运行。

（6）有运用干部添乘在列车终到前，司机应出示添乘指导簿，添乘运用干部填写本趟添乘指导意见。

第六十四条　电力机车进整备线，在隔离区防护信号前停车，确认隔离区防护信号开放后再动车。

第六十五条　在转盘及整备线停留时，机车必须制动。上、下转盘时，确认开通位置，严守速度规定。转盘转动时，司机不得离座，不得换端及做其他工作。并须做到：

（1）内燃机车主手柄置"0"位，换向手柄置"中立"位，机车控制开关置"断开"位。

（2）电力机车断开主断路器，降下受电弓，牵引手柄置"0"位。

第六十六条　入段机车检查和整备

机务段应根据使用机型、乘务方式和段内技术作业时间，制定机车检查、给油、保洁等工作范围和标准。

（1）交班司机应将机车运用状态，在机车运行日志上作出记录，按规定做好防溜，与接车人员办理交接。

（2）轮乘制司机应向接车人员详细介绍机车运用状态、机车运行日志记录等情况，与有关人员办理燃油、耗电、工具备品以及机车行车安全装备的交接。

（3）检查机车时，发现故障处所及时处理或报修。

4.5.2　终到站作业

到达终到站，保持列车制动。

（1）按规定办理纸质运统1交接，使用行车指导仪进行提交。

（2）需要进行列车自动制动机试验时，司机应配合。装有列尾装置的，机班还须确认列尾风压显示与制动主管充、排风变化一致。在列车制动机试验完毕、列车制动减压不少于 100 kPa 并保压后，司机方可进行列尾销号操作。

（3）由机车乘务员摘钩时，副司机在下车摘解前须移位至司机侧，机班共同手比确认列车制动主管减压不少于 100 kPa，再按"一关前（机车端折角塞门）、二关后（车辆端折角塞门）、三摘软管、四提钩"的顺序进行摘解作业。

（4）副司机摘钩时必须在机车车辆连接处按规定向司机显示移动手信号，摘解后确认机车摘解状态，挂好软管防尘堵。

（5）由机车乘务员摘钩时，副司机（非操纵司机）应移位司机侧，机班共同手比呼唤确认自阀手柄在最大减压位、制动缸压力在 100 kPa 以上后，方可下车进行车钩、制动管等摘解作业。摘解时按"一关机车（折角塞门应先半关，稍作停顿后再全关）、二关车辆、三摘风管、四提车钩"的顺序进行作业，待机车前移后挂好软管防尘堵。

（6）直供电列车到达后，应保持供电，接到车辆乘务员通知后方可停止供电。摘解电力连接线前，司机须确认断开列车供电电路开关（电力机车还需降下受电弓）后将电（供电）钥匙交给客列检（车辆乘务）人员。客列检（车辆乘务）作业人员接到电（供电）钥匙，经双方签认，方准进行电力连接线的摘解作业。作业完毕，机车司机取回电（供电）钥匙并签认，如图 4-66 所示。

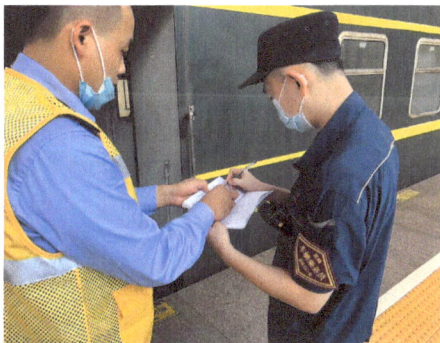

图 4-66　双方签认

违章项点：

（1）停车减压不足，防溜措施采取不当。

（2）调车信号开放后，未进入调车模式。

（3）雪天摘头后，未试验单阀制动。

（4）动车前未确认脱轨器开通状态。

（5）制动软管未挂好。

（6）机车走行超速。

（7）未认真执行车机联控制度。

（8）未逐个确认信号、道岔与脱轨器开通状态。

（9）运行途中机车故障未及时上报。

（10）未按规定配合检测人员作业。

（11）机车故障反馈不及时，故障未及时修理。

（12）入库后急于下班，机班人不齐，一人操纵机车。

4.5.3 中途继乘站及外段（折返段）交接班

1. 中途继乘站换班相关《操规》

第六十七条　出勤时，按本规则第五至八条的规定执行。出勤后按时到达指定地点接班。

第六十八条　中间站换班应实行对口交接。

（1）司机交接燃料、耗电、机车运用状态等。

（2）学习司机（非操纵司机）检查机车行车安全装备，办理工具备品等交接。

（3）接班后，按本规则附件 1-5 至附件 1-8 的规定检查机车。

2. 外段（折返段）交接班相关《操规》

第六十九条

（1）内燃、电力机车交班机班应按本规则附件 1-1 至附件 1-4 的规定进行作业，填写机车运行日志。

（2）内燃、电力机车的接班司机应按本规则附件 1-1 至附件 1-4，对机车进行检查。学习司机（非操纵司机）对机车下部进行复检。

（3）制动机试验、内燃机车的电气动作试验、电力机车的高、低压试验按本规则第十一条的规定执行。

（4）其他未尽事宜，按机务本段、外段（折返段）有关规定办理。

3. 作业标准

车站更换乘务组时、接班人员按列车到站时间前 10 min 到机车停车位置处准备接车，列车进站后二人排成一列，面向车方向立正接车。交班司机向接班司机介绍机车运行状态，规定交接完毕后，站停时间 30 min 内执行礼仪送车制度，接班司机负责进行制动机简略试验，进行监控有关操作。

违章项点：

（1）接班迟到，造成列车发车晚点。

（2）交班司机汇报运行中机车运用状态不清不明。

4.5.4　到达入段

（1）副司机立岗，机班共同确认调车信号显示正确，认真执行确认呼唤（应答）制度，由近及远，逐架依次手比呼唤、确认走行经路上的每一架信号机。对首架信号机，必须在信号机侧"探头手比、确认呼唤"，严守走行速度的规定。

到达站、段分界点一度停车，确认、记录入段时分；与外勤值班员联系（无外勤值班员时按《段细》规定执行），了解入库及段内走行经路等事项。同时须做到：电力机车断开主断路器，降下受电弓，牵引手柄置"0"位。

（2）电力机车进整备线，在隔离区防护信号前停车，"探头手比、确认呼唤"隔离区防护信号开放（设置脱轨器时，确认脱轨器已撤除），安全作业区空闲后再动车。

（3）在转盘及整备线停留时，机车必须采取单阀全制动。上、下转盘时，确认开通位置，严守速度规定。转盘转动时，司机不得离座，不得换端及做其他工作。同时须做到：电力机车牵引手柄置"0"位，断开主断路器，降下受电弓。

4.5.5　入库整备

（1）经过机车自动清洗设备、整备作业平台前必须一度停车，确认门窗关闭。通过弓网、轮轨检测设备时，禁止停车、撒砂，按规定速度通过。

（2）司机应将机车运用状态，在机车运行日志上作出记录，按规定做好防溜，如图 4-67所示，与接车人员办理交接。

（3）配合做好行车安全装备检测工作。机车在起机（升弓）状态下，严禁司机（地勤）擅离机车；在确认单阀在"全制动"位、制动缸压力不低于 300 kPa、机车控制开关在"断开"位、换向手柄在"中立"位、牵引（主）手柄在"0"位后，方可同意 LKJ 检测作业，并签字换取合格证。遇途中行车安全装备不良的情况，应及时报告。

图 4-67　按规定做好防溜

（4）司机应向接车人员详细介绍机车运用状态、机车运行日志记录等情况。

（5）检查机车时，发现故障处所应及时处理或报修。

4.5.6　退勤准备

（1）将 IC 卡及视频存储设备交于调度员转储，并向调度员了解本次乘务监控记录分析情况。司机出示添乘指导簿，添乘运用干部填写本趟添乘指导意见。

（2）填写并核对司机报单及司机手册。

4.5.7　退勤

1. 相关《操规》

第七十条　退勤前，司机用 IC 卡转储 LKJ 运行记录文件，正确填写司机报单，对本次列车的安全正点情况进行分析并作出记录。

第七十一条　退勤时，进行酒精测试，向退勤调度员汇报本次列车安全及运行情况，对运行中发生的非正常情况按规定填写"机调–10"，对 LKJ 检索分析的问题及超劳、运缓等情况做出说明，交还列车时刻表、司机报单、司机手册、添乘指导簿后，办理退勤手续。

2. 退勤作业标准

（1）司机用语：报告（调度员起立）×××次，司机×××、副司机×××退勤。

图 4-68　退勤

违章项点：

（1）退勤时 IC 卡数据未转储。

（2）未确认下次乘务交路。

（2）退勤时（图 4-68），全组进行酒精测试，向调度员汇报本次列车安全及运行情况，对运行中发生的非正常情况按规定填写"机调–18"，反馈安全及联控信息，交回非正常行车凭证、调度命令及调车作业通知单，对 LKJ 检索分析的问题及超劳、运缓等情况做出说明，交还列车时刻表、司机报单、司机手册、添乘指导簿、运行揭示、客列尾 ID 信息联络卡、手持电台、手持终端等行车备品。

（3）调度员检查司机手册、报单，应填写无误；确认 LKJ 转录，检索后退勤。

任务 4.6　机车乘务员确认呼唤（应答）标准

"共青团号"——领跑时代的火车头

HXD$_{3D}$ 型电力机车 0039 号被命名为"共青团号"

"共青团号" 机车精神

★★★

使命、责任、担当

学习寄语

　　"共青团号"机车组诞生于 1960 年，但走近他们，分明能感受到扑面而来的青春朝气。葆有先锋本色，他们初心如磐、使命在肩，有着"千磨万击还坚劲，任尔东西南北风"的志气、骨气、底气。无论是操劳辛苦，还是急难险重，他们就像永不服输的战士，始终保持旺盛的生命力，用奋力拼搏为青春铺就壮丽的底色。

机车乘务员呼唤（应答）基本要求

机车乘务员信号确认呼唤时机和手比姿势

布置任务

（1）了解呼唤（应答）基本要求。

（2）认识信号确认呼唤时机和手比姿势。

（3）认识"十六字令"及"四个时机"。

填写学习任务单，如表4-26所示。

表4-26 学习任务单

任务 4.6	机车乘务员确认呼唤（应答）标准		
学习小组		姓名	
● 学习任务（1）呼唤（应答）基本要求			
● 学习任务（2）信号确认呼唤时机和手比姿势			
● 学习任务（3）"十六字令"及"四个时机"			

相关资料

4.6.1 呼唤（应答）基本要求

"十六字令"：彻底瞭望、确认信号、手比眼看、准确呼唤

"四个时机"：列车进出站、机车出入段、动车前、要道还道时。

（1）一次乘务作业全过程必须认真执行确认呼唤（应答）制度。

（2）确认呼唤（应答）必须执行"彻底瞭望、确认信号、手比眼看、准确呼唤"，并掌握"清晰短促、提示确认、全呼全比、手势正确"的作业要领。

（3）列车运行中必须对所有地面主体信号显示全部进行确认呼唤（应答），自动闭塞区段分区通过信号显示绿灯，只手比不呼唤（带有三斜杠标志预告功能的分区通过信号机除外）。

（4）遇有显示须经侧向径路运行的信号时，在呼唤信号显示的同时，必须呼唤侧向限速值。

4.6.2 信号确认呼唤时机和手比姿势

1. 信号确认呼唤时机

应遵循"信号好了不早呼、信号未好提前呼"的原则，瞭望条件良好时，进站（进路）信号不少于800 m；出站、通过、接近、预告信号不少于600 m；信号表示器不少于200 m。

2. 手比姿势

（1）信号显示要求通过（显示绿灯、绿黄灯）时：右手伸出食指和中指并拢，拳心向左，

指向确认对象。

（2）信号显示要求正向径路准备停车（显示黄灯）时：右手拢拳伸拇指直立，拳心向左。

（3）信号显示要求侧向径路运行（显示双黄灯、黄闪黄）时：右手拢拳伸拇指和小指，拳心向左。

（4）信号显示要求停车（显示红灯，包括固定和临时）时：右手拢拳，举拳与眉齐，拳心向左，小臂上下摇动三次。

（5）注意警惕运行时：右手拢拳，大小臂成90°，举拳与眉齐，拳心向左。

（6）确认仪表显示时：右手伸出食指和中指并拢，拳心向左，指向相关确认设备。

（7）确认调车信号、非集中操纵道岔、各类手信号、防护信号（脱轨器）时：右手伸出食指和中指并拢，拳心向左，指向确认的调车信号、非集中操纵道岔、各类手信号、防护信号（脱轨器）。

（8）列车运行中，LKJ提示前方有临时限速时，司机必须在变速点前，对变化的速度值及时进行确认呼唤；确认呼唤时，右手伸出食指和中指并拢，拳心向左，指向LKJ显示部位。

（9）手比以注意警惕姿势开始和收回，手比动作稍作停顿。

手比姿势

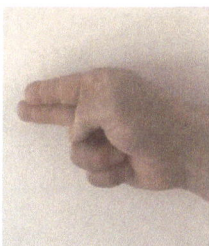

A. ① 信号显示要求通过（显示绿灯、绿黄灯）时；② 确认仪表显示时；③ 确认非集中操纵道岔、各类手信号、防护信号（脱轨器）时；④ 列车运行中，LKJ提示司机必须在变速点前，对变化的速度值及时进行确认呼唤。

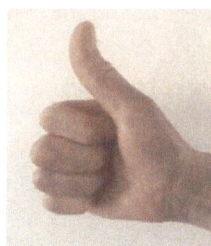

B. 信号显示要求直向径路准备停车（显示前方列车运行限制速度有变化时，黄灯）时。

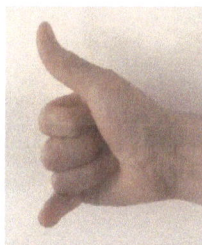

C. 信号显示要求侧向径路运行（显示双黄灯、黄闪黄）时。

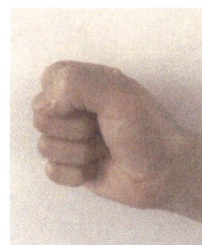

D. ① 信号显示要求停车（显示红灯，包括固定和临时）时；② 注意警惕运行时。

机车司机的"独门绝技"——联控用语+手势标准

任务 4.7　机车乘务员确认呼唤（应答）标准用语

机车乘务员呼唤（应答）标准用语

布置任务

（1）了解出段至发车标准用语。

（2）了解途中运行标准用语。

（3）了解到达至入段标准用语。

填写学习任务单，如表 4-27 所示。

表 4-27　学习任务单

任务 4.7	机车乘务员确认呼唤（应答）标准用语		
学习小组		姓名	
● 学习任务（1）出段至发车标准用语			
● 学习任务（2）途中运行标准用语			
● 学习任务（3）到达至入段标准用语			

相关资料

出段至发车机车乘务员确认呼唤（应答）标准用语，如表 4-28 所示。

表 4-28　出段至发车标准用语

序号	呼唤时机	呼唤		应答		复诵		方式
		呼唤者	标准用语	应答者	标准用语	复诵者	标准用语	
1	电力机车升弓	司机	升弓	副司机	升弓注意	司机	升弓好了	
2	出段前	副司机	还道信号出段手信号（非集中操纵道岔呼唤内容）	司机	××道出段手信号好了	副司机	××道出段手信号好了	手比
3		副司机	调车信号	司机	白灯、蓝（红）灯停车	副司机	白灯、蓝（红）灯停车	手比
4	经过非集中操纵道岔前	副司机	道岔注意	司机	道岔开通正确	副司机	道岔开通正确	手比
5	经过其他要道还道地点前	副司机	一度停车 还道信号道岔开通信号	司机	一度停车 ××道手信号好了	副司机	××道手信号好了	手比
6	行至站段分界点（或一度停车牌）	副司机	一度停车	司机	一度停车			
7	调车信号前	副司机	调车信号	司机	白灯、蓝（红）灯停车	副司机	白灯、蓝（红）灯停车	手比
8	调车复示信号前	副司机	复示信号	司机	白灯注意信号	副司机	白灯注意信号	手比
9	换端作业及列车停车时	副司机	注意防溜	司机	注意防溜			
10	进入挂车线	副司机	脱轨器注意	司机	撤除好了未撤停车	副司机	撤除好了未撤停车	手比
11	连挂车时	副司机	十车、五车、三车、停车	司机	十车、五车、三车、停车			
		副司机	防护信号	司机	撤除好了注意信号	副司机	撤除好了注意信号	手比
12	列车制动机试验时	副司机	制动、缓解试风好了	司机	制动、缓解试风好了			
13	确认监控数据	副司机	输入数据	司机	输入数据			
14		副司机	复检数据	司机	区段号×× 车站号×× 车次×× 计长×× 总重×× 辆数×× 车速等级×× 降级、开车、有权、客（货/动）本/补行别开关上/下行	副司机	区段号×× 车站号×× 车次×× 计长×× 总重×× 辆数×× 车速等级×× 降级、开车、有权、客（货/动）本/补行别开关上/下行	手比

续表

序号	呼唤时机	呼唤		应答		复诵		方式
		呼唤者	标准用语	应答者	标准用语	复诵者	标准用语	
15	发车前	副司机	确认行车安全装备	司机	LKJ设置好了 CIR（或通信装置）设置好了 列尾装置设置好了 机车信号确认好了	副司机	LKJ设置好了 CIR（或通信装置）设置好了 列尾装置设置好了 机车信号确认好了	手比
16		副司机	确认直供电状态	司机	供电正常（异常）	副司机	供电正常（异常）	手比
17		副司机	出站（发车进路）信号	司机	绿灯，出站（发车进路）好了 双绿灯，××（线、站）方向出站好了 绿黄灯，出站（发车进路）好了。 黄灯，出站（发车进路）好了	副司机	绿灯，出站（发车进路）好了 双绿灯，××（线、站）方向出站好了 绿黄灯，出站（发车进路）好了。 黄灯，出站（发车进路）好了	手比
18		副司机	确认行车凭证	司机	路票正确，绿色许可证正确，红色许可证正确，调度命令正确，半自动闭塞发车进路通知书正确	副司机	路票正确，绿色许可证正确，红色许可证正确，调度命令正确，半自动闭塞发车进路通知书正确	
19		副司机	进路表示器	司机	××灯（左、中、右、下、6灯机构为上左、上中、上右、下左、下中、下右）亮××（线、站）方向好了，正、反方向好了	副司机	××灯（左、中、右、下、6灯机构为上左、上中、上右、下左、下中、下右）亮××（线、站）方向好了，正、反方向好了	手比
20		副司机	发车信号	司机	一圈、两圈、三圈，发车信号好了	副司机	一圈、两圈、三圈，发车信号好了	
				司机	发车好了	副司机	发车好了	电台发车
21		副司机	发车表示器	司机	发车表示器白灯	副司机	发车表示器白灯	手比

234

序号	呼唤时机	呼唤		应答		复诵		方式
		呼唤者	标准用语	应答者	标准用语	复诵者	标准用语	
22	始发站起动列车前及起动列车后；中间站起动列车后	副司机	后部注意	司机	后部好了	副司机	后部好了	
23	起动列车后	副司机	确认开车时刻	司机	×点×分开车（客车还需增加：正点或晚点××分）	副司机	×点×分开车（客车还需增加：正点或晚点××分）	
24	起动列车后	副司机	注意对标	司机	对标好了，道岔限速××公里	副司机	对标好了，道岔限速××公里	
		副司机	仪表注意	司机	各仪表（网压）显示正常	副司机	各仪表（网压）显示正常	手比
25	呼唤进、出站信号时，不能确认进、出站主体信号机显示时，必须先呼唤机车信号	副司机	机车信号	司机	绿灯、绿黄灯、黄灯、黄2灯、黄2闪灯、双黄闪灯、双黄灯、红黄灯、红黄闪灯、白灯、红灯	副司机	绿灯、绿黄灯、黄灯、黄2灯、黄2闪灯、双黄闪灯、双黄灯、红黄灯、红黄闪灯、白灯、红灯	手比

途中运行机车乘务员确认呼唤（应答）标准用语，如表4-29所示。

表4-29　途中运行标准用语

序号	呼唤时机	呼唤		应答		复诵		方式
		呼唤者	标准用语	应答者	标准用语	复诵者	标准用语	
1	机械间巡视及巡视后	副司机	机械间检查各部正常	司机	注意安全各部正常	副司机	加强瞭望	
2	列车进行贯通试验时、列车制动机试验时、列车出发前、进站前、进入长大下坡道前和停车站出站后	司机	列尾查询	司机	风压正常	副司机	风压正常	
3	贯通试验或试闸点	司机	贯通试验或试闸	司机	贯通试验好了或试闸好了			
4	接近慢行地段限速标	副司机	慢行注意	司机	限速××km/h	副司机	限速××km/h	
5	慢行减速地点（始端）标	副司机	慢行开始	司机	慢行开始			

序号	呼唤时机	呼唤		应答		复诵		方式
		呼唤者	标准用语	应答者	标准用语	复诵者	标准用语	
6	慢行减速地点（终端）标	副司机	严守速度	司机	严守速度			
7	越过减速防护地段终端信号标	副司机	慢行结束	司机	慢行结束揭示销号	副司机	揭示销号	
8	乘降所	副司机	××乘降所	司机	停车	副司机	停车	
9	接近分相前（监控语音第一次提示禁止双弓时）	副司机	过分相注意	司机	注意			
10	接近分相前（监控语音第一次提示禁止双弓时）	副司机	禁止双弓	司机	单弓好了	副司机	单弓好了	手指显示器（移位）
11	断电标（T断标）前	副司机	手柄零位	司机	零位好了	副司机	零位好了	手指显示器（移位）
		副司机	断电	司机	断电好了	副司机	断电好了	手指显示器（移位）
12	越过合电标后	副司机	闭合	司机	闭合好了	副司机	闭合好了	手指显示器（移位）
13	准备降弓标前	副司机	准备降弓	司机	准备降弓			
14	降弓标前	副司机	降弓	司机	降弓好了	副司机	降弓好了	手指显示器（移位）
15	越过升弓标后	副司机	升弓	司机	升弓好了	副司机	升弓好了	手指显示器（移位）
16	遮断信号前	副司机	遮断信号	司机	红灯停车无显示	副司机	红灯停车无显示	手比
17	半自动闭塞区段进站（进路）信号机处；自动闭塞区段进站信号前一架通过信号机、进站（进路）信号机处；侧线出站（进路）信号机处	副司机	确认车位	司机	车位正确，校正好了	副司机	车位正确，校正好了	
18	进站、接车进路复示信号前	副司机	复示信号	司机	直向、侧向或注意信号	副司机	直向、侧向或注意信号	手比

序号	呼唤时机	呼唤		应答		复诵		方式
		呼唤者	标准用语	应答者	标准用语	复诵者	标准用语	
19	出站、发车进路复示信号前	副司机	复示信号	司机	复示好了、注意信号	副司机	复示好了、注意信号	手比
20	通过手信号	副司机	通过手信号	司机	手信号好了站内停车	副司机	手信号好了站内停车	手比
21	防护信号前	副司机	防护信号	司机	红灯（红旗）停车火炬停车撤除好了	副司机	红灯（红旗）停车火炬停车撤除好了	手比
22	预告信号前	副司机	预告信号	司机	预告好了注意信号	副司机	预告好了注意信号	手比
23	CIR 接收接车进路预告信息时	副司机	确认进路预告信息	司机	××站（线路所）××道通过（停车）、机外停车	副司机	××站（线路所）××道通过（停车）、机外停车	
24	接收临时调度命令时	副司机	确认调度命令	司机	调度命令确认好了	副司机	调度命令确认好了	
25	通信模式转换时	副司机	通信转换	司机	转换好了	副司机	转换好了	
26	转换机车信号时	副司机	机车信号转换	司机	上（下）行转换好了	副司机	上（下）行转换好了	手指行别开关
27	接近信号前	副司机	接近信号	司机	绿灯、绿黄灯、黄灯减速	副司机	绿灯、绿黄灯、黄灯减速	手比
28	进站（接车进路）信号前	副司机	进站（进路）信号	司机	绿灯，正线通过；绿黄灯，正线通过；黄灯，正线；双黄灯，侧线，限速××公里；黄闪黄，侧线，限速××公里；红灯，机外停车	副司机	绿灯,正线通过；绿黄灯,正线通过；黄灯，正线；双黄灯，侧线，限速××公里；黄闪黄，侧线，限速××公里；红灯，机外停车	手比
29	进站（接车进路）信号前	副司机	引导信号、引导手信号、特定引导手信号	司机	一红一白,引导信号好了；黄旗（黄灯），引导手信号好了；绿旗（绿灯），特定引导手信号好了；机外停车	副司机	一红一白,引导信号好了；黄旗（黄灯），引导手信号好了；绿旗（绿灯），特定引导手信号好了；机外停车	手比

序号	呼唤时机	呼唤		应答		复诵		方式
		呼唤者	标准用语	应答者	标准用语	复诵者	标准用语	
30	出站（发车进路）信号前	副司机	出站（发车进路）信号	司机	绿灯，出站（发车进路）好了；双绿灯，××（线、站）方向出站好了；绿黄灯，出站（发车进路）好了；黄灯，出站（发车进路）好了；红灯，站内停车	副司机	绿灯，出站（发车进路）好了；双绿灯，××（线、站）方向出站好了；绿黄灯，出站（发车进路）好了；黄灯，出站（发车进路）好了；红灯，站内停车	手比
31		副司机	确认行车凭证	司机	路票正确，绿色许可证正确，红色许可证正确，调度命令正确，半自动闭塞发车进路通知书正确	副司机	路票正确，绿色许可证正确，红色许可证正确，调度命令正确，半自动闭塞发车进路通知书正确	
32	进路表示器前	副司机	进路表示器	司机	××灯（左、中、右、下，6灯机构为上左、上中、上右、下左、下中、下右）亮，××（线、站）方向好了，正、反方向好了	副司机	××灯（左、中、右、下，6灯机构为上左、上中、上右、下左、下中、下右）亮，××（线、站）方向好了，正、反方向好了	手比
33	停车再开出站后，确认仪表时	副司机	仪表注意	司机	各仪表（网压）显示正常	副司机	各仪表（网压）显示正常	手比
34	自动闭塞区段闭塞分区通过信号前	副司机	通过信号	司机	绿灯、绿黄灯、黄灯减速，红灯停车	副司机	绿灯、绿黄灯、黄灯减速，红灯停车	手比
35	线路所通过信号机前	副司机	通过信号	司机	绿灯，（××方向好了）；绿黄灯，（××方向好了）；黄灯减速，（××方向好了）；侧线限速××公里、××方向好了；机外停车	副司机	绿灯，（××方向好了）；绿黄灯，（××方向好了）；黄灯减速，（××方向好了）；侧线限速××公里、××方向好了；机外停车	手比

续表

序号	呼唤时机	呼唤		应答		复诵		方式
		呼唤者	标准用语	应答者	标准用语	复诵者	标准用语	
36	线路所通过信号机前	副司机	确认行车凭证	司机	凭证正确	副司机	凭证正确	
37	列车运行临时限制速度变速点前（由高速变低速）	司机	前方限速××公里	副司机	注意控速	司机	注意控速	手指显示器（移位）
38	交会列车时	副司机	会车注意	司机	会车注意			
39	输入侧线股道号	副司机	输入侧线股道号	司机	××道输入好了	副司机	××道输入好了	移位手比确认
40	输入支线号	副司机	输入支线号	司机	支线号×输入好了	副司机	支线号×输入好了	移位手比确认
41	接近限制鸣笛区段前	副司机	限鸣区段	司机	限制鸣笛			
42	接近防洪地点标	副司机	防洪地点	司机	注意运行	副司机	注意运行	
43	接近道口前	副司机	道口注意	司机	道口注意			
44	接近特殊减速信号牌	副司机	特殊减速牌注意	司机	特殊减速牌注意			
45	列车停点、终到	副司机	确认到达时刻	司机	×点×分到达（客车还需增加：正点或晚点××分）	副司机	×点×分到达（客车还需增加：正点或晚点××分）	
46	出站后	副司机	前方注意记点	司机	前方注意			
47	调车作业中每次接收平调信号灯显及语音提示时					司机副司机	按灯显语音提示复诵	手比

到达至入段机车乘务员确认呼唤（应答）标准用语，如表4-30所示。

表4-30　到达至入段标准用语

序号	呼唤时机	呼唤		应答		复诵		方式
		呼唤者	标准用语	应答者	标准用语	复诵者	标准用语	
1	列车终到后	副司机	确认行车安全装备	司机	LKJ设置好了，CIR（或通信装置）设置好了，列尾装置设置好了	副司机	LKJ设置好了，CIR（或通信装置）设置好了，列尾装置设置好了	移位手比
		副司机	确认供电断开	司机	断开好了（未断）	副司机	断开好了（未断）	手比

序号	呼唤时机	呼唤		应答		复诵		方式
		呼唤者	标准用语	应答者	标准用语	复诵者	标准用语	
2	调车转线作业	副司机	调车信号	司机	白灯、蓝（红）灯停车	副司机	白灯、蓝（红）灯停车	手比
3	调车复示信号前	副司机	复示信号	司机	白灯注意信号	副司机	白灯注意信号	手比
4	行至站段分界点（或一度停车牌）	副司机	一度停车	司机	一度停车			
5	入段前	副司机	还道信号、入段手信号（非集中操纵道岔呼唤内容）	司机	××道入段手信号好了	副司机	××道入段手信号好了	手比
6		副司机	调车信号	司机	白灯、蓝（红）灯停车	副司机	白灯、蓝（红）灯停车	手比
7	经过非集中操纵道岔前	副司机	道岔注意	司机	道岔开通正确	副司机	道岔开通正确	手比
8	经过其他要道还道地点前	副司机	一度停车	司机	一度停车			手比
		副司机	还道信号道岔开通信号	司机	××道手信号好了	副司机	××道手信号好了	
9	换端作业及列车停车时	副司机	注意防溜	司机	注意防溜			
10	进入段内尽头线或有车线	副司机	十车、五车、三车、停车	司机	十车、五车、三车、停车			
11	整备线防护信号前	副司机	防护信号	司机	撤除好了（红灯、蓝灯、红旗、红牌）停车	副司机	撤除好了（红灯、蓝灯、红旗、红牌）停车	手比

引导挂车防车辆伤害"两牢记"

副司机（非操纵司机）显示连结信号应遵循以下原则：

（1）在司机侧显示连结信号引导挂车；连挂前，确认司机侧邻线有来车时，应在邻线列车通过后，再显示连结信号引导挂车。

（2）显示连结信号时不得侵入邻线和机车限界。

调车作业"十二不动"

（1）没有调车作业计划或乘务组人员对调车作业计划不清，不准动车。

（2）调车作业前，没有对无线调车灯显设备进行试机，未经双方确认，不准动车。

（3）没有信号（含灯显）或信号不清（含灯显），不准动车。

（4）调车作业中，作业人员对停留车位置不清，不准动车。

（5）调车作业中，没有调车指挥人的起动信号或推进不领车，不准动车（单机返岔子或机车出入段时除外）。

（6）调车作业中，在信号不能开放或机车车辆压轨道电路原路返回时，没有调车指挥人的手信号或无线调车灯显信号，不准动车。

（7）调车作业中，单机运行或牵引车辆运行时必须二人共同确认信号及道岔开通状态，推进时必须二人共同确认调车指挥人显示信号（含灯显），未经确认，不准动车。

（8）调车作业中，必须认真执行"双凭证"制度，严格执行车机联控，认真确认调车信号，进路未准备好或未执行车机联控制度（包括用语不清），不准动车。

（9）本务机车担当中间站（《行规》规定的中间站）调车作业时，调车作业通知单未附有线路示意图，不准动车。

（10）推进越出站界（包括跟踪）调车作业本务机车在中间站去专用线取送车辆作业时，调动旅客列车、军运人员列车及车辆、客车体、公务车、首长专用车时，未按《站细》规定连结制动软管，不准动车。

（11）调车作业中，机车组人员不齐或右侧无人瞭望，不准动车。

（12）机车出入库及站内转线、转场时动车前实行呼唤语音监控（即列车无线调度通信设备），不呼唤，不准动车。

参考文献

［1］中国铁路总公司．机务行车安全管理规则［M］．北京：中国铁道出版社，2015．

［2］中国铁路总公司．铁路技术管理规程（普速铁路部分）［M］．北京：中国铁道出版社，2018．

［3］铁道部．铁路机车操作规则［M］．北京：中国铁道出版社，2013．

［4］中国铁路总公司．铁路机车运用管理规则［M］．北京：中国铁道出版社，2015．

［5］铁道部．铁路机车行车安全装备管理规则［M］．北京：中国铁道出版社，2012．

［6］《技规》条文说明编写组．铁路技术管理规程（普速铁路部分）条文说明［M］．北京：中国铁道出版社，2018．

［7］邢开功．铁路机车及机车运用管理［M］．北京：中国铁道出版社，2014．

［8］杨瑞柱．电力机车运用与规章［M］．北京：中国铁道出版社，2008．